Kevin Leman

Füreinander geboren

HERDER / SPEKTRUM

Band 4358

Das Buch

Füreinander geboren? Oder: Was hat die Geschwisterkonstellation mit der Partnerwahl zu tun? – Soviel wie der Erwachsene mit dem Kind, das er einmal war. Eine witzige, in keiner Weise moralisierende, für jeden „Laien" in Sachen Psychologie verständliche Art der Darstellung bietet dieses „hintergründige" Buch für alle, die sich dem Thema „Liebe" unkonventionell und mit einem Augenzwinkern nähern wollen. Erstaunliche und geradezu detektivische Entdeckungen in Sachen Beziehung läßt der bekannte Psychologe Kevin Leman Leserinnen und Leser machen. Alleinstehenden gibt er dabei „Rüstzeug" für die Partnersuche mit auf den Weg, den Verheirateten macht er Beine, wie sie ihre Beziehung „aufpolieren können". Drei geschwisterliche Grundtypen stellt Leman mit ihren Stärken und Schwächen vor: das erstgeborene, das mittlere und das jüngste Kind. Ein Sonderfall ist das Einzelkind.; da es aber in der Regel die Charakteristika des Erstgeborenen aufweist, wird das Einzelkind als „Supererstgeborenes" bezeichnet. Ob und wie also die ältere Schwester von Brüdern sich mit dem jüngeren Bruder älterer Schwestern verstehen wird oder zwei Letztgeborene miteinander: Kevin Leman geht auf die unterschiedlichen Konstellationen ein, auf ihre Chancen und möglichen Probleme. Dabei räumt er ein, daß eine günstige Geschwisterkonstellation allein noch nicht die Garantie für eine glückliche Beziehung ist. Sie schafft lediglich sehr gute Voraussetzungen. Und sie gibt Aufschluß über Probleme, die unter Umständen in einer Partnerschaft entstehen können. Der Autor demonstriert – an vielen Beispielen –, wie Beziehungsprobleme gelöst werden können. Er entwirft regelrechte „Checklisten" und Fragenkataloge, anhand deren Leserinnen und Leser ihr eigenes Verhalten überprüfen können – mit verblüffenden Konsequenzen. Leman bietet fundiertes psychologisches Lebenswissen – voller Humor.

Der Autor

Dr. Kevin Leman, international anerkannter Psychologe, der mehrere Bestseller geschrieben hat, lebt mit Frau und vier Kindern in Tucson, Arizona. Dieses Buch ist das Resultat langjähriger Praxis eines Therapeuten, der sich auf Paargespräche spezialisiert hat.

Kevin Leman

Füreinander geboren
Wie die Geschwisterreihe unsere Partnerwahl prägt

Herder

Freiburg · Basel · Wien

Gedruckt auf umweltfreundlichem,
chlorfrei gebleichtem Papier

Alle Rechte vorbehalten – Printed in Germany
© Verlag Herder Freiburg im Breisgau 1995
Lizenzausgabe mit freundlicher Genehmigung
des Südwest Verlags
Herstellung: Freiburger Graphische Betriebe 1995
Umschlaggestaltung: Joseph Pölzelbauer
Umschlagmotiv: Close up of group of teenagers, girl resting
chin on hand, © Penny Tweed / Tony Stone Bilderwelten
ISBN 3-451-04358-0

Inhalt

Teil V

Teil I

Geschwisterkonstellation
– was ist das ?

Ein Besuch im Familienzoo

Sie sind also auf Liebe eingestellt?
Vielleicht kribbelt es Ihnen im Bauch, oder Sie suchen nach
jemandem, der es wieder einmal so richtig schön kribbeln läßt?
Wie dem auch sei – wenn Sie an LIEBE interessiert sind, dann ist
dieses Buch genau richtig für Sie!

Ich weiß nicht, wie es um Ihr Liebesleben bestellt ist, aber in
jedem Falle ist dieses Buch richtig für Sie. Es könnte sein, daß

- Sie gerade die Person entdeckt haben, die die Traumfrau oder
  der Traummann für Sie sein könnte, aber Sie möchten wissen,
  wie Sie das mit Gewißheit feststellen können
- Sie den Traummann schon längst gefunden haben, aber Sie
  sind schon so lange verheiratet, daß der Glanz auf diesem
  Prachtexemplar schon etwas Grünspan angesetzt hat. Jetzt
  fragen Sie sich, was Sie tun können, um Ihre Beziehung wieder etwas aufzupolieren
- es zur Zeit in Ihrem Leben niemand Besonderen gibt, aber Sie
  wirklich Lust hätten, ihn oder sie zu finden. Sie wissen nur
  nicht, wie Sie es am klügsten anstellen sollen
- Sie mit jemandem befreundet sind, und es scheint allmählich
  etwas Festes daraus zu werden, aber Sie möchten sicher sein,
  daß Sie die richtige Richtung eingeschlagen haben. Sie können sich nicht entscheiden, ob Sie „volle Kraft voraus" schip-
  pern oder den Rückwärtsgang einlegen sollen.

Bleiben Sie dran, wenn eine dieser Aussagen auf Sie zutrifft,
denn ich werde einen erstklassigen Detektiv in Sachen Liebe aus
Ihnen machen.

Bis zum Ende des Buches werden Sie ein größerer Columbo sein als Peter Falk, besser kombinieren können als Sherlock Holmes und Miss Marple als kleines Licht erscheinen lassen! Zumindest, was Liebe und Ehe anbelangt.

Was ich damit sagen will, ist, daß ich Ihnen helfen werde herauszufinden, worauf Sie bei einem Partner achten müssen. Ich werde Ihnen helfen festzustellen, ob die Person, mit der Sie ausgehen, wirklich auch die Person ist, mit der Sie ausgehen sollten. Ich werde Ihnen verraten, wie Sie sich davor schützen können, vor Liebe „blind" zu werden, und Ihnen helfen, die Probleme, die vielleicht auf Sie zukommen, vorherzusehen.

Wenn Sie verheiratet sind und der Zauber der Verliebtheit dem täglichen Einerlei gewichen ist, kann ich Ihnen ein paar Tricks verraten, wie Sie das anfängliche Prickeln wiederherstellen können. Ich werde Ihnen auch so manche Einblicke in die Persönlichkeit Ihres Ehepartners (und Ihre eigene Persönlichkeit) geben, die Ihnen helfen werden, Ihre Ehe zu stärken oder sogar zu retten.

Und all das wird nichts damit zu tun haben, ob Ihre Horoskope zusammenpassen, Ihre Karmas in Einklang stehen oder sonst etwas von der Art. Vielmehr hat es mit der Geschwisterkonstellation zu tun.

„Geschwisterkonstellation?" werden Sie fragen. „Was ist das?"

Einfach ausgedrückt, hat es damit zu tun, welchen Platz Sie aufgrund der Geburtsreihenfolge unter Ihren Geschwistern einnehmen, was wiederum sehr viel damit zu tun hat, wer Sie sind. Außerdem wird es für Sie in der Arena der Gefühle sehr nützlich sein, bei anderen die typischen Merkmale erkennen zu können, die Ihnen verraten, welchen Platz diese in ihrer Familie einnehmen und wie sie dadurch geformt wurden.

Nehmen wir zum Beispiel einmal an, daß die neunzehnjährige Sally Ann, die Jüngste in einer Familie mit vier Kindern, auf einer Party ist.

Da sind drei junge Männer, die interessant und interessiert zu sein scheinen, und sie könnte sich vorstellen, mit jedem der drei auszugehen.

Zum einen ist da Tom, makellos gekleidet, wie aus dem Ei gepellt, ein Musterbeispiel an Charme und gutem Benehmen.

Zum anderen Bill, der lebenslustige Typ. Er ist relaxt, der Mittelpunkt der Party, und seine legere Art steht in absolutem Kontrast zu Toms „perfektem" Benehmen.

Und dann noch Roger, der weder Toms Kultiviertheit noch Bills Leichtlebigkeit besitzt, aber ein freundlicher, netter Kerl ist.

Nun hat Sally Ann bei diesem ersten Zusammentreffen leider nicht die Möglichkeit, die drei über das Oberflächliche hinaus kennenzulernen.

Wenn sie aber ein Detektiv in Sachen Liebe ist, hat sie viel bessere Chancen herauszufinden, welcher der drei ihre Telefonnummer am meisten verdient.

Oder betrachten wir Megan und Bryan. Sie sind schon seit ein paar Monaten zusammen, und ihnen scheint eine rosige Zukunft bevorzustehen.

Sie glauben, daß sie sich lieben. Doch eines Abends treffen sie sich am Kino, um in einen Film zu gehen, den Bryan unbedingt sehen will, aber leider gibt es keine Karten mehr. Bryan gerät außer sich vor Wut, was Megan wiederum schockiert und anwidert. Sie stellt zum ersten Mal fest, daß sie ihn eigentlich gar nicht so gut kennt.

Was hätte sie tun können, um ihn besser kennenzulernen?

Bedeutet Bryans emotionaler Ausbruch zwangsläufig, daß Megan die Beziehung beenden muß?

Und wie weiß ein Pärchen allgemein, ob es nicht besser wäre, die Beziehung aufzugeben und den Traummann oder die Traumfrau anderswo zu suchen?

Und dann gibt es da die Eheleute, die sich nur noch angiften. Solche Paare kenne ich aus meiner Privatpraxis in Tucson zur Genüge.

Sie sitzen voller Grimm in meinem Büro.

Ihre Augen glühen vor Wut. Jeder von ihnen hat „die Nase voll" vom Verhalten des anderen, und sie sind beide drauf und dran, ihre Ehe zu den Akten zu legen. (Aber gleichzeitig haben beide noch eine gewisse Hoffnung, sonst säßen sie nicht bei mir.)

Jeder von ihnen hat eine kilometerlange Liste von Klagen über den anderen, und keiner von ihnen sieht, daß er auch nur ein Millimeterchen Unrecht haben könnte.

Sie macht ihn wahnsinnig, weil sie kein Fünkchen Spontaneität besitzt, nicht einmal, wenn es um Sex geht. Wenn er auch nur einen Schritt vom Gewohnten abweicht, dreht sie durch und weiß nicht, was sie tun soll.

Sie ärgert sich über ihn, weil er einfach kein Rückgrat hat. Er läßt die anderen auf sich herumtrampeln, und wenn er etwas auf morgen verschieben kann, dann tut er es ganz bestimmt. Er ist der Weltmeister im Zaudern, außer, wenn es um Sex geht. Dazu ist er immer bereit!

Und das ist nur die Spitze des Eisbergs. Die Litanei geht endlos derart weiter, aber die Quintessenz ist, daß die beiden fast nirgendwo dieselbe Wellenlänge haben.

Was ist mit diesem einst verliebten Paar geschehen? Hat die Ehe der beiden noch eine Chance? Warum gehen sie so unterschiedlich an das Leben heran?

Lassen Sie mich diese Fragen eine nach der anderen beantworten:

Frage Nummer eins: Was mit diesem Paar geschehen ist, ist, daß ihre Geschwisterkonstellation die beiden eingeholt hat. Als die beiden sich verliebten, waren ihnen die Charakterzüge des anderen nicht aufgefallen, die sie jetzt so unerträglich finden. Aufgrund ihrer Geschwisterkonstellation waren sie nicht ideal füreinander. Mehr davon später.

Frage Nummer zwei: Gibt es für dieses Paar noch Hoffnung? Absolut. Naja, wahrscheinlich. Also... vielleicht. Sie müssen daran arbeiten zu verstehen, warum sie sich so oder so verhalten, und dann müssen sie daran arbeiten, das Verhalten zu verändern, das den anderen so stört.

Frage Nummer drei: Sie gehen so unterschiedlich an das Leben heran, in erster Linie, weil die Geschwisterkonstellation – der Platz, den man aufgrund der Geburt in der Reihe der Geschwister einnimmt, – einer der grundlegenden Faktoren ist, die unsere Einstellung zum Leben bestimmen.

Wenn Sie die Geschwisterkonstellation nicht beachten, kann das böse Folgen haben!

Die Kirchen und Synagogen gehen heute immer stärker dazu über, Heiratswilligen den Unterricht für Brautleute ans Herz zu legen. Ich bin ganz und gar dafür. Ich glaube, daß so eine Beratung eine sehr gute Idee ist und viele Schwierigkeiten, die in ein paar Jahren, Monaten oder sogar Wochen auftreten würden, aus dem Weg räumen kann.

Zu viele Männer und Frauen stehen miteinander vor dem Traualtar, ohne sich zu kennen. Sie wissen, daß sie in den „wunderbarsten Menschen auf der Welt" verliebt sind, aber sie wissen nicht, was dieser „wunderbarste" Mensch mag, und was er nicht mag. Als sie miteinander verlobt waren, haben diese beiden „wunderbaren" Leutchen nämlich alles daran gesetzt, sich gegenseitig auf Rosen zu betten, und es ist leicht möglich, daß keiner von beiden es dem anderen jemals gestattet hat, einen Blick auf die Person hinter der lächelnden Maske zu werfen.

Wie oft, frage ich mich, hat schon ein Ehemann oder eine Ehefrau gesagt: „Ich verstehe gar nicht, was aus dem liebenswerten Menschen geworden ist, den ich geheiratet habe." Die Antwort lautet, daß es diesen Menschen nie wirklich gegeben hat! Ich wette, daß selbst Aschenputtel ein paar Fehler an ihrem Märchenprinzen entdeckte, nachdem sie in seinen Palast eingezogen war. Der höfliche Charme zum Beispiel, der die junge Schöne anfangs so betört hatte, erschien ihr bestimmt nach einiger Zeit herablassend und chauvinistisch. Und was noch schlimmer ist: Der Prinz vergaß fast immer, die Klobrille herunterzuklappen.

Also, insofern als die Beratung der Brautleute darauf abzielt, ihnen unangenehme Überraschungen zu ersparen und ihnen den verklärten Blick dafür zu öffnen, was es wirklich heißt, Tag für

Tag und Jahr für Jahr miteinander zu leben, so bin ich ganz und gar dafür.

Aber gleichzeitig ärgert es mich, daß solche Beratung kaum einmal die Geschwisterkonstellation in Betracht zieht, die doch so extrem wichtig ist für eine glückliche Ehe.

In diesem Buch führen wir Sie zu einem besseren Verständnis von der Bedeutung der Geschwisterkonstellation und zeigen Ihnen, was sie mit Liebe und Ehe zu tun hat. Dies wird allen, die vorhaben zu heiraten, die ihr Eheleben verbessern wollen oder einen Partner fürs Leben suchen, Hilfestellungen geben. Im Lauf des Buches werden Sie erfahren,

- wer von seiner Geschwisterkonstellation her am besten zu Ihnen paßt
- wer von seiner Geschwisterkonstellation her am schlechtesten zu Ihnen paßt
- welche Fragen Sie stellen sollten, um herauszufinden, ob der oder die Auserwählte wirklich zu Ihnen paßt
- was Sie tun können, um aus der Geschwisterkonstellation resultierende Unterschiede zu überwinden
- wie Sie Hindernisse, die Ihnen unter Umständen den Weg zum Eheglück versperren, vorhersehen können.

Bevor wir jedoch auf den Einfluß der Geschwisterkonstellation auf Liebe und Ehe eingehen, ist es wichtig, zu verstehen, was die verschiedenen Konstellationstypen ausmacht.

Was ist Geschwisterkonstellation?

Wenn ich auf Seminaren spreche oder in Talkshows auftrete, werde ich oft gefragt, wie ich dazu kam, mich für Geschwisterkonstellation zu interessieren.

Also, alles begann 1967, meinem ersten Jahr in der Graduate School der Universität von Arizona. Der international anerkannte Psychologe Dr. Oscar Christensen brachte mich erstmals mit dem Thema in Berührung. Er faszinierte mich mit seiner Beschreibung des Verhaltens, das von den verschiedenen Mitgliedern einer Familie zu erwarten ist. Als ich ihn über die durch die

Geschwisterkonstellation bedingten Unterschiede sprechen hörte, wußte ich, daß dies auf meine Familie genau zutraf.

Dr. Christensen ist nicht der erste, der sich mit Geschwisterkonstellation beschäftigt hat. Der Wegbereiter dieser Idee war der Psychologe Alfred Adler, der als erster einen Zusammenhang zwischen dem Platz eines Menschen in der Familie und seiner Lebenseinstellung sah. Er führte intensive Studien durch, die aufzeigten, daß die Position in der Geschwisterreihe die Persönlichkeitsentwicklung, das Verhalten und die Denkweise entscheidend beeinflußt.

In den Jahren meiner psychologischen Praxis habe ich Adlers Theorien immer wieder bestätigt gefunden.

Im wesentlichen gibt es drei Konstellationstypen: das erstgeborene, das mittlere und das jüngste Kind. Eine andere Position könnte für sich und getrennt von den anderen betrachtet werden: das Einzelkind. Allerdings weist das Einzelkind in der Regel die Charakteristika des Erstgeborenen auf – und die in Reinstform. Aus diesem Grund wird das Einzelkind oft als „Supererstgeborenes" bezeichnet.

Es ist eine immer wieder aufs neue bewiesene wissenschaftliche Tatsache, daß der Platz, den man innnerhalb der Familie einnimmt, die Einstellung zum Leben bestimmt.

Bevor wir davon sprechen, welche Konstellationstypen in der Liebe zusammenpassen oder nicht zusammenpassen, möchte ich kurz darstellen, was die einzelnen Typen ausmacht und welches ihre Stärken und Schwächen sind.

Das Einzelkind

Das Einzelkind, das man auch „Supererstgeborenes" nennen könnte, genießt einen sehr schlechten Ruf. Einzelkinder sind angeblich egoistisch und verzogen. Angeblich schweben sie durchs Leben, ohne auch nur einen Gedanken an das Wohlergehen anderer zu verschwenden.

Das mag in manchen Fällen zutreffen, aber es besitzt längst keine Allgemeingültigkeit, und wenn man alle Einzelkinder in diese

Schublade stecken wollte, würde man ihnen Unrecht tun. Zunächst gibt es verschiedene Gründe, warum jemand das einzige Kind ist, und jeder dieser Gründe hat einen Einfluß darauf, wie seine Eltern ihn behandeln. Wenn zum Beispiel Klein Egberts Mami und Papi gerne mehr Kinder gehabt hätten, aber aus irgendeinem Grund keine weiteren bekommen konnten, dann ist die Wahrscheinlichkeit groß, daß sie ihn als kleines Juwel betrachten, ihn verhätscheln und verpäppeln und schließlich einen Erwachsenen aus ihm machen, der sein Leben lang mit seinem eigenen Egoismus zu kämpfen haben wird. Wenn sie aber eigentlich gar keine Kinder haben wollten und Klein Eggie für sie noch nie etwas anderes als ein bedauerlicher Unfall war, dann wird er mit derselben Wahrscheinlichkeit in einer Atmosphäre der emotionalen Gleichgültigkeit heranwachsen und alles andere als verwöhnt sein.

Es könnte auch sein, daß seine Eltern gerne mehr Kinder gehabt hätten, aber das Gefühl hatten, sich nur eines leisten zu können. Wenn dies der Fall ist, ist es höchst unwahrscheinlich, daß sie ihn schon als Kind mit erlesenem Kaviar vollstopfen. Mit anderen Worten: Reiche Eltern werden ihren Kindern wahrscheinlich viele Dinge kaufen, egal, wie viele Kinder sie haben. Weniger betuchten Eltern wird es kaum möglich sein, ihre Kinder mit einer Flut von materiellen Besitztümern zu überschwemmen, auch wenn sie nur ein Kind haben.

Soviel zum Mythos des Einzelkindes. Aber wie sieht die Realität aus?

Die meisten Einzelkinder, mit denen ich gearbeitet habe, sind nette, verantwortungsbewußte Menschen. Eine der besten Eigenschaften des Einzelkindes ist, daß es normalerweise extrem verläßlich und gewissenhaft ist. Wenn Sie wollen, daß etwas getan wird, und zwar richtig, dann wenden Sie sich an ein Einzelkind. Des weiteren sind Einzelkinder meist verstandesbetont, fleißig und eher ernsthaft.

Haben Sie schon einmal ein Interview mit Ted Koppel (ein Reporter, dessen Sendung täglich spät nachts gesendet wird und die „Nightline" heißt) gesehen? Da sehen Sie ein Einzelkind bei der Arbeit. Mir persönlich gefällt der Mann. Er interviewt mit der Präzision und dem Können eines Chirurgen. Er kann einen

Gast absolut auseinandernehmen, und dann, kurz bevor die Sendezeit zu Ende ist, schafft er es, zusammenzufassen, zusammenzunähen und die ganze Sendung auf den Punkt zu bringen. Meiner Meinung nach ist er der beste Interviewer weit und breit.

Es gibt andere Einzelkinder, die auch hervorragende Interviewer sind: Ich denke da an Arsenio Hall, J. P. McCarthy beim Sender WJR in Detroit und Pat McMahon bei KTAR in Phoenix.

Oft kann man feststellen, daß das Einzelkind von Natur aus superkonservativ ist, aus dem einfachen Grunde, weil es mehr Zeit mit Mama und Papa verbracht hat als andere Kinder, die auch Zeit mit ihren Geschwistern verbringen. Weil es soviel Zeit mit älteren Menschen zugebracht hat, hat es sich höchstwahrscheinlich fast immer wie ein „kleiner Erwachsener" verhalten und die Lebenseinstellung seiner Eltern übernommen.

Wenn ich sage, daß das Einzelkind konservativ ist, meine ich, daß es mit großer Wahrscheinlichkeit die Familientradition fortsetzen und die Ansichten seiner Eltern beibehalten wird. Aber wenn Pa und Ma zufällig ausgeflippte Künstler in Greenwich Village waren, erwarten Sie nicht, daß ihr Sprößling eines Tages im Nadelstreifenanzug und mit Diplomatenkoffer auftaucht. Konservativ würde in diesem Fall bedeuten, daß er die Tradition fortsetzen und sein Bestes geben würde, ein Nonkonformist zu sein.

Zwei der negativen Eigenschaften, die man Einzelkindern oft nachsagt, sind, daß sie zum Perfektionismus und zum Herumkritteln neigen. Nicht selten sind sie aber eher selbstkritisch als kritisch anderen gegenüber. Das kommt daher, daß sie in den Jahren ihrer Kindheit immer bemüht waren, den Erwartungen ihrer Eltern zu entsprechen. Viele Einzelkinder neigen zu der Annahme, daß nichts, was sie tun, gut genug ist. Ich nenne solche Leute „frustrierte Perfektionisten", und sie rekrutieren sich fast ausschließlich aus Einzelkindern und Erstgeborenen.

Ein anderes Problem für Einzelkinder ist, daß sie eigentlich nie teilen mußten. Sie mußten weder ihre Spielsachen noch ihr Zimmer noch ihre Kleidung mit anderen teilen. Sie sind nicht eigentlich egoistisch oder gierig, sie hatten es einfach nie nötig zu teilen.

Einer meiner Bekannten, der Einzelkind ist und kurz vor der Hochzeit steht, vertraute mir kürzlich an, „die Vorstellung, an jemand anderen denken zu müssen, macht mir Heidenangst". Ich habe schon gesagt, daß ich Einzelkinder oft auch als „Supererstgeborene" bezeichne, weil sie all die Charakterzüge der Erstgeborenen haben, und zwar im Extrem. Das stimmt zwar, aber Einzelkinder sind insofern anders, als sie gleichzeitig die Tendenzen eines Letztgeborenen in sich tragen können (was in manchen Fällen eine Mischung ergibt, die Dr. Jekyll/Mr. Hyde als ganz normal erscheinen läßt). Das kommt daher, daß sie in der Tat beides sind: Erstgeborene und Letztgeborene in einem.

Wenn Einzelkinder nicht zu überkritischen Menschen werden, werden sie oft „Retter", also Menschen, die immer und überall den Bedürftigen zu Hilfe eilen. Das bringt Probleme in Beziehungsangelegenheiten, besonders, wenn es um Liebesbeziehungen geht, denn ein Retter läuft Gefahr, Mitgefühl und Liebe zu verwechseln, und emotionale Bindungen zu denen, die einfach nur Hilfe brauchen, zu entwickeln. Hilfsbereitschaft ist natürlich ein edler Charakterzug, aber der Retter übersteigert ihn derart, daß er einen anderen unbeabsichtigt verletzen kann oder sich von anderen ausnutzen läßt.

Wenn Sie Einzelkind sind, dann befinden Sie sich in der Gesellschaft von Leuten wie Ted Koppel, Steve Allen, Lauren Bacall, Dick Cavett, Franklin D. Roosevelt, Charles Lindbergh, Leonardo da Vinci, T. Boone Pickens, Carl Icahn und Joe Montana.

Das Erstgeborene

Die Psychologin Lucille Forer sagt, Erstgeborene „sind meist gewissenhafter, erzielen bessere Schulleistungen und besuchen die Schule länger als Nachgeborene. Sie werden auch häufiger Wissenschaftler oder ragen in anderen Berufen mehr hervor als ihre jüngeren Geschwister." Aber sie sagt auch, daß Erstgeborene häufig „angespannt und gehetzt" sind, und stellt fest, daß die Eltern „von ihrem ersten Kind mehr Leistung erwarten als von späteren".[1]

Bester Partner

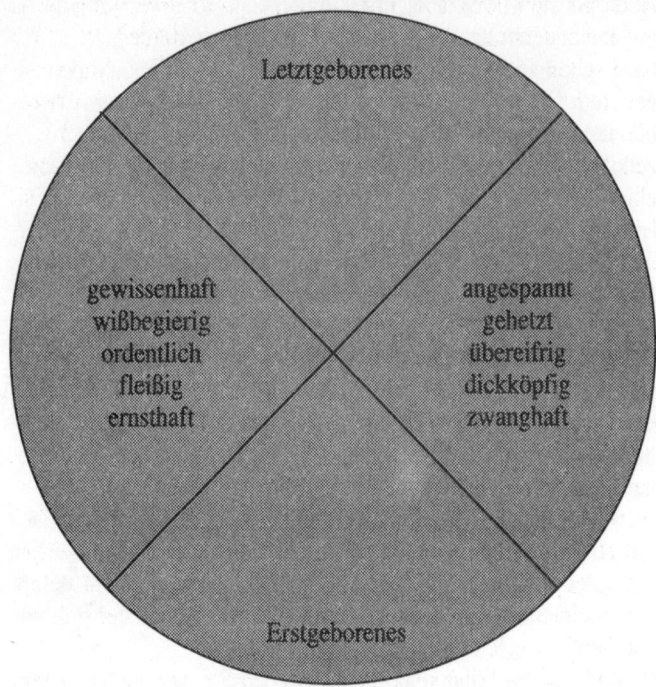

Schlechtester Partner

Diese Aussagen wurden durch unabhängige Forschung mehrfach verifiziert. Was wird aus Erstgeborenen, wenn sie erwachsen sind? Sie können Astronauten werden oder Kongreßabgeordnete. Oder sie werden vielleicht Talkmaster. Erstgeborene sind in all diesen anspruchsvollen Berufen überdurchschnittlich häufig anzutreffen.

Es trifft auch zu, daß die Erstgeborenen in Relation zu ihrem allgemeinen Anteil in der Bevölkerung überproportional unter den Ärzten, Ingenieuren und Rechtsanwälten vertreten sind.

Das Erstgeborene ist in der Regel sehr ordentlich, fleißig und ernsthaft. Es ist der Typ, den die, die vielleicht ein kleines bißchen neidisch sind, übereifrig nennen. Es ist ihm ein Bedürfnis, die Dinge im Griff zu haben, und es mag keine Überraschungen. In einem Leben, das andere monoton oder ewig gleichbleibend nennen würden, kann es sich durchaus wohlfühlen.

Das Erstgeborene ist daran gewöhnt, die Mittelpunktsfigur zu sein, und es hat keine Angst davor, im Rampenlicht zu stehen. Schließlich gab alles, was es als Kind tat, Anlaß zum Jubel.

„Schau doch, Schatz! Mary Elizabeth macht die ersten Schritte!"

„Oh, wow! Wirklich? Wo ist die Videokamera? Wo ist die Videokamera?"

Aber glauben Sie, daß ein paar Kinder später, als Klein Herkimer die ersten Schritte macht, auch nur einer mit der Wimper zuckt? Pustekuchen! Alle sind zu sehr mit Mary Elizabeth beschäftigt, die gerade zu pfeifen gelernt hat.

Sie sehen, was immer das Erstgeborene zum ersten Mal tut, ist ein großes Ereignis. Aber wenn das zweite, dritte oder vierte Kind es tut, ist es nichts Besonderes mehr, denn jeder hat es schon einmal gesehen!

Ich sehe schon die Briefe auf mich zukommen: „Lieber Dr. Leman! Wir möchten Ihnen mitteilen, daß wir immer größten Wert darauf gelegt haben, unseren Söhnen Harlan und Buford genau dieselbe Aufmerksamkeit zu schenken wie unserem Ältesten, Festus Jr."

Na, wenn dem so ist, gratuliere ich herzlich, denn dann ist Ihnen etwas gelungen, was nur den wenigsten Eltern gelingt.

Die Kehrseite all dieser Aufmerksamkeit für das Erstgeborene ist, daß man von ihm erwartet, daß es alles besser macht als die anderen Kinder. Nicht nur das, es wird auch von ihm erwartet, daß es seinen Geschwistern ein Vorbild ist, und das bedeutet, daß seine Fehler und Unzulänglichkeiten genauso übersteigert werden wie seine Erfolge. Vom Erstgeborenen wird außerdem erwartet, daß es die anderen Kinder in Schach hält.

Fragen Sie einen Erstgeborenen, was ihm aus seiner Kindheit am besten in Erinnerung geblieben ist, und er wird ihnen wahrscheinlich antworten: „Was für eine Kindheit?" Das ist keine freche Antwort, denn man hat von ihm immer erwartet, ein kleiner Erwachsener zu sein. Deshalb warten manche Erstgeborene, bis sie in ihren späten Dreißigern oder frühen Vierzigern sind und beschließen dann herauszufinden, was sie verpaßt haben, und holen ihre Kindheit nach. Das schafft natürlich Probleme für alle Beteiligten – und für den Ehepartner ganz besonders.

Im allgemeinen entwickeln sich Erstgeborene in eine der folgenden zwei Richtungen:

1. Sie werden willfährige Menschen, die jedem gefällig sein wollen.

2. Sie werden kompromißlose, aggressive Typen, deren einziges Ziel im Leben ist, ganz nach oben zu gelangen.

Das willfährige Erstgeborene ist das Musterkind, das seinen Eltern keine Sekunde lang Kummer bereitet. Ihre Anerkennung ist seine Nahrung, wie es später die Anerkennung des Chefs, der Mitarbeiter und des Ehepartners sein wird. Es handelt in guter Absicht – es will die Menschen glücklich machen -, aber das Problem ist, daß es in seiner Umgebung immer ein paar weniger nobel Gesinnte geben wird, die seine Neigung, gefallen zu wollen, ausnutzen.

Der willensstarke Typ des Erstgeborenen ist der, der von seinen Eltern immer angehalten wurde, „sein Bestes zu geben", „der Beste zu sein" und so fort. Er hat nie gelernt, daß man nicht immer die Nummer eins sein muß, und daß es manchmal ganz in Ordnung ist, einfach zu wissen, daß man das getan hat, was in den eigenen Kräften lag.

Er ist meistenfalls ein Workaholic, der es kaum ertragen kann, einen Moment stillzusitzen. Früher oder später muß er aber für seinen Lebensstil bezahlen. Entweder ruiniert er seine Gesundheit, oder er zerstört die Beziehungen zu seiner Familie – oder beides.

Wenn man bedenkt, welch innere Antriebskraft Erstgeborene haben, ist es nicht überraschend, daß mehrere amerikanische Präsidenten das erste Kind ihrer Eltern waren, z. B. Harry Truman, Lyndon B. Johnson und Jimmy Carter. Andere berühmte Erstgeborene sind Alexander Hamilton, Henry Ford, Katharine Hepburn, Gloria Steinem, Pablo Picasso und Norman Mailer.

Zahlreiche Fernsehprominente, insbesondere Talkmaster, sind entweder Erstgeborene oder Einzelkinder, z. B. Phil Donahue, Oprah Winfrey, Sonya Friedman, Geraldo Rivera, Arsenio Hall und Sally Jessy Raphael. Kürzlich machte ich eine Tour durch 31

Städte und wurde von etwa 92 Talkmastern interviewt, und nur fünf von ihnen waren weder Erstgeborene noch Einzelkinder.

Das mittlere Kind

Bester Partner

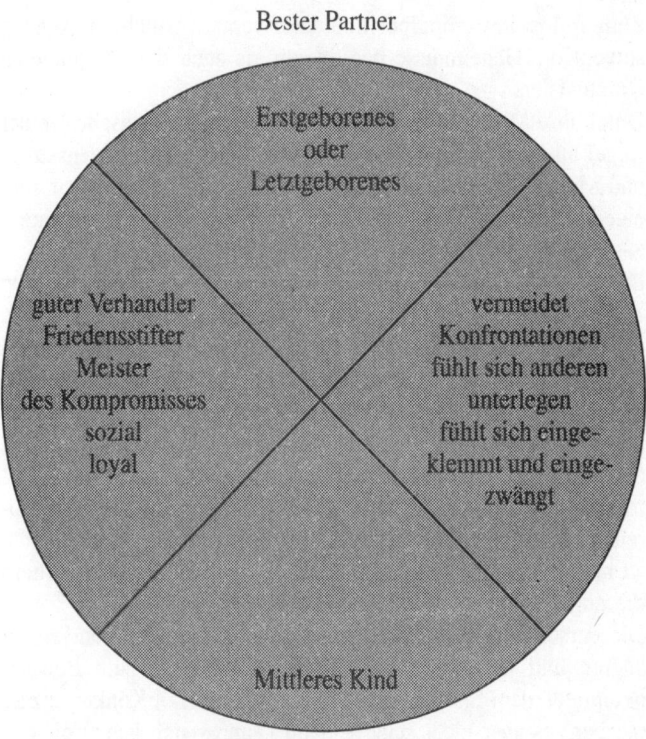

Erstgeborenes
oder
Letztgeborenes

guter Verhandler
Friedensstifter
Meister
des Kompromisses
sozial
loyal

vermeidet
Konfrontationen
fühlt sich anderen
unterlegen
fühlt sich einge-
klemmt und einge-
zwängt

Mittleres Kind

Schlechtester Partner

Haben Sie ein Geheimnis, das Sie einfach nicht für sich behalten können? Sie möchten es jemandem erzählen, aber es müßte jemand sein, dem Sie vertrauen können. Wem können Sie es erzählen? Also, eigentlich finde ich, daß Sie es für sich behalten sollten, aber wenn Sie es unbedingt loswerden müssen, dann empfehle ich Ihnen ein mittleres Kind.

Mittlere Kinder sind die verschwiegensten von allen. Sie sind bekannt dafür, die Dinge mit sich selbst auszumachen, und halten mit ihren wahren Gefühlen und Beweggründen lieber hinter dem Berg. So sind sie im allgemeinen auch gute Hüter von Geheimnissen.

Zum Teil ist ihre Mittelposition dafür verantwortlich. Sie kennen sowohl die Geheimnisse des älteren als auch die des jüngeren Geschwisters.

Durch ihre Mittelposition entwickeln sich diese Menschen in der Regel auch zu guten Verhandlern. Sie sind meist Friedensstifter und Meister des Kompromisses – letzteres manchmal sogar zum eigenen Nachteil. Normalerweise gehen sie jeder Konfrontation aus dem Weg, selbst wenn diese notwendig sein sollte.

Die Persönlichkeit des mittleren Kindes ist am geheimnisvollsten und im Vergleich zu den anderen Konstellationstypen schwer zu ergründen. Das arme mittlere Kind ist so vielen Kräften ausgesetzt, die es schieben und an ihm ziehen, daß sich nicht immer so einfach bestimmen läßt, wohin das führen wird.

Das Offensichtlichste, das man über diesen Typ sagen kann, ist, daß er als Kind immer von beiden Seiten eingeklemmt war. Er ist zu spät geboren, um die Vorrechte und Privilegien des Erstgeborenen zu genießen, und er ist zu früh geboren, um die Freiheiten zu bekommen, die das letzte Kind oft genießt, wenn die Eltern die Zügel schon etwas lockerer lassen.

Die Persönlichkeit des mittleren Kindes hängt stark von seinem älteren und jüngeren Geschwister ab. Wenn es zum Beispiel beschließt, dem Erstgeborenen immer und überall Konkurrenz zu machen, es aber nicht schafft, dann kann es sich genausogut in die entgegengesetzte Richtung entwickeln.

Wenn zum Beispiel die Erstgeborene ein kleines Genie ist und in der Schule nichts als Einser bekommt, wird ihre jüngere Schwester vielleicht schnell zu der Einsicht kommen, daß jegliche Konkurrenz zwecklos ist. Sie könnte dann allem, was mit Lernen zu tun hat, den Rücken kehren und statt dessen ihre ganze Energie auf den Sport richten.

Wenn andererseits die große Schwester eine allgemein bewunderte Schönheit ist, könnte die Mittlere aus dem Lernen eine Leidenschaft machen, weil sie auf diese Art und Weise auch zu Anerkennung kommen kann. Was ich damit sagen will, ist, daß man sich das Erstgeborene sehr gut ansehen sollte, wenn man das mittlere Kind verstehen will. Das zweite Kind ist immer der Gegenspieler des ersten, insbesondere, wenn weniger als fünf Jahre zwischen den beiden liegen.

Ein Problem für viele mittlere Kinder ist, daß sie sich anonym vorkommen. Sie waren immer ein Bestandteil der Familie, aber sie hatten nie das Gefühl, daß sie irgend etwas Besonderes wären. Schließlich lernen sie diese Anonymität schätzen und sind mit einem Leben fernab vom Rampenlicht durchaus zufrieden. Auch das trifft wieder nicht auf alle zu, denn es gibt auch mittlere Kinder wie John F. Kennedy, Richard Nixon, Michael J. Fox und Barbara Walters, die ein Leben im Blickfeld der Öffentlichkeit führten.

Eines aber kann ich mit an Sicherheit grenzender Wahrscheinlichkeit sagen, daß nämlich das mittlere Kind in der Regel mehr Freunde hat als das erste oder letzte der Geschwister. Mittlere Kinder finden schnell Freunde und haben viele. Als Teenager schließen sie sich mit Vorliebe ihren Altersgenossen an, denn von ihnen erhoffen sie sich, was sie in der Familie nicht bekommen konnten. Zu Hause ist Buford nichts Besonderes, aber bei seinen Freunden ist er der King.

Leider sind Bufords Freunde keinen Pfifferling wert, aber davon werden Sie ihn nie überzeugen! Er glaubt fest daran, daß sie für ihn durchs Feuer gehen würden, und er würde es für sie tun. Diese Denkweise hat schon mehr als ein mittleres Kind in Schwierigkeiten gebracht.

Im späteren Leben haben mittlere Kinder immer noch viele Freunde, und diese Beziehungen bleiben relativ stabil. Apropos stabile Beziehungen: Mittlere Kinder bringen es am ehesten zu einer dauerhaften Ehe. Von allen Konstellationstypen halten sie die Monogamie am höchsten.

Was fällt Ihnen ein, wenn Sie an Hollywood-Ehen denken? Seine fünfte und ihre sechste? „Ihre Presseagenten gaben ihre Hochzeit in Las Vegas am vergangenen Samstag bekannt"?

Zum Vergleich sollten Sie auch an die Ehen von Männern wie Bob Hope und George Burns denken, die beide mittlere Kinder sind. George Burns spricht immer noch voller Respekt und Leidenschaft von seiner Gracie, obwohl sie schon seit 1964 tot ist. Ein mittleres Kind hat sehr häufig nur eine Frau oder einen Mann in seinem Leben.

Ein mittleres Kind zu sein ist gar nicht so schlecht. Mittlere Kinder haben weniger Probleme als Erst- oder Letztgeborene, mit anderen Worten, sie sind der ausgeglichenste Konstellationstyp. Sie sind im allgemeinen anpassungsfähiger und kommen mit Schwierigkeiten im Leben leichter zurecht.

Leider verschwinden die mittleren Kinder in Amerika allmählich von der Bildfläche, da die Durchschnittsfamilie heutzutage 1,6 Kinder hat, und das bedeutet, daß wir das mittlere Kind eliminieren. Wenn wir so weitermachen, bringen wir uns um eine ganze Menge von Verhandlern, Kompromisseschließern und unkomplizierten, flexiblen Leuten.

Außerdem werden wir uns um viele der besten Unternehmer bringen, Männer wie Donald Trump, der sagt: „Ich liebe es, Geschäfte anzubahnen, besonders, wenn es sich um spektakuläre Transaktionen handelt. Sie sind die Würze meines Lebens."[2] Das sind typische Worte eines mittleren Kindes, und sie zeigen, daß Donald Trump das Beste aus seiner natürlichen Veranlagung als mittleres Kind gemacht hat. Geschäftsführer sind in den meisten Fällen Erstgeborene, die sich auf der Stufenleiter nach oben gekämpft haben, aber Unternehmer sind meist mittlere Kinder.

Das mittlere Kind ist vielleicht anonymer als seine Geschwister, aber das schmälert nicht die Tatsache, daß es ein wichtiges Individuum ist. Ich mag mir gar nicht vorstellen, wie die Welt ohne die Mittleren aussähe.

Wenn Sie ein mittleres Kind sind, reihen Sie sich – zusätzlich zu den oben Genannten – ein unter Leute wie Hubert Humphrey, John Quincy Adams, Susan B. Anthony, Herbert Hoover, Joan Baez, Dwight D. Eisenhower, Woodrow Wilson und Benjamin Franklin.

Das Letztgeborene

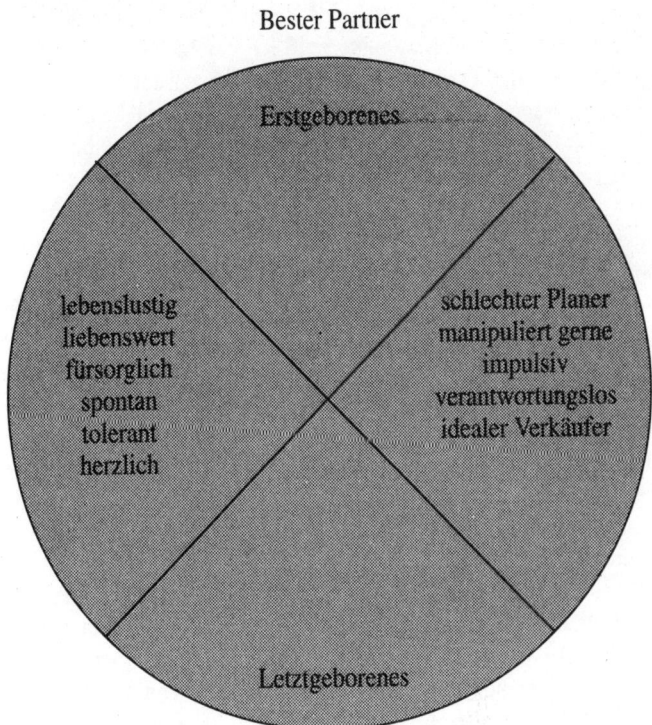

Bester Partner

Erstgeborenes

lebenslustig
liebenswert
fürsorglich
spontan
tolerant
herzlich

schlechter Planer
manipuliert gerne
impulsiv
verantwortungslos
idealer Verkäufer

Letztgeborenes

Schlechtester Partner

Wenn Sie eine Party geben wollen und jeder sich gut amüsieren soll, dann tun Sie gut daran, ein paar Letztgeborene einzuladen. Sie sind lebenslustige Leute mit Schwung und guter Laune. Wenn Sie aber nach jemandem suchen, der immer vorausschauend ist und ernsthaft die Zukunft plant, sollten Sie die Finger von den Letztgeborenen lassen. Dieser Typ ist nicht dafür bekannt, vorausblickend zu sein.

Sind Sie ein Letztgeborenes? Wenn ja, ist Ihr Blutdruck gestiegen, als Sie diese Beschreibung gelesen haben, oder ist ein Lächeln des Wiedererkennens über Ihr Gesicht gehuscht? Bevor ich fortfahre, möchte ich Ihnen sagen, daß ich mit den Letztgeborenen so hart ins Gericht gehen kann, wie ich will, denn ich bin selbst einer, und das gibt mir das Recht dazu. Was die anderen Konstellationstypen anbelangt, weiß ich aus meiner jahrelangen psychologischen Praxis, wovon ich rede. Aber wenn ich von den Letztgeborenen rede, ist es mehr als das. Was ich hierzu sage, habe ich nicht nur gesehen, ich habe es am eigenen Leibe erfahren!

Als ich noch ein Schuljunge war, hätte mein Spitzname gut „Klassenclown" lauten können. Und wäre ich nicht Kevin „Klassenclown" Leman gewesen, so hätte auch Kevin „Faulpelz" Leman gut zu mir gepaßt. Ich war auf dieser Welt, um es mir schlicht und einfach gut gehen zu lassen, und alles andere war sekundär. Man kann verstehen, warum ein Letztgeborenes sich so benimmt, denn als das Baby der Familie darf es sehr oft über die Zeit hinaus noch „putzig" sein, während von seinen älteren Geschwistern schon längst erwartet wird, daß sie sich „altersgemäß" verhalten. Das jüngste Kind ist es gewöhnt, im familiären Rampenlicht zu stehen, und oft fühlt es sich genau da wohl.

Wenn Sie den Eindruck haben, daß ich zu hart mit den Letztgeborenen bin, denken Sie an das, was ich oben gesagt habe. Jede Position in der Geschwisterreihe hat ihre Licht- und Schattenseiten. Es gibt nichts dagegen einzuwenden, wenn jemand sich gerne amüsiert oder der Mittelpunkt der Party sein und andere zum Lachen bringen will. Die Letztgeborenen wissen das Leben zu genießen.

Doch wenn es darum geht, die Zukunft ordentlich zu planen, kommen Letztgeborene in Probleme. Immer war da jemand, der sich um sie kümmerte, und sie glauben, daß das immer so bleiben wird. Mutti und Vati haben sich um das Letztgeborene immer ganz besonders gekümmert, weil es das Baby war.

Wenn der Jüngste zum Beispiel in eine Rauferei mit seinem großen Bruder verwickelt war, war es völlig egal, wer angefangen hatte. Mutti brüllte dann wahrscheinlich den älteren Bruder an und sagte ihm, er solle den Kleinen in Ruhe lassen.

Und wenn der Letztgeborene Ärger in der Schule hatte, kamen seine Eltern ihm mit größerer Wahrscheinlichkeit zu Hilfe, denn

Klein Hieronymus würde so etwas Böses einfach nie tun. In welch mißliche Lage er sich auch hineinmanövrieren mochte, er wußte, daß Pa und Ma ihn wieder herausboxen würden. Deshalb hat er die Einstellung entwickelt, daß immer jemand da sein wird, der die Dinge für ihn ausbügelt.

Wenn nicht Papi und Mami nach ihm sahen, dann war es sein großer Bruder, der aufpaßte, daß die Kinder aus der Nachbarschaft ihm kein Härchen krümmten, oder seine große Schwester, die ihm mit den Hausaufgaben half, wenn er wieder einmal den ganzen Abend herumgeblödelt hatte.

Man kann sich leicht vorstellen, daß sich das Letztgeborene aufgrund dieser Behandlung zu einem kleinen Prinzen oder einer kleinen Prinzessin entwickelt.

Haben Sie schon einmal eine Frau jammern hören: „Mein Mann braucht keine Frau – was er braucht, ist eine Mutter"? Wahrscheinlich ist sie dann mit einem Letztgeborenen verheiratet.

Aber es ist nicht alles negativ. Ganz im Gegenteil. Also, welche guten Eigenschaften haben Letztgeborene?

Zum einen sind die jüngsten Kinder liebenswerte Zeitgenossen, und im allgemeinen sind sie die Sorte Mensch, die man gerne um sich hat. Sie sind auch wahrhaft fürsorglich, und sie können gut zuhören.

Letztgeborene ergreifen oft einen Beruf, in dem sie mit Menschen zu tun haben, zum Beispiel werden sie Lehrer oder Berater. Und das nicht nur, weil sie gut mit anderen umgehen können, sondern weil sie andere Menschen wirklich mögen und gerne unter Leuten sind.

Zum Teil liegt das auch daran, daß die Letztgeborenen härter im Nehmen sind als die anderen Konstellationstypen. Wenn jemand etwas Verletzendes sagt, dann fühlt sich das ernsthafte Erstgeborene wahrscheinlich getroffen und wird eine ganze Weile daran zu knabbern haben. Das unbekümmerte Letztgeborene hingegen wird diese Worte mit größter Wahrscheinlichkeit an sich abprallen lassen. Vielleicht ist es auch verletzt, aber es kommt schneller wieder darüber hinweg, weil es glaubt, daß so etwas eben zum Leben dazugehört.

Letztgeborenen fällt es in der Regel nicht schwer, sich mit anderen zu unterhalten und ihr Vertrauen zu gewinnen. (Weil das so typisch für sie ist, werden viele von ihnen Verkäufer.) Das ist eine gute Eigenschaft, es sei denn, sie schlägt dazu um, andere zu manipulieren und sich ihr Vertrauen zu erschleichen.

Denken Sie nur an den Kerl, der im Fernsehen Gebrauchtwagen verkauft; er schlägt auf die Kühlerhaube und sagt: „Ist das nicht ein toller Schlitten?" Ich wette, daß er ein Letztgeborener ist. Damit will ich nicht sagen, daß das Auto kein toller Schlitten ist. Das kann sehr gut der Fall sein. Aber egal, in welchem Zustand ein Wagen ist, der Letztgeborene wird sein Bestes tun, ihn zu verkaufen.

Wenn Sie an politische Versammlungen denken, fällt Ihnen da eine Rede ein, die aus dem üblichen Rahmen herausfiel und ideenreich war? Vielleicht denken Sie an den Parteitag der Demokraten von 1984 zurück, als das „Baby der Familie", Gouverneur Mario Cuomo von New York, eine Rede hielt, die Demokraten wie Republikanern gleichermaßen noch lange in Erinnerung bleiben wird. Oder vielleicht denken Sie an den „Great Communicator" selbst, Ronald Wilson Reagan. Er ist einer von den nur fünf Letztgeborenen, die jemals ins Weiße Haus einzogen. Ich möchte nicht zu „politisch" werden, aber wenn die Kommunikationsfähigkeit etwas damit zu tun hat, daß man zum Präsidenten gewählt wird, dann möchte ich als erster feststellen, daß Mario Cuomo ein rechtmäßiger Anwärter auf Platz Nummer sechs unter den Letztgeborenen in der Pennsylvania Avenue ist.

Etwas anderes, das man bei Letztgeborenen beachten sollte, ist, daß sie möglicherweise wankelmütig und unbeständig sind. Sie können in einer Minute charmant und gewinnend sein und in der nächsten rebellisch und wütend. Das Letztgeborene schwebt um neun Uhr vielleicht noch auf Wolke sieben, und eine Viertelstunde später ist es schon in die tiefsten Tiefen abgestürzt.

Woher kommt das? Höchstwahrscheinlich hat es damit zu tun, wie die Letztgeborenen als Kinder behandelt werden. In einer Minute werden sie gelobt und verwöhnt, und in der nächsten verspottet und ausgelacht.

Klein Gertrud kommt zum Beispiel mit einem Bild von einem Pferd, das sie gemalt hat, nach Hause. Sie zeigt es ihrer Mutter, die aus dem Staunen gar nicht mehr herauskommt und ihrer Tochter sagt, was für eine tolle Künstlerin sie doch sei. Aber

	PLUS	MINUS
Erstgeborenes	bestimmend pünktlich ordentlich gewissenhaft ernsthaft wißbegierig verläßlich Planer	perfektionistisch launisch überkritisch dickköpfig skeptisch angespannt gehetzt Nörgler
Mittleres Kind	sehr loyal guter Verhandler ehrgeizig gut angepaßt sozial Meister d. Kompromisses Friedensstifter	fühlt sich anderen unterlegen konfliktscheu fühlt s. eingeklemmt u. eingezwängt verbirgt s. Gefühle leicht i. Verlegenh. zu bringen
Letztgeborenes	tolerant liebenswert kann s. i. andere hineinversetzen unkompliziert spontan fürsorglich herzlich	impulsiv verantwortungslos unordentlich manipuliert gerne egozentrisch rebellisch

wenn sie dasselbe Bild ihrem großen Bruder zeigt, sagt er: „Ich finde, es sieht eher wie ein Frosch aus. Noch dazu wie ein ziemlich mißlungener Frosch!"

Also ist Gertrud in einem Moment sehr stolz auf sich selbst, und im nächsten wird ihr Selbstbewußtsein vernichtet.

Aus diesem Grund sind sich Letztgeborene nie ganz sicher, wie sie mit den Situationen, in die das Leben sie bringt, umgehen sollen. Sie glauben an sich selbst und haben Vertrauen in ihre eigenen Fähigkeiten, aber dann erinnern sie sich unbewußt der Zeiten, in denen sie manches noch nicht so gut konnten wie ihre älteren Geschwister. Fast alle Letztgeborenen werden das Gefühl, nicht gut genug zu sein, ihr Leben lang nicht ganz los.

Zum Teil wird das Letztgeborene ja auch nur deshalb zum Klassenclown, weil es denkt, daß es nur so konkurrieren kann und die Aufmerksamkeit bekommt, die es braucht.

Wenn Sie ein Letztgeborenes sind, dann befinden Sie sich in der Gesellschaft von Goldie Hawn, Charlie Chaplin, Billy Crystal, Jackie Gleason, Eddie Murphy, Teddy Kennedy und – wie bereits erwähnt – meiner Wenigkeit.

Man beachte die Komiker und den Umstand, daß es „Eddie" und nicht „Ed" Murphy, „Billy" und nicht „Bill" Crystal heißt. Damit will ich nicht behaupten, daß alle Komiker Letztgeborene sind – aber die meisten von ihnen. Ich kann Sie schon sagen hören, daß es unter den Komikern doch auch ein paar Erstgeborene geben muß. Na klar. Bill Cosby zum Beispiel, und wenn Sie den Abspann seiner Show sehen, dann finden Sie ihn als William mit einem Doktortitel.

Bill Cosby zeigt seine Erstgeborenen-Veranlagung auch noch in anderer Hinsicht. So gab er all seinen Kindern mit „E" beginnende Vornamen, um sie daran zu erinnern, immer exzellent zu sein. So etwas kann doch nur einem Erstgeborenen einfallen!

Geschwisterkonstellation und Liebe

Nach unserer kurzen Reise durch die Konstellationstypen werden wir jetzt untersuchen, wie die einzelnen Typen zusammenpassen – oder nicht zusammenpassen –, wenn es um Liebe und Ehe geht.

Zuerst werden wir unser Augenmerk darauf richten, was passiert, wenn zwei Menschen des gleichen Typs zusammenkommen.

Teil II

Für Erstgeborene und Einzelkinder

Wenn Erstgeborene aufeinandertreffen

Sind Sie ein Erstgeborenes? Sind Sie auf der Suche nach Liebe, versuchen Sie, ein kompliziertes Liebesleben in den Griff zu bekommen, oder sind Sie gerade dabei herauszufinden, warum es die Liebe in all den Jahren so schlecht mit Ihnen gemeint hat?

Also, bevor Sie herausfinden, welche Art von Mensch Sie suchen, kennenlernen und heiraten sollten, sollten Sie sich erst einmal selbst kennenlernen.

Selbsttäuschung kann extrem gefährlich sein, wenn es um Liebe geht. Beantworten Sie sich folgende Fragen:

1. Sie sind auf einer Party. Ein gutaussehender Fremder kommt auf Sie zu und sagt, daß Sie Ihre Bluse links herum anhaben. Wie reagieren Sie?
A. Sie lachen und antworten ihm, daß das die neueste Mode sei, und könnte er Ihnen im übrigen einen Drink besorgen?
B. Sie brausen auf, kippen ihm Ihren Drink ins Gesicht und stolzieren davon, um Ihre Bluse richtig herum anzuziehen.
C. Sie würden Ihre Bluse nie im Leben verkehrt herum anziehen, also ist die ganze Frage lächerlich.

2. Es ist Valentinstag. Was werden Sie am ehesten tun?
A. Ihrer Liebsten Blumen schicken?
B. Ihr eine Karte überreichen, wenn Sie sie an diesem Tag sehen?
C. Diesen albernen Tag haben Sie immer schon gehaßt, und Sie bleiben extra lange in der Arbeit.

3. Ihr Mann hat seine Schuhe, schmutzigen Socken und sonstigen Kleidungsstücke in einer langen Spur über den Fußboden verstreut, die zum Fernsehsessel hinführt, in dem er laut schnarchend schläft. Was tun Sie?

A. Sie geben ihm einen Kuß auf die Stirn und nehmen ihm das in gefährlicher Schräglage befindliche Bierglas aus der Hand.

B. Sie blasen ihm mit einer Trillerpfeife ins Ohr, um ihm mitzuteilen, daß das Abendessen fertig ist.

C. Ihr Mann begibt sich, wenn er von der Arbeit kommt, immer schnurstracks in die Küche, um seiner Familie ein exquisites Mahl zu bereiten, und seine Socken sind sowieso nie schmutzig.

Okay, sehen wir, wie Sie sich geschlagen haben. Wenn Sie in allen Fällen mit A geantwortet haben, darf ich Ihnen versichern, daß man eines Tages eine Schule nach Ihnen benennen und Ihnen einen Heiligenschein verleihen wird.

Wenn Sie eher ein B-Typ sind, empfehle ich Ihnen, doch ab und zu einmal zu lächeln, okay?

Und wenn Sie der C-Typ sind, frage ich mich, ob Sie es je mit einem Job beim Militär versucht haben – dort kann man Feldwebel immer gut gebrauchen!

Ich mache natürlich nur Spaß, aber abgesehen davon ist es immer eine gute Idee, ein wenig Selbstanalyse zu betreiben, bevor man sich auf Brautschau begibt.

Beobachten Sie, wie Sie in verschiedenen Situationen reagieren, und versuchen Sie herauszufinden, warum. Machen Sie eine Liste mit Ihren Lieblingsärgernissen – den Dingen im Leben, die Sie wirklich nerven – und eine Liste mit den Dingen, die Sie wirklich genießen.

Wenn Sie einmal wissen, wer Sie sind, können Sie anfangen, sich darüber Gedanken zu machen, wie Ihr Traumpartner aussehen sollte.

Wenn Sie ein Erstgeborenes sind, gibt es ein paar allgemeine Richtlinien, um festzustellen, wer am besten und wer am wenigsten gut zu Ihnen paßt.

Wen sollte ein Erstgeborenes heiraten?

Die absolut beste Wahl ist ein Letztgeborenes.

Wen sollte ein Erstgeborenes meiden?

Die Antwort lautet: ein anderes Erstgeborenes.

Tatsache ist allerdings, daß Erstgeborene gerne Erstgeborene heiraten. Und wenn sie bei ihrer Hochzeit vor dem Altar stehen, ahnen sie noch gar nicht, welche Probleme sie überwinden werden müssen, wenn ihre Ehe funktionieren soll.

Haben Sie schon einmal erfragt, welchen Platz in der Geschwisterreihe Ihre Freunde einnehmen? Nicht Ihre Bekannten, nur Ihre engen persönlichen Freunde.

Wahrscheinlich werden Sie feststellen, daß sie alle derselbe Konstellationstyp sind wie Sie selbst. Es scheint etwas daran zu sein an dem Sprichwort „Gleich und gleich gesellt sich gern".

Das liegt daran, daß wir uns in der Regel denen näher fühlen, die unsere Interessen teilen – die verstehen, wie wir „funktionieren".

Entsprechend suchen die meisten Menschen nach einem Partner fürs Leben, der ihnen sehr ähnlich ist. Aber ist das immer eine gute Idee?

Die Antwort lautet: nein.

Wenn zwei Erstgeborene sich zusammentun, birgt das viele Gefahren. Es ergeben sich wieder andere Gefahren, wenn zwei mittlere Kinder oder zwei Letztgeborene sich verbinden. Damit will ich nicht sagen, daß zwei Menschen vom selben Konstellationstyp nie eine Liebesbeziehung eingehen sollten – es gibt dabei nur ganz besondere Komplikationen, und früher oder später wird man sich mit ihnen konfrontiert sehen.

Vor nicht allzu langer Zeit kam, nachdem ich auf einer Tagung in Kalifornien gesprochen hatte, ein junger Mann auf mich zu, der ziemlich aufgebracht war, weil ich gesagt hatte, daß eine Ehe zwischen zwei Erstgeborenen alles andere als ideal sei.

„Ich glaube, daß Sie sich mit dem, was Sie über Erstgeborene gesagt haben, auf dem Holzweg befinden", forderte er mich heraus. „Meine Eltern sind beide Erstgeborene, und sie sind schon seit fünfundzwanzig Jahren zusammen."

„Das ist ja wunderbar", antwortete ich.

„Ja, und sie verstehen sich großartig. Ich habe nie zwei Menschen gesehen, die sich mehr lieben."

Hut ab vor diesen Leuten, die sich offensichtlich genug liebten, um daran zu arbeiten, daß ihre Liebe und Ehe fünfundzwanzig

Jahre lang hielt. Heutzutage ist das für jedes Paar eine stolze Leistung. (Wir leben in einer Epoche, in der die Lebenserwartung eines Kühlschranks oder eines Küchenherds fast doppelt so hoch ist wie die einer durchschnittlichen Ehe.) Für ein Paar aus zwei Erstgeborenen ist das wirklich bemerkenswert. Es zeigt, daß es zu allem, was ich in diesem Buch sage, auch Ausnahmen gibt, aber diese Ausnahmen sind nicht sehr häufig.

Bevor ich fortfahre, möchte ich klarmachen, daß ich dieses Buch für zwei ziemlich unterschiedliche Gruppen von Menschen schreibe. Die erste Gruppe sind die Alleinstehenden, die wissen möchten, mit wem sie anbandeln sollten – oder zumindest, wen sie als „Heiratsmaterial" in Betracht ziehen sollten. Die zweite Gruppe sind die Leute, die schon verheiratet sind, aber den Eindruck haben, daß sie ihre Ehe verbessern könnten, wenn sie ein besseres Verständnis dafür hätten, welchen Einfluß der Platz in der Geschwisterreihe auf Liebesbeziehungen hat. Wenn Sie also ein Erstgeborenes sind, das in ein Erstgeborenes verliebt ist, ein Erstgeborenes heiraten möchte oder vielleicht schon mit einem Erstgeborenen verheiratet ist, dann sollten Sie die folgenden Seiten besonders genau lesen.

Die streitbaren Ersten: Ehe oder Krieg?

Wenn ich eine Beziehung herausgreifen sollte, der ich die absolut schlechtesten Erfolgschancen einräume, dann wäre das die von zwei Erstgeborenen und ganz besonders die von zwei Einzelkindern oder auch Supererstgeborenen.

Wenn Sie aus einer Gruppe die Erstgeborenen herausfinden wollen, dann geben Sie den Leuten irgend etwas zum Zusammenbauen und beobachten Sie, wie die einzelnen an die Aufgabe herangehen. Die Erstgeborenen werden gar nicht erst anfangen, bevor sie nicht die Konstruktionsanleitung gelesen haben. Die Mittleren werden wahrscheinlich einen kurzen Blick auf die Anleitung werfen, aber sie werden sie nicht halb so gründlich studieren wie die Erstgeborenen. Und die Letztgeborenen werden nicht einmal bemerken, daß dem Ding eine Anleitung beiliegt, und werden sich sofort an die Arbeit machen und Flügelschraube A auf Gewindeschraube C drehen.

So also gehen Erstgeborene vor. Sie wollen alles immer ganz korrekt machen. Ich bin sicher, daß Richter Wapner ein Erstgeborener ist. Sie wollen sicher gehen, daß alles richtig gemacht wird, und das reicht vom Zusammenstecken eines Kinderspielzeugs bis zum Zusammenhalten einer Ehe.

Das bedeutet natürlich, daß Erstgeborene Probleme schneller erkennen und versuchen, sie zu lösen.

Wenn das zutrifft, warum sollte dann eine Beziehung zwischen zwei Erstgeborenen so schwierig sein? In erster Linie, weil Erstgeborene im allgemeinen so sture, dickköpfige, aggressive Leute sind. Sie wissen immer genau, wie die Dinge sein sollten.

In der Physik hat man lange darüber spekuliert, was passiert, wenn eine unwiderstehliche Kraft auf ein unbewegliches Objekt trifft. Wenn Sie die Antwort darauf wissen wollen, müssen Sie nur zwei perfektionistische Erstgeborene betrachten, die eine feste Beziehung haben oder miteinander verheiratet sind! Ich würde sagen, daß diese Mischung unweigerlich eine Menge Hitze, Licht und Lärm erzeugt. Anders gesagt – eine Explosion!

Erinnern Sie sich, daß es zwei besondere Typen von Erstgeborenen gibt. Der eine ist der kompromißlose Typ, der darauf versessen ist, ganz nach oben zu kommen, während der andere der willfährige Typ ist, der immer allen gefällig sein will.

Das heißt, daß es zwei Arten von Beziehungen zwischen Erstgeborenen oder Einzelkindern gibt.

Die erste ist die eben beschriebene, wo unbewegliches Objekt und unwiderstehliche Kraft aufeinandertreffen. Die zweite ist die, wo Herr Aggressiv mit Fräulein Willfährig zusammen ist (oder umgekehrt), und die ganze Beziehung auf ein Kommandieren und Kuschen hinausläuft, wo der eine Partner den anderen herumschubst, und der andere es mit sich machen läßt. Das ist keine Basis für eine Beziehung, und früher oder später wird sie in die Brüche gehen. (Wenn Sie mehr über dieses Thema lesen möchten, empfehle ich mein Buch *The Pleasers: Women Who Can't Say No and the Men Who Control Them*, erschienen bei Dell.)

Beide Arten von Beziehungen habe ich zur Genüge kennengelernt.

Herr Aggressiv gegen Frau Aggressiv

Ich erinnere mich an ein Paar von Erstgeborenen, bei dem, allem äußeren Anschein nach, nichts mehr ging.

Der Mann – ich will ihn Harry nennen – war Ingenieur in einem großen Bergwerk. Er verdiente ausgezeichnet, hatte viele Arbeiter unter sich und schien für die Position des Vizepräsidenten auserkoren zu sein.

Seine Frau Elizabeth hatte sich als Innenarchitektin selbständig gemacht und war damit recht erfolgreich. Sie lebten in einem großen Haus in einem der besseren Viertel der Stadt, fuhren beide einen tollen Wagen und schickten ihre Kinder in eine der besten Privatschulen am Ort.

Sie hatten wirklich alles, aber alles, was sie hatten, war auf dem besten Weg, den Bach hinunterzugehen. Sie gingen beide so sehr in ihrem Beruf auf und waren so entschlossen, ganz nach oben zu gelangen, daß sie nur wenig Zeit füreinander und für die Kinder hatten. Und wer war daran schuld?

„Er versteht nicht, daß mein Beruf mir wichtig ist", beklagte sich Elizabeth. „Er gibt mir nie die Unterstützung und Anerkennung, die ich brauche. Er denkt immer nur an sich!"

„Ich soll ihr nie Unterstützung geben?" protestierte Harry. „Ich arbeite zwölf Stunden am Tag, und dann komme ich nach Hause, und die Kinder haben keine Ahnung, wo ihre Mutter steckt, und fragen mich, ob ich ihnen etwas zum Abendessen machen kann. Was für eine Unterstützung und Anerkennung ist das denn?"

Nun werden einige von Ihnen bestimmt sagen: „Ist das nicht ein Problem, das die meisten berufstätigen Paare haben?" In gewisser Weise schon, aber nicht in dem Ausmaß, wie man es bei zwei die Erfolgsleiter hochkletternden, karriereorientierten Erstgeborenen antrifft.

Die Wahrheit ist, daß dieses Problem bei Harry und Elizabeth nur ein Symptom eines größeren, tiefer gehenden Persönlichkeitskonflikts war, und das hing damit zusammen, daß sie beide Erstgeborene von der kompromißlosen Sorte waren, die nie etwas anfingen, ohne die Besten darin sein zu wollen.

Sie waren beide gewohnt, die Besten zu sein, und keiner von ihnen hatte noch so recht bemerkt, daß die Ehe eine Partnerschaft ist und kein Wettbewerb, in dem es den anderen zu übertreffen gilt. Deswegen hatten sie sich fast vom ersten Tag ihrer Ehe an die Köpfe eingerannt.

Waren sie Egoisten? Und ob! Beide hatten auch irgendwie recht.

Harry arbeitete jeden Tag sehr hart, und er fand, daß er erwarten konnte, daß die Dinge zu Hause besser geregelt würden. Gleichzeitig aber nahm Elizabeths Geschäft immer mehr von ihrer Zeit in Anspruch, und schließlich verbrachte sie die nicht im Schönheitssalon oder im Tennisclub.

Harry verdiente sehr gutes Geld, und deshalb sah er überhaupt keinen Grund, weshalb Elizabeth arbeiten sollte. Elizabeth fand, daß sie das Auge und die Fähigkeiten einer Designerin hatte, und sie wollte nicht einsehen, warum sie dieses Talent brachliegen lassen sollte.

All das stimmte, aber es stellte kein unüberwindliches Problem dar. Alles, was es brauchte, um die Situation zu retten, war ein bißchen Kompromißbereitschaft. Zum Glück liebten sich Harry und Elizabeth trotz all ihrer gegenseitigen Konkurrenz und ihrer Unzufriedenheit mit dem anderen wirklich sehr, und so waren sie bereit, an ihrer Beziehung zu arbeiten.

Harry erkannte, daß er mehr im Haushalt tun könnte, ohne sich zu beklagen. Und Elizabeth sagte, daß sie weniger Kunden annehmen könnte. Sie brauchte nicht wirklich so viel zu tun wie in der Vergangenheit.

Bis dahin mußten beide einsehen, daß es nicht sehr leicht sein würde, sich zu ändern. Sie waren beide vom Kindergarten an, und wahrscheinlich schon vorher, sehr ehrgeizig und aggressiv gewesen. Was zählte, war allerdings, daß sie zu einem Kompromißversuch bereit waren, und sie willigten beide ein, auf die Erstgeborenennatur des anderen Rücksicht zu nehmen.

Was können Sie tun, wenn Sie ein aggressives Erstgeborenes sind, das mit genau so einem Exemplar zusammen ist?

- Sie können Ihre Beziehung zur absoluten Priorität machen. Überlegen Sie, wieviel Energie Sie in andere Bereiche Ihres

Lebens investieren: Ihren Beruf? Ihre Ausbildung? soziale oder politische Aktivitäten? Gehen Sie an Ihre Beziehung mit demselben Engagement heran, und Sie haben einen großen Schritt in Richtung Erfolg getan.

- Tun Sie den ersten Schritt in Richtung Kompromiß. Ich kenne keine erfolgreiche Beziehung, in der es nicht ein Nehmen und Geben von beiden Seiten gäbe. Es ist nicht leicht für den aggressiven Erstgeborenen, Kompromisse zu schließen, aber es ist möglich. Denken Sie daran, daß es nicht immer nach Ihrem Kopf gehen kann – Ihr Partner hat Freunde, Verpflichtungen und Wünsche, die genauso wichtig sind wie die Ihren. Kämpfen Sie von Zeit zu Zeit gegen Ihre eigenen Impulse an und zeigen Sie sich kompromißbereit. Gleichzeitig müssen Sie versuchen, Ihren Partner zu überzeugen, daß auch er nachgeben muß, wenn die Beziehung funktionieren soll.

- Reden Sie miteinander. Nehmen Sie sich trotz Ihres vollgepackten Terminkalenders die Zeit, mindestens eine halbe Stunde am Tag über einer Tasse Kaffe Dinge zu bereden. Wann, ist egal – vielleicht paßt es Ihnen besser beim Frühstück oder am Abend nach dem Essen -, solange Sie es nur tun. Das ist ein simpler Ratschlag, ich weiß, aber Sie werden überrascht sein, wie schwer das für ein Paar vom aggressiven Schlag ist. Es kann bedeuten, daß man ab und zu etwas „Wichtiges" liegen läßt. Na und? Es gibt nichts Wichtigeres als die Liebe. Und wenn Sie sich unterhalten, tun Sie Ihr Bestes, nicht zu wetteifern und nicht aggressiv zu sein. Nehmen Sie Anteil an Ihrem Partner und freuen Sie sich über seine Erfolge.

Wenn zwei perfektionistische Erstgeborene heiraten, kann es zu noch anderen Problemen kommen.

Zum Beispiel habe ich oben schon erwähnt, daß Erstgeborene im allgemeinen ordentlich sind und alles bestimmen wollen.

Im Schlafzimmer mit Herrn und Frau Perfektionist

Ein anderes Paar – Ronald und Barbara -, das zu mir in die Sprechstunde kam, hatte größere Probleme mit dem Sexualleben, und das kam daher, daß beide pedantische Erstgeborene waren. Barbara war obendrein noch Einzelkind, und wie es für diese Spezies so typisch ist, war sie superordentlich. Sie lebte nach dem Motto „Alles an seinem Platz und alles zu seiner Zeit", und selbst der Sex mit ihrem Mann konnte nur zu einer bestimmten Zeit, an einem bestimmten Ort und unter bestimmten Bedingungen stattfinden.

Die Nächte während der Arbeitswoche schieden für Barbara aus, und die Morgen kamen schon überhaupt nicht in Frage. Freitag und Samstag nacht waren in Ordnung, denn diese Nächte gehörten zum Wochenende, und in der Tat erwartete Barbara von ihrem Mann, jeden Freitag und Samstag zur Verfügung zu stehen. Des weiteren bestand Barbara darauf, sich vor ihrem Mann auszuziehen und im Bett zu verschwinden.

Sie werden sich jetzt vielleicht fragen, ob Barbara mit Sex oder, genauer gesagt, ihrem eigenen Körper Probleme hatte. Ronald behauptete, daß dies nicht der Fall war. Wenn es einmal soweit war, hatten beide viel Spaß miteinander. Für Ronald lohnte sich offensichtlich das Warten auf die zwei Nächte in der Woche, die sie dieser Art von Aktivität vorbehalten hatte. Das große Problem für ihn war, daß er sich mehr Spontaneität wünschte.

„Wissen Sie, Doc, so etwas wie sich in einer Mittwochnacht an sie zu kuscheln und ein Ding zum anderen führen zu lassen."

Ein anderes Problem rührte aus seiner Erstgeborenennatur her. Er begann, das schematische Herangehen seiner Frau an den Sex als Zurückweisung seiner Person zu empfinden. Er hatte sein ganzes Leben lang hart daran gearbeitet, in allem, was er tat, der Beste zu sein, aber er gehörte zu den „frustrierten" Perfektionisten. Es war ihm nie ganz gelungen, den Erwartungen seines autoritären und kritischen Vaters gerecht zu werden. Trotzdem hatte er es immer wieder neu versucht, aber schon vor Jahren hatte sein Unterbewußtsein angefangen, ihm zu sagen, daß er es nie schaffen würde.

Offensichtlich gelang es ihm nicht, Barbara sexuell zu befriedigen. Wenn er besser im Bett wäre, würde sie bestimmt öfter mit ihm schlafen wollen.

Ronald täuschte sich mit seiner Einschätzung. Barbara war mit ihrem Sexualleben nämlich durchaus zufrieden. Sie sagte, daß es ihr Spaß machte – aber sie wollte es zu ihren Bedingungen tun.

Ronald fühlte sich von Barbara zurückgewiesen und fing deshalb an, an ihr herumzunörgeln. Er kritisierte ihre Hausarbeit und ihre Kochkünste. Interessanterweise war ihm das Haus fast zu aufgeräumt, und er warf ihr vor, daß es steril wie in einer Klinik sei. Wie man sieht, war Barbara genauso pedantisch beim Aufräumen und Putzen des Hauses und dem Festlegen des wöchentlichen Speisezettels, wie sie es in ihrem Schlafzimmer war. Sie wischte sogar das Telefon nach jedem Gebrauch ab. Typisch Erstgeborenes!

Mir ist klar, daß die Geschichte von Barbara und Ronald extrem erscheinen mag. Die meisten „Kommandierer" gehen nicht so weit wie Barbara, und es ist ungewöhnlich, jemanden von Ronalds Temperament mit jemandem wie ihr verheiratet zu sehen. Aber die Kommandierer-Typen unter den Erstgeborenen finden sich bestimmt bis zu einem gewissem Maße in Barbara wieder, und die Erstgeborenen vom Typ „frustrierter Perfektionist" werden sich selbst bestimmt in Ronalds Reaktionen auf dieses Verhalten wiedererkennen.

Was könnten Ronald und Barbara – oder jedes ähnliche Paar – tun, um ihre Ehe zu verbessern?

Da gibt es mehrere Dinge:

1. Sich gegenseitig laut eingestehen, daß sie beide Perfektionisten sind, und daß dieses Verhalten zu den Problemen, die sie miteinander haben, geführt hat.

2. Vereinbaren, daß sie beide versuchen wollen, ihre Verhaltensweisen und Gewohnheiten zu ändern, wobei es ihnen klar sein muß, daß dies nicht immer mühelos gelingen wird.

3. Zu verstehen versuchen, daß jeder eine eingefleischte Art hat, an das Leben heranzugehen, daß der andere damit aber nicht verletzt oder bestraft werden soll.

4. Versuchen, Probleme offen anzusprechen, damit sich kein Groll gegen den anderen aufstaut.

Das Schwierigste für Barbara war, ihr Verhalten zu ändern. Sie vereinbarte mit mir, daß sie einen ersten Schritt unternehmen würde, der darin bestand, morgens aus dem Haus zu gehen und eine Freundin zu besuchen, bevor sie die Betten gemacht hätte. Das war nicht leicht für sie, aber sie biß die Zähne zusammen und tat es. Das mag Ihnen als sehr kleiner Schritt erscheinen, aber für jemanden vom Schlage Barbaras war es ein Riesensatz.

Ronald seinerseits versprach, daß er versuchen würde, damit aufzuhören, immer zwischen den Zeilen zu lesen und alles als Kritik an seiner Person aufzufassen. Selbst wenn er verletzt wäre, sollte er erst einmal innehalten und nachdenken, bevor er um sich schlüge.

So gelang es Ronald und Barbara, ihre Probleme zu verkleinern und zum größten Teil zu überwinden. Natürlich wurden sie nicht über Nacht zu einem stoischen Paar, das das Leben nahm, wie es kam. Aber sie schafften es, die Bereiche in Angriff zu nehmen, die ihnen in ihrem Eheleben am meisten Druck machten.

Und wirklich gestand Barbara lachend – und errötend – ein, daß sie sich tatsächlich an einem Dienstagabend geliebt hatten. Zuerst war es ihr ein bißchen komisch vorgekommen, aber nach einer Weile vergaß sie, daß es unter der Woche war, und konnte es richtig genießen!

Ronald war sicher mächtig stolz.

In den Jahren, in denen ich meine psychologische Privatpraxis hatte, beriet ich Hunderte von Leuten mit sexuellen Problemen in der Ehe. Bei den meisten Paaren war zumindest ein Partner Erstgeborener, und die Ursache des Problems war meist ähnlich gelagert wie bei Barbara und Ronald. Das Liebesleben war zu stark reglementiert, es bestand Angst vor Zurückweisung oder Wut über erfahrene Zurückweisung.

Kommen Ihnen die Probleme von Barbara und Ronald ein bißchen extrem vor?

Wenn ja, sollten Sie sich folgende Fragen beantworten:

- Fällt es Ihnen schwer, den Einkaufszettel wegzulegen, den Sie gerade aufstellen, wenn Ihr Mann anfängt, an Ihrem Nacken herumzuknabbern?
- Wenn Ihre Frau ein neues sexy Nachthemdchen vorführt, schauen Sie dann nur kurz von Ihrer Schreibarbeit auf und murmeln: „Sehr hübsch, Schatz"?
- Fehlt es Ihrem Sexualleben an Spontaneität und Abwechslung?
- Wie lange ist es her, daß Sie sich mitten am Tag oder bei Licht geliebt haben?

Wenn Ihnen irgend etwas in dieser Liste bekannt vorkommt, dann sollten Sie daran arbeiten, sich und/oder Ihren Partner zu verändern.

Was das Verändern Ihres eigenen Verhaltens anbelangt, brauchen Sie es sich nur fest vorzunehmen.

Zum Beispiel so: Wenn mein Mann mit mir zu schmusen anfängt, höre ich auf, den Speisezettel für die nächste Woche zu planen.

Oder so: Wenn meine Frau mir ihr neues sexy Nachthemdchen vorführt, zeige ich mehr als nur beiläufiges Interesse.

Wenn Sie wollen, daß Ihr Partner sich verändert, ist das Beste, was Sie tun können, zu lernen zu kommunizieren. Ich weiß, daß es für Paare nicht immer leicht ist, über Sex zu reden, aber wenn Sie etwas nicht laut sagen können, können Sie es doch bestimmt aufschreiben. Und vergessen Sie nicht: Wenn Sie über Sex sprechen, müssen Sie Ihrem Partner das Gefühl geben, begehrenswert zu sein.

Lieben Sie ihn? Dann sagen Sie es ihm. Mögen Sie es, wenn er Sie in seinen Armen hält? Dann sagen Sie ihm das auch. Lassen Sie ihn wissen, daß Sie gerne mit ihm zusammen sind und gerne mit ihm schlafen – und wenn er das einmal weiß, können Sie ihm sagen, was Ihnen in Ihrem Liebesleben fehlt oder was Sie in diesem Bereich Ihres gemeinsamen Lebens wirklich glücklich machen würde.

Sie können Ihr Liebesleben auch durch „sexy" Aktivitäten verändern, zum Beispiel wenn Sie mitten unter der Woche ein Hotelzimmer buchen und sich dort zu einem Liebesrendezvous verabreden. Wenn Sie der Überordentliche sind, dann mag Ihnen so etwas vollkommen gegen den Strich gehen. Aber manchmal ist das Beste, was Sie tun können, über Ihren eigenen Schatten zu springen. Wenn Ihr Partner der Starre, Unflexible ist, dann mag ihn Ihre „Überraschung" kalt erwischen, und vielleicht bewirken Sie dann eine drastische Veränderung seines Verhaltens und seiner Einstellung.

Eine Frau überraschte ihren überordentlichen, unspontanen Mann einmal mit einem Zettel neben der Dessertschale, auf dem stand: Komm um halb zehn ins Schlafzimmer. Was er um halb zehn dort vorfand, war seine Frau in einem neuen sexy Nachthemdchen, eine Flasche Champagner auf Eis, zwei Gläser auf dem Nachttisch und gedämpftes Flackerlicht von etlichen Kerzen, die im ganzen Raum verteilt waren.

Eine höchst angenehme Überraschung – und wie aus gut informierten Kreisen verlautet, hatten Herr und Frau Vorhersagbar eine wilde, genüßliche Nacht.

Die Gefällige und der Kommandierer

Eine Beziehung zwischen zwei Erstgeborenen, die sich ziemlich ähnlich sind, ist schwierig genug. Aber wenn einer der Partner vom willfährigen Typ ist, der immer gefällig sein will, und der andere ein dominanter Charakter, der das Heft immer in der Hand halten will und keine Sekunde an die Wünsche und Bedürfnisse des anderen denkt, dann ist die Katastrophe perfekt.

Normalerweise ist der willfährige Teil in so einer Beziehung die Frau, die von ihrem bestimmenden, aggressiven Mann dominiert wird. Beachten Sie, daß ich „normalerweise" gesagt habe und nicht „immer", denn es gibt auch Fälle, in denen ein sanftmütiger Mann, der es immer allen recht machen will, sein Bestes gibt, um einer dominanten Frau zu gefallen. Aber von den vielen Beziehungen dieser Art, die ich im Lauf der Jahre kennengelernt habe, entsprechen weniger als ein Zwanzigstel letzterer Beschreibung.

Mir fallen viele solcher Beziehungen ein, aber ganz besonders erinnere ich mich an Janet, eine intelligente, eloquente und attraktive junge Frau – eine Erstgeborene –, die mit einem anspruchsvollen, dominanten Mann zusammen war, der pausenlos von ihr bedient werden wollte. Er war äußerst sparsam mit Dank oder Komplimenten, wenn sie etwas gut gemacht hatte, aber er war gleich mit Kritik bei der Hand, wenn er das Gefühl hatte, daß sie irgendwie versagt hatte, und es machte ihm gar nichts aus, sie auch vor anderen zu kritisieren.

Natürlich sah er keinerlei Veranlassung, etwas zu verändern. Warum sollte er? Alles lief genau so, wie er sich das vorstellte. Nur hatte er keinen ebenbürtigen Partner. Er hatte eine Frau, die nach seiner Pfeife tanzte, und da hätte er sich auch eine Dienstmagd nehmen können.

Bei einem Blick auf Janets Leben wurde mir sehr schnell klar, daß sie mit ihrem Mann genauso eine Beziehung hatte, wie sie sie mit ihrem Vater gehabt hatte.

„Ich bemühte mich so sehr, ihm zu gefallen", sagte sie von ihrem Vater, „aber ich glaube, daß ich das nie so richtig geschafft habe."

Ihr Vater war so ein Typ, der nie ein Wort über die guten Noten verlor, wenn Janet ein Zeugnis mit fünf Einsern, einer Zwei und einer Vier nach Hause brachte. Er schoß sich gleich auf die Vier ein und warf ihr vor, daß sie keine so schlechte Note bekommen würde, wenn sie im Unterricht besser aufpaßte oder nicht so faul wäre.

Nicht nur als Kind und Schülerin versuchte Janet ihrem Vater vergeblich zu gefallen. Noch als Erwachsene wollte sie immer, daß er stolz auf sie sein könnte. Sie war ganz aufgeregt, als ein Artikel, den sie geschrieben hatte, in einer Regionalzeitschrift veröffentlicht wurde. Sie schickte ihn ihren Eltern, und sicherlich ahnen Sie schon, was passierte. Ihre Mutter las den Artikel und war ganz begeistert, und ihr Vater kam irgendwie nie dazu, die Arbeit seiner Tochter zu lesen. Sie bekam eine tolle Rolle in einer Theaterproduktion in der Gemeinde und lud ihre Eltern zur Premiere ein. Sie versprachen zu kommen, aber in der letzten Minute „kam etwas dazwischen", und sie blieben weg.

Jetzt denken Sie wahrscheinlich, daß ihr Vater ein grausamer, herzloser Typ gewesen sein muß. Ich habe aber genug Männer wie ihn kennengelernt, um sagen zu können, daß er seine Tochter bestimmt aufrichtig liebte und ihr nur das Beste im Leben wünschte. Aber aus irgendeinem Grund waren diese liebevollen, herzlichen Gefühle in seinem Inneren eingeschlossen, und er konnte sie einfach nicht herauslassen.

Nun möchte man doch meinen, daß Janet eines Tages erkennt, daß das Problem bei ihrem Vater liegt und nicht bei ihr. Und man möchte auch meinen, daß sie versuchen würde, jemanden zu finden, der das ganze Gegenteil ihres Vaters ist.

Leider lief es in Janets Leben nicht so.

Janets Partnerwahl war ziemlich typisch für eine willfährige Erstgeborene. Zwangsläufig suchen sich Frauen wie Janet einen Mann, der die Kopie ihres Vaters sein könnte. Vielleicht ist es die Fortsetzung ihres lebenslangen Strebens nach der Anerkennung des Vaters.

Was immer der Grund sein mag – Tausende von willfährigen Erstgeborenen entrinnen der quälenden Beziehung mit ihrem Vater, nur um sich in der quälenden Beziehung mit einem Ehemann wiederzufinden.

Janets Problem lag aber nicht nur bei ihrem Mann, sondern auch bei ihr selbst. Niemand kann Sie herumschubsen, wenn Sie es nicht zulassen. Wenn Sie eine Gewohnheit daraus machen, sich auf den Fußboden zu legen und zu versuchen, sich als Fußabstreifer auszugeben, dann werden die anderen auf Ihnen herumtrampeln. Wenn Sie lernen, sich selbst zu behaupten, dann werden die anderen weniger Neigung haben, Sie auszunutzen.

Janet mußte lernen, daß sie ihrem Partner in jeder Hinsicht ebenbürtig war. Sie mußte aufhören, ihn zu bedienen, und mußte ihm mit aller Entschiedenheit deutlich machen, daß er gewisse Dinge selber zu tun hatte.

Es gab keine Garantie dafür, daß er sich ändern würde. Schließlich hatte Janet sein Verhalten nicht in der Hand. Ihr Verhalten aber hatte sie in der Hand. Ihre Verhaltensweisen zu ändern war das Beste, das sie – oder jedes andere Erstgeborene, das mit einem Kommandierertyp zusammen ist – tun konnte.

Janets Mann hatte die Angewohnheit, ihr nicht zu sagen, wann er von der Arbeit nach Hause kommen würde. Einmal konnte es um halb sechs sein, ein anderes Mal um sieben. Aus seiner Sicht hatte das Essen auf dem Tisch zu stehen, egal, wann er durch die Tür spazierte.

Ich wies Janet an, ihm zu sagen, daß das Abendessen jeden Tag um sechs Uhr fertig sein würde. Wenn er sie anriefe, um ihr zu sagen, daß er später kommen würde, würde sie ihr Bestes tun, um auf ihn zu warten. Wenn er andererseits früher nach Hause käme, würde er bis sechs Uhr warten müssen.

Ihre Worte änderten nichts an seinem Verhalten. Nur ein paar Abende später kam er schon wieder nach sieben nach Hause, ohne sie vorher informiert zu haben. Sie aß mit den Kindern um sechs, wie sie es angekündigt hatte, räumte den Tisch ab und spülte das Geschirr.

Als ihr Gemahl nach Hause kam und wütend und schnaubend nach seinem Abendessen verlangte, sagte sie ihm, daß er sich heute leider selbst darum kümmern müßte. Sie erinnerte ihn daran, daß sechs Uhr die Essenszeit war, und wenn er nicht eine plausible Erklärung für sein Zuspätkommen hätte, würde es jetzt immer so sein. Sie war nicht gehässig zu ihm, nur konsequent. Wenn er etwas essen wollte, wüßte er, wo die Küche sei, und es gäbe keinen Grund, warum er es sich nicht selbst zurechtmachen sollte.

Der Göttergatte verdrückte schließlich ein Sandwich mit Erdnußbutter und Marmelade und verschwand wütend im Bett. Wie ich oben schon sagte, gab es keine Garantie dafür, daß er sich ändern würde. Es bestand sogar die Möglichkeit, daß er noch ausfälliger und wütender werden würde, als er es ohnehin schon war. Aber Janet hatte den Punkt erreicht, wo ihrer Ansicht nach etwas passieren mußte. Sie wollte nicht länger mit so einem Mann zusammenleben. Entweder würde alles anders werden, oder sie würde ihn verlassen.

Ich kann keine hundertprozentige Garantie dafür abgeben, aber ich würde sagen, daß in fünfundachtzig oder neunzig Prozent der Fälle eine Verhaltensänderung des Gefälligen auch eine Verhaltensänderung des Kommandierers nach sich zieht. Und genau das geschah auch in Janets Fall.

Ihr Mann, der zunächst nur getobt und geschnaubt hatte, behandelte sie auf einmal mit Respekt. Sie traute ihren eigenen Ohren nicht, als er sie eine Woche nach der Erdnußbutter-und-Marmelade-Episode anrief, um ihr zu sagen, daß er erst um halb sieben zu Hause sein würde. Er erklärte ihr sogar, warum; er müsse noch ein paar Unterlagen fertigstellen, die sein Chef dringend brauchte. Vorher wäre ihm nie in den Sinn gekommen, ihr auch nur die geringste Erklärung schuldig zu sein. Warum er später kam, war seine Angelegenheit, und ausschließlich seine.

Sie müssen wissen, daß ein Teil des Problems daher rührte, daß Janets Mann von Kindesbeinen an eine sehr hohe Meinung von sich selbst hatte. Von allen Seiten bekam er Lob und Anerkennung, und jeder vermittelte ihm den Eindruck, etwas Besonderes zu sein. Das Ergebnis war, daß er mit anderen nicht besonders rücksichtsvoll oder geduldig war.

Woran man einen Kommandierer erkennt

Eine Erstgeborene vom Typ der Gefälligen endet oft mit einem Mann, der ein Kommandierer ist, wie er im Buche steht. Unglücklicherweise merkt sie erst, worauf sie sich da eingelassen hat, wenn es schon zu spät ist. Hier ist ein kleines Quiz, mit dem Sie herausfinden können, ob der Mann, für den Sie sich interessieren, ein Kommandierer ist (natürlich gilt dasselbe auch für das andere Geschlecht). Beantworten Sie die folgenden Fragen mit „immer", „manchmal", „selten" und „nie", wofür es jeweils 4, 3, 2 oder 1 Punkt gibt:

1. Regt er sich oft lautstark über andere Fahrer auf, wenn er am Steuer sitzt?
2. Besteht er darauf, am Steuer zu sitzen, wenn Sie beide mit dem Auto irgendwohin fahren?
3. Wenn er mit anderen irgendwohin fährt, ist er dann der Fahrer?
4. Spricht er abfällig oder wütend über andere Frauen in seinem Leben? (einschließlich seiner Mutter, Schwester, Arbeitskollegin usw.)
5. Wenn Sie etwas tun, das er nicht mag, wird er dann so wütend, daß er schreit oder körperliche Gewalt anwendet?
6. Bedrängt er Sie sexuell?
7. Besteht sein Sinn für Humor darin, daß er Witze auf Ihre Kosten oder die Kosten anderer macht?

8. Wenn er einen Fehler gemacht hat, findet er dann eine Möglichkeit, andere, die „überhaupt keine Ahnung haben", dafür verantwortlich zu machen?
9. Muß er in Wettbewerbssituationen immer gewinnen?
10. Setzt er gewöhnlich seinen Kopf durch, wenn Sie entscheiden, wann und wo Sie essen, wohin Sie gehen und was Sie tun werden?

Ergebnis:
34-40 Punkte: Ein Superkommandierer, mit dem schwer auszukommen sein wird, egal ob kurz- oder langfristig.
28-33 Punkte: Ein „typischer" Kommandierer, der sich aber durchaus verändern kann, wenn man es ihm sagt.
20-27 Punkte: Eine ganz gute Mischung aus Kommandieren und Flexibilität, vielleicht als Ehemann gar nicht verkehrt.
19 Punkte und weniger: Wahrscheinlich kein Kommandierer, aber sehen Sie sich die Fragen mit den höchsten Punktzahlen noch einmal genau an, nur um sicherzugehen.

Vergessen Sie nicht, daß ein Kommandierer nicht immer eindeutig in seinem Verhalten ist. Es gibt aber immer Hinweise:
- Besteht er darauf, daß Sie die meiste Zeit mit seinen Freunden verbringen, während Ihre sich vernachlässigt fühlen?
- Müssen Sie immer warten, bis er Sie anruft, weil er nicht will, daß Sie ihn anrufen?
- Feiern Sie Feste immer so, wie es in seiner Familie üblich war, ungeachtet der Traditionen Ihrer Familie?
- Besteht er darauf, die Kinder auf seine Art zu erziehen, weil Sie zu nachsichtig sind?

Wenn das nach Ihrem Partner klingt, dann könnten Sie es mit einem Kommandierer zu tun haben.

Sind Sie ein Gefalltyp?

Nachdem wir jetzt gesehen haben, wie man einen Kommandierer ausmacht, ist es Zeit für eine Selbstanalyse, um zu sehen, ob Sie vielleicht das entgegengesetzte Problem haben. Behandeln andere Sie, als ob auf Ihrer Stirn in großen Lettern ABER GERNE geschrieben stünde? Wenn das der Fall ist, liegt es vielleicht daran, daß Sie wie ein Fußabstreifer wirken.

Beantworten Sie die folgenden Fragen wie vorher mit „immer", „manchmal", „selten" und „nie".

1. Wenn Sie mit anderen zum Essen gehen, wie oft bestimmen Sie dann das Restaurant?
2. Wenn Sie Hühnchen bestellen und der Kellner Ihnen eine Fischplatte bringt, sagen Sie ihm dann, daß er Ihnen das Falsche gebracht hat?
3. Wenn Sie mit anderen zusammen sind und über Politik geredet wird und Sie mit dem Gesagten nicht einverstanden sind, ergreifen Sie dann das Wort und sagen Ihre Meinung?
4. Wenn es nach Mitternacht ist und Ihr Nachbar viel zu laute Musik spielt, klingeln Sie dann und bitten ihn, den Plattenspieler leiser zu stellen?
5. Wenn Sie gerade über einer interessanten Arbeit sind und ein Freund Sie anruft, um „ein bißchen zu quatschen", sagen Sie ihm dann, daß Sie gerade keine Zeit haben?
6. Wenn der Chef Freiwillige sucht, die eine bestimmte Sache noch unter Dach und Fach bringen, melden Sie sich dann schon, bevor Sie überhaupt Zeit zum Nachdenken hatten?
7. Wenn Sie Auto fahren und jemand Sie schneidet und dann ärgerlich in Ihre Richtung gestikuliert, nehmen Sie dann automatisch an, daß Sie einen Fehler gemacht haben?
8. Wenn jemand etwas tut, das Sie in Wut bringt, fühlen Sie sich dann hinterher immer schlecht, weil Sie glauben, sich lächerlich gemacht zu haben?
9. Übernehmen Sie die Verantwortung für Dinge, die Sie überhaupt nicht verschuldet haben, und entschuldigen Sie sich für Dinge, die Sie nicht getan haben?
10. Träumen Sie davon, jemand „Wichtiges" zu sein?

Sie können wieder Punkte vergeben, wie in dem vorhergehenden Quiz, aber wenn Sie sich hier einmal zu oft wiedererkannt haben, ist es Zeit für Sie, sich zu verändern!

Bevor wir weitergehen, lassen Sie uns einen Blick auf ein paar andere typische Probleme werfen, die in der Beziehung zwischen zwei Erstgeborenen auftreten können:

Herr und Frau Übereifrig

Ein Mann und eine Frau können keine dauerhafte Liebesbeziehung miteinander aufbauen, wenn sie zu sehr mit anderen Dingen beschäftigt sind, als daß sie Zeit füreinander hätten – und zu diesem Problem kommt es recht häufig, wenn zwei erfolgsorientierte Erstgeborene sich zusammentun.

Die Ehe von Oscar und Rhonda war in Gefahr, und das war kein Wunder, denn sie sahen einander kaum einmal, es sei denn, bei Elternversammlungen oder etwas Ähnlichem. Beide waren extrem gewissenhaft, und es war ihnen beiden sehr wichtig, in der Gemeinde aktiv zu sein. Aber ihr Engagement für die verschiedensten wichtigen Projekte ging zu Lasten ihres Eheglücks. Was sollte ein solches Paar tun?

1. Zugeben, daß etwas sich verändern mußte. Sie konnten damit beginnen, sich selbst und dem anderen einzugestehen, daß ihre Ehe zu retten wichtiger war als alles andere.
2. Ihre Verpflichtungen zurückzuschrauben. Sie sollten sich beide ernsthaft bemühen, die Zahl ihrer Außenaktivitäten zu reduzieren. Sie könnten sich gemeinsam hinsetzen, eine Liste dieser äußeren „Verpflichtungen" aufstellen und entscheiden, was zu streichen wäre. Ich ging sogar so weit, vorzuschlagen, daß Rhonda einen Blick auf Oscars Liste werfen sollte und umgekehrt. Wenn Sie zu involviert sind, um etwas streichen zu können, lassen Sie Ihren Partner entscheiden. Natürlich setzt dies die ernste Absicht beider zum Zurückschrauben voraus. Ich halte nichts davon, sich auf halber Strecke zu treffen. Versuchen Sie statt dessen, siebzig oder achtzig Prozent zu geben, und Ihr Partner soll Ihnen das letzte Wegstück entgegenkommen. Wenn Sie glauben, siebzig Prozent zu geben, besteht eine gute Chance, daß Sie in Wirklichkeit genug tun, um den anderen auf halber Strecke zu treffen.

3. Verbringen Sie Zeit miteinander. Rhonda und Oscar mußten auch lernen, wie wichtig es ist, sich Zeit füreinander zu nehmen. Das ist in jeder Ehe wichtig, aber ganz besonders, wenn zwei kompromißlose Erstgeborene zusammen sind. Rhonda und Oscar sahen beide das Leben als eine Anhäufung von „Pflichten" an, aber eine „Pflicht", die sie immer übersehen hatten, war, Zeit miteinander zu verbringen. Oscar war der Typ von Mann, der immer seinen Terminkalender bei sich hatte, der vollgestopft war mit Dingen, die er zu tun hatte. Ich schlug vor, daß er den Namen seiner Frau in seinen Tagesplan hineinschreibt, um sich selbst daran zu erinnern, daß er sich Zeit für sie nehmen muß. Da Erstgeborene im allgemeinen so gehetzte, terminorientierte Menschen sind, ist es wirklich eine gute Idee für solche Eheleute, die Zeit, die sie miteinander verbringen wollen, regelrecht einzuplanen.

4. Lassen Sie es andere tun. Klingt das selbstsüchtig? Klingt das, als ob ich Apathie propagieren wollte? Nun, die Wahrheit ist, daß der Erstgeborene manchmal einen Schubs braucht, um die Welt ein paar Umdrehungen ohne ihn machen zu lassen. Rhonda und Oscar mußten mir beide versprechen, daß sie sich nicht in noch mehr Komitees engagieren oder noch mehr Aufgaben übernehmen würden, bis sie ihre schon bestehenden Verpflichtungen reduziert hätten.

5. Achten Sie darauf, daß Ihre Kinder nicht zu beschäftigt sind. Wenn sie zu viele Freizeitaktivitäten betreiben, wird irgendeiner – höchst wahrscheinlich die gute alte Ma – verrückt, weil er nur noch den Taxichauffeur für die lieben Kleinen spielt. Ich glaube, daß es gut für Ihre Kinder ist, wenn Sie sie auf zwei Aktivitäten außer Haus im Halbjahr beschränken, und es ist auch gut für Vati und Mutti!

Herr „Ist-mir-nicht-gut-genug" und Frau „Erfolgreich"

Erinnern Sie sich an den Song „Little Things Mean a Lot" (Kleinigkeiten sind von großer Bedeutung)? Es stimmt. Kleinigkeiten können wesentlich sein für den Bestand einer Ehe, aber sie können eine Ehe auch ruinieren.

Zu mir kommen Hunderte von Paaren, deren Ehe in die Brüche geht, nicht wegen irgendwelcher großer Probleme, sondern weil sich die Kleinigkeiten über die Jahre hinweg angehäuft haben, und jetzt ein Berg von Vorbehalten den Pfad zum dauerhaften Glück blockiert.

In San Francisco haben wir gesehen, was passiert, wenn sich Spannungen über eine längere Zeit hin immer stärker aufbauen. Der Sankt-Andreas-Graben spannte und dehnte sich, ächzte und krächzte, und als die Spannung zu groß wurde, kam der große Graben ins Rutschen, was ein heftiges Erdbeben auslöste. Gebäude stürzten ein, Brücken brachen zusammen, und Dutzende von Menschen kamen ums Leben. Ehen sind genauso zerbrechlich wie die Gebäude und Autobahnen, die in San Francisco einstürzten, und wenn sich nicht beide Partner darum bemühen, die Spannungen abzubauen, ist der Kollaps unausweichlich.

Ein Problem, das in Erstgeborenen-Ehen erhebliche Spannung verursacht, ist, wenn einer der Partner Perfektionist ist und vom anderen zuviel erwartet. Erstgeborene neigen dazu, unvernünftig hohe Forderungen an sich selbst zu stellen, aber unter Umständen verlangen sie von anderen genauso viel.

Hören Sie, was Linda sagte, und überlegen Sie, ob Ihnen das nicht irgendwie bekannt vorkommt: „Nichts, was ich tue, ist ihm gut genug. Ich habe nichts dagegen, etwas für ihn zu tun, aber es wäre doch ganz nett, wenn er mir dafür ein wenig Anerkennung geben würde."

Linda war eine intelligente, fleißige Erstgeborene, die an sich selbst hohe Ansprüche stellte, aber ihr Mann schien immer noch mehr zu erwarten. Sie brauchte Anerkennung und Verständnis, aber beides bekam sie von ihm nicht, denn er erwartete von sich und seiner Frau ausschließlich Perfektion. Was sie wirklich brauchte, war jemand, der sie dazu bringen würde, sich ab und zu ein bißchen Erholung zu gönnen und das Leben ein wenig leichter zu nehmen, aber was sie statt dessen hatte, war ein Mann, der sie zu immer neuen Höhen anstachelte, ob im Beruf, in der Fortbildung, in der Küche oder irgendeinem anderen Lebensbereich. Was konnte so jemand wie Linda tun?

1. Ihrem Mann sagen, wie sie sich fühlt. Einfache, direkte Kommunikation ist der wichtigste Schritt für jeden Mann und jede Frau, die merken, wie ihre Ehe unter einer Lawine von „Kleinigkeiten" einzustürzen droht. Aber ich weiß, daß es leichter ist, einer Frau zu sagen, daß sie mit ihrem Mann kommunizieren muß, als die Umsetzung dessen in die Tat.

Nach all meinen Jahren in meiner Privatpraxis bin ich immer noch erstaunt, wie schwer es manchen Paaren fällt, miteinander zu kommunizieren. Wie kann man Nacht für Nacht neben jemandem schlafen, ihm jeden Morgen am Frühstückstisch gegenübersitzen, wo er einen mit zerzaustem Haar aus verschwollenen Augen anstarrt, ja sogar das Badezimmer mit ihm teilen – und nicht in der Lage sein, miteinander zu reden? Doch meine Erfahrung hat mir gezeigt, daß dies nur allzu oft der Fall ist. Wenn man aber mit jemandem nicht sprechen kann, so kann man ihm doch zumindest etwas aufschreiben.

Mein Vorschlag lautet, daß sich solche Paare eine durchsichtige Schüssel kaufen – ein kleines Aquarium ist sehr gut dazu geeignet – und sie an einen Ort stellen, wo sie jeder jeden Tag sieht. Dann können sie verschiedenfarbige Notizblöcke kaufen, vielleicht rosa für sie und hellblau für ihn. Wenn sie ihm etwas sagen will, schreibt sie es auf einen rosa Zettel und legt ihn in die Schüssel, und er entsprechend. Das mag verrückt klingen, aber es hat schon vielen Paaren geholfen, so auch Linda und ihrem Mann.

2. Lernen Sie zu verzeihen. Lindas Mann würde sich nicht über Nacht verändern, egal, wie sehr sie sich das wünschte. Was sie tun mußte, war, daran zu arbeiten, ihn zu verändern, aber sie mußte sich darüber im klaren sein, daß das seine Zeit brauchen würde. Sie mußte also bereit sein, ihm zu verzeihen, wenn er sie enttäuscht hatte.

3. Schrauben Sie Ihre eigenen Ansprüche zurück. Der meiste Druck, den Linda verspürte, kam aus ihr selbst und nicht von ihrem Mann. Er würde derselbe gute alte Tom bleiben, ob sie nun die nächste Beförderung bekam oder nicht. Warum sollte sie sich also den Kopf immer weiter einrennen? Er trieb sie zwar zu immer neueren und größeren Höhen, aber ihre Einstellung und ihr Verhalten hatten ihn dazu angestachelt. Sie selbst mußte die Dinge lockerer nehmen.

Ich gebe zu, daß es nicht immer leicht ist, die eigenen Ansprüche herunterzuschrauben. Dazu braucht es Selbstdisziplin. Aber selbst wenn Sie die Zähne zusammenbeißen müssen, um einmal innezuhalten und den Duft der Rosen wahrzunehmen, dann beißen Sie eben die Zähne zusammen!

Da wir nun über die Beziehung zwischen zwei Erstgeborenen gesprochen haben, haben wir gesehen, daß eine Ehe zwischen zwei solchen Leuten nicht unbedingt ein Spaziergang ist.
Aber sie muß auch keine schmerzliche Erfahrung sein.
Wie man bei uns sagt, braucht es einen Haufen Liebe, damit aus einem Haus ein Zuhause wird, und es braucht einen noch größeren Haufen Liebe, um eine Romanze zwischen zwei Erstgeborenen zu einem Paradies zu machen, aber es ist möglich, da gibt es keinen Zweifel. Ja, ich kenne Erstgeborenen-Paare, und einige von ihnen waren schon verheiratet, als Elvis Presley noch längst kein Star war, und das ist eine lange Zeit her!
Wenn Liebe vorhanden ist, die Bereitschaft, zu verändern und sich zu verändern, ein gesunder Sinn für Humor und der Wille, sich anzustrengen, dann können zwei Erstgeborene bestens miteinander auskommen.
Als nächstes werden wir einen Blick darauf werfen, wer der Traumpartner für den Erstgeborenen ist, wenn es um Liebe und Ehe geht.

Das Erstgeborene nimmt sich eine Frau bzw. einen Mann

Passen Sie auch wirklich gut auf, Herr oder Frau Erstgeboren? Ich hoffe es, denn ich werde Ihnen jetzt gleich sagen, wie Sie die Frau oder den Mann Ihrer Träume finden können.

Und auch wenn Sie kein Erstgeborenes sind, hoffe ich, daß Sie gut aufpassen, denn Sie werden so manchen Einblick gewinnen in die oft verwirrende Welt der Liebesbeziehungen – besonders, wenn Sie mit einem Erstgeborenen liiert sind oder es vorhaben.

Mein Ziel ist, Sie in einen erstklassigen Detektiv in Sachen Liebe zu verwandeln, damit Sie bei jeder Beziehung, die Sie sehen, mit hoher Wahrscheinlichkeit feststellen können, ob sie funktionieren wird und warum oder warum nicht.

Bevor ich jedoch anfange, bin ich sicher, daß es da ein paar Skeptiker gibt, die sagen: „Was Sie uns erzählen werden, mag ja in der Theorie wunderbar aussehen, aber funktioniert es auch im richtigen Leben?"

All diesen ungläubigen Thomassen möchte ich sagen, daß ich als nebenberuflicher Kuppler eine hundertprozentige Erfolgsquote habe. Als Psychologe verbringe ich viel Zeit damit, Ehepaaren zu helfen, ihre Ehe zu retten. Aber in einem Fall habe ich einmal den Versuch unternommen, eine Ehe anzubahnen, und es hat tatsächlich geklappt.

Da war ein alleinstehender Herr – ein Witwer – mit zwei kleinen Töchtern, der in dieselbe Kirche ging wie ich. Dieser Mann war ganz fantastisch zu seinen Töchtern. Er war sanft und liebevoll, und ich wußte, daß er aus diesem Grund das Zeug zu einem guten Ehemann hatte.

Gleichzeitig war da eine junge Frau in der Gemeinde, die gut zu ihm zu passen schien. Ich sprach mit jedem von ihnen einzeln – nicht über den anderen, sondern hauptsächlich über das Thema der Geschwisterkonstellation. Er war ein Erstgeborener mit jüngeren Schwestern, und sie war eine Letztgeborene mit drei älteren Brüdern. Ah! Es hätte nicht besser sein können!

Weil diese Kirchengemeinde sehr groß war, hatten die beiden nie die Gelegenheit gehabt, sich kennenzulernen. Ich fand, daß es allmählich an der Zeit war, so eine Gelegenheit zu schaffen.

Alles, was ich tat, war, sie einander vorzustellen, und dann hielt ich mich heraus und wartete auf das Unausweichliche. Ich mußte nicht lange warten.

Nachdem sie zwei, drei Mal miteinander ausgegangen waren, konnte ich sehen, daß sie in Richtung Traualtar losmarschierten.

Heute sind sie sehr glücklich verheiratet. Also... Ja, ich habe mehrere Jahre meines Lebens damit zugebracht, das Thema der Geschwisterkonstellation zu untersuchen, und ich weiß, welche Rolle sie in Liebesbeziehungen spielt. Ja, ich habe meinen Doktor in Psychologie gemacht, ich kenne alle Studien, die zu den verschiedenen Aspekten der Geschwisterkonstellation gemacht wurden, und ich kann Ihnen Formeln und Variablen aufsagen, bis Ihnen der Kopf schwirrt oder Sie einschlafen – je nachdem, was schneller passiert.

Aber andererseits habe ich auch ein bißchen Zeit damit verbracht, den Kuppler zu spielen, und ich kann Ihnen versichern, daß ich eine viel höhere Erfolgsquote habe als Sendungen wie Herzblatt!

Ihr Traumpartner

Wenn Sie ein Erstgeborenes sind und sich wünschen, daß die Flitterwochen möglichst nie zu Ende gehen, dann empfehle ich Ihnen vor allen Dingen, jemanden zu heiraten, der nicht auch ein Erstgeborenes ist.

Der Traumpartner für Sie wäre ein Letztgeborenes. Das ist nicht nur die beste Kombination für Sie, es ist die beste Kombination überhaupt, wenn man Ehen unter dem Gesichtspunkt der Geschwisterkonstellation betrachtet.

Allerdings gibt es so viele verschiedene Typen von Erst- und Letztgeborenen, daß man nicht einfach sagen kann, daß die Ehe zwischen Erstgeborenem und Letztgeborenem die beste ist, denn manche dieser Ehen sind besser als andere.

Bevor wir ins Detail gehen, möchte ich Sie daran erinnern, daß die Geschwisterkonstellation allein nicht das A und O einer guten Beziehung ist. Ich denke da nur an meine Schwester Sally, die Älteste in unserer Familie. Sallys Mann Wes ist auch Erstgeborener, und die beiden führen eine glückliche, liebevolle Ehe und haben drei prächtige Kinder großgezogen. Sie haben hart an ihrer Ehe gearbeitet, und ihre Beziehung wurde zweifellos dadurch gestärkt, daß sie beide denselben Glauben haben.

Die Geschwisterkonstellation ist nicht der alleinige Faktor, der entscheidet, ob eine Ehe funktioniert. Aber sie gibt in hervorragender Weise Aufschluß über Probleme, die Sie unter Umständen im Laufe Ihres Lebens in Ihren Beziehungen mit anderen entdecken. Wenn Sie wissen, wie die Geschwisterkonstellation sich auswirkt, werden Sie erkennen, auf welche Probleme Sie sich gefaßt machen müssen oder welche Sie sogar selbst herbeiführen. Sie werden auch besser verstehen, mit welchen Problemen andere zu kämpfen haben.

Ich würde nie zwei Erstgeborenen, die Probleme miteinander haben, sagen, daß sie sich doch besser gleich scheiden lassen sollen, weil sie von ihrem Platz in der Familienkonstellation her nicht zusammenpassen. Eine erfolgreiche Ehe will immer sehr hart erarbeitet sein – selbst wenn die Konstellation der Partner wie im Bilderbuch ist.

Aber wenn Sie ein Erstgeborenes sind, das den optimalen Partner sucht, dann lesen Sie, was viele Psychologen, ich eingeschlossen, für die besten Kombinationen halten:

1. Frau Erstgeborene mit jüngeren Brüdern – Mann Letztgeborener mit älteren Schwestern.

2. Mann Erstgeborener mit jüngeren Brüdern – Frau Letztgeborene mit älteren Brüdern.

3. Mann Erstgeborener mit jüngeren Schwestern – Frau Letztgeborene mit älteren Brüdern.
4. Frau Erstgeborene – Mann Letztgeborener.

Der Psychologe Walter Toman genießt allgemeines Ansehen für seine gründliche Erforschung der Auswirkungen der Geschwisterkonstellation. In seinem Buch *Familienkonstellationen* legt er dar, wie ihn seine Untersuchungen an mehr als dreitausend Familien zu der Erkenntnis brachten, daß die oben aufgeführten Kombinationstypen die besten Ehen darstellen.[1]

An der Universität von Wisconsin führte Dr. Theodore D. Kemper eine Studie an 256 leitenden Angestellten und ihren Frauen durch.[2] Auch seine Studie kam zu dem Ergebnis, daß gewisse Kombinationstypen die besten Ehen erbringen. Die vier oben aufgeführten Kombinationstypen entstammen der Forschungsarbeit von Dr. Toman und Dr. Kemper sowie meiner eigenen Forschung und der Erfahrung aus meiner fast zwanzigjährigen Praxis als Psychologe.

Zu dem, was meine beiden verehrten Kollegen gesagt haben, möchte ich die Feststellung hinzufügen, daß die Kombination aus Erst- und Letztgeborenem in jeglicher Form in der Regel sehr erfolgreich ist.

Im folgenden wollen wir diese Kombinationen näher betrachten, um zu sehen, warum sie so gut funktionieren. Zuerst wollen wir uns mit der Kombination aus Erst- und Letztgeborenem allgemein befassen.

Kombination Erstgeborenes – Letztgeborenes

Diese Kombination funktioniert sehr gut, sofern die Partner in der Lage sind, ihre Unterschiedlichkeit zu akzeptieren und voneinander zu lernen.

Sie wissen, daß Sie als ältestes Kind mit großer Wahrscheinlichkeit ernst und beflissen sind – der Typ, der eine Erfolgsleiter hochklettern will und zum Nervenwrack wird, wenn keine da ist. Das jüngste Kind hingegen ist eher von der lebenslustigen Sorte, die der Ansicht ist, daß man das Leben lieber nicht zu ernst nehmen sollte.

Wie man sich vorstellen kann, führen beide dieser Lebenseinstellungen zu Problemen, wenn sie uneingeschränkt bestehen bleiben. Wenn Ihre Erstgeborenen-Lebenseinstellung nicht relativiert wird, werden Sie sich wahrscheinlich mit Arbeit und Sorgen ein frühes Grab schaufeln – oder zumindest ein kaltes, freudloses Dasein fristen. Sie werden schließlich so herzlich und lebenslustig sein wie ein Roboter. Das Letztgeborene wird sich schief lachen, das Leben leicht nehmen und zusehen, wie es von den anderen auf der Straße zum Erfolg überholt wird. Doch eines schönen Tages wird es aufwachen und sich fragen, wo seine Jugend geblieben ist und warum keiner seiner Träume wahr wurde.

Wie Sie sehen, braucht das Erstgeborene jemanden, der ihm zeigt, wie schön Sonnenuntergänge und Regenbögen sind, und ihn darauf stößt, daß es Spaß machen kann, seine Gedanken schweifen zu lassen und von all den wunderbaren Dingen zu träumen, die man gerne tun würde. Das Letztgeborene braucht jemanden, der ihm zeigt, daß Vergnügungen und Tagträume zwar eine wunderbare Sache sind, daß es aber harte Arbeit und Ausdauer braucht, um aus diesen Tagträumen Wirklichkeit werden zu lassen.

Sie wissen, daß unsere Gesellschaft traditionell eine etwas düstere Sicht hat von Leuten, die sich nicht kräftig anstrengen und nach Erfolg streben. Selbst die alten Märchen spiegeln diese Sichtweise wider.

Denken Sie doch nur an die Geschichte von der Schildkröte und dem Hasen. Der Hase war ein unbekümmerter Springinsfeld, der die alte Schildkröte mehrfach hätte überrunden können, wenn er nur ein bißchen mehr Ernst besessen hätte. Die Schildkröte andererseits hatte in Sachen Schnelligkeit nicht viel zu bieten, aber sie ließ nicht locker, setzte unermüdlich ein Bein vors andere – eins, zwei, drei vier – eins, zwei, drei, vier – und überquerte schließlich die Ziellinie weit vor Mr. Speedy.

Oder denken Sie an die drei Schweinchen und den großen, bösen Wolf. Zwei der Schweinchen waren alberne Kerle, die den ganzen Tag nur singen und tanzen wollten. Wenn sie sich ordentlich angestrengt und sich Häuser gebaut hätten, die stabil und sicher gewesen wären, hätte der Wolf es nie geschafft, zu hauchen und zu fauchen und ihr Haus umzublasen. Nur ihr arbeitsamer, fleißiger Bruder, der sich die Zeit genommen hatte, ein Haus aus Ziegelsteinen zu bauen, war sicher.

Und dann ist da natürlich noch die Geschichte von der Ameise und der Hummel. Den ganzen Sommer lang hatte die Hummel nichts Besseres zu tun, als den ganzen Tag herumzusummen, an

Beste Partnerkombinationen für Erstgeborene

Erstgeborene Frau mit jüngeren Brüdern	PLUS	letztgeborener Mann mit älteren Schwestern
Erstgeborener Mann mit jüngeren Schwestern	PLUS	letztgeborene Frau mit älteren Brüdern
Erstgeborener Mann mit jüngeren Brüdern	PLUS	letztgeborene Frau mit älteren Brüdern
Jegliche erstgeborene Frau	PLUS	jeglicher letztgeborene Mann

den Blumen zu schnuppern und sich die Sonne auf den Buckel scheinen zu lassen, während die Ameise von früh bis spät hart arbeitete und Nahrung in ihren Bau schaffte, damit sie für den Winter gut gerüstet wäre. Und als der Winter dann kam, war er gnadenlos und erwischte die gute alte Hummel völlig unvorbereitet.

Warum erwähne ich all diese alten Märchen und Fabeln? Weil mir scheint, daß unsere Gesellschaft schon immer die Erstgeborenen in ihren Lastern bestärkt hat. Kein Wunder, daß wir so viele arbeitssüchtige Erstgeborene unter uns haben, die sich abrackern für ihre Magengeschwüre, ihre faltige Stirn und ihre grauen Haare! Die Arbeitswütigen bestärken wir, während wir auf diejenigen, die das Leben etwas leichter zu nehmen scheinen, verächtlich hinabblicken.

Die Wahrheit ist, daß das Leben zu seiner Vollkommenheit beides braucht: harte Arbeit und die Fähigkeit, ab und zu einmal innezuhalten und es sich gut gehen zu lassen. Jeder gehetzte Erstgeborene sollte dankbar sein für das, was er von einem lebenslustigen Letztgeborenen lernen kann.

Wenn Sie ein Erstgeborenes sind, sind Sie wahrscheinlich

- pünktlich
- launisch
- ordentlich
- kritisch anderen gegenüber
- dickköpfig
- kompetent
- perfektionistisch
- jemand, der keine Überraschungen liebt
- jemand, der will, daß die Dinge gleich richtig gemacht werden.

Dann brauchen Sie wahrscheinlich den Ausgleich durch einen Partner, der

- nicht glaubt, daß zu spät zu kommen eine Todsünde ist
- unkompliziert ist
- nichts gegen gelegentliches Chaos einzuwenden hat
- tolerant gegenüber anderen ist
- in der Lage ist, seine Meinung zu ändern und den Standpunkt des anderen anzuerkennen

- spontan und intuitiv an das Leben herangeht
- weiß, daß jeder einmal Fehler macht, er eingeschlossen, daß man Fehler aber immer wieder gutmachen kann.

Wenn Sie ein guter Detektiv in Gefühlsdingen sind und jemanden entdecken, der diese Qualitäten hat, können Sie ziemlich sicher sein, daß es sich um einen Letztgeborenen handelt. Sie haben jemanden vor sich, der ein guter Heiratskandidat für Sie wäre. Und wenn Sie kein Interesse am Heiraten haben, haben Sie zumindest jemanden gefunden, mit dem es sicher Spaß macht auszugehen.

Warum eine Erstgeborenen-Ehe so leicht zum Schlachtfeld wird, liegt daran, daß sich beide Partner zu ähnlich sind. Wahrscheinlich werden Sie eher ein hitziges Kopf-an-Kopf-Rennen veranstalten als eine Beziehung haben, die darauf beruht, zu teilen und die Bedürfnisse des anderen zuerst zu berücksichtigen.

Warum eine Letztgeborenen-Ehe in Probleme gerät, liegt daran, daß dort keiner sagt: „Meinst du nicht, daß wir allmählich an die Zukunft denken sollten?" Wenn der eine den Einfall hat, auf die Bahamas zu fliegen und einen Monatslohn dafür auf den Kopf zu hauen, dann wird der andere gleich dabei sein, und früher oder später werden die beiden sich in finanziellen Problemen sehen.

Aber nehmen Sie einen von jeder Sorte, und Sie haben ein wunderbares Gleichgewicht. Es geht dann nicht nach dem Motto „Arbeit ohne Vergnügen", aber auch nicht umgekehrt.

Denken Sie einmal daran, was mit unserem Planeten auf seiner Reise durchs All passiert. Die Anziehungskraft der Sonne hält die Erde in ihrer Umlaufbahn, und andererseits wirkt die Zentrifugalkraft der Bewegung der Erde durch den Raum als Gegengewicht zur Anziehungskraft der Sonne. Wenn es diese Zentrifugalkraft nicht gäbe, würde die Sonne die Erde in sich hineinziehen, und wir würden alle zu getoasteten Marshmallows. Wenn es andererseits die Anziehungskraft der Sonne nicht gäbe, würde die Zentrifugalkraft uns in den Raum hinausbefördern, und im Nu würden uns die Eiszapfen von den Ohren herabhängen.

Das Gleichgewicht ist des Rätsels Lösung.

In den Ehen zwischen Erstgeborenem und Letztgeborenem müssen beide Partner genügend Respekt voreinander haben, um anzuerkennen, daß der andere etwas Wertvolles zu bieten hat.

Wenn ich daran denke, wie gut die Ehe zwischen einem Erstgeborenen und einem Letztgeborenen funktionieren kann, dann fallen mir John und Elizabeth ein, die heirateten, als sie beide Mitte Dreißig waren.

John war Erstgeborener und entsprach dem Persönlichkeitsmuster, das ich als „frustierter Perfektionist" bezeichne. Der frustrierte Perfektionist unterscheidet sich vom Perfektionisten dadurch, daß er nie zufrieden ist. Was immer er auch tut, er hat immer das Gefühl, daß er es hätte besser machen können. Er ist nie bereit, bei irgend etwas nur die Nummer zwei zu sein, und er ist nicht der Ansicht, daß exzellent zu sein gut genug ist.

Als Kind wollte John seinem dominierenden Vater gefallen, der sich immer auf das Negative konzentrierte und das Gute nie zu sehen schien. Egal was es war – schulische Leistungen, sportliche Erfolge oder irgendeine andere Aufgabe, die John sich gesetzt hatte -, sein Vater vermittelte ihm immer, daß er es hätte besser machen können.

Wie viele Erstgeborene sollte John ein leuchtendes Beispiel für seine jüngeren Geschwister abgeben. Schon als Kind wurde von ihm erwartet, sich wie ein Erwachsener zu benehmen. Er war tatsächlich ein ziemlich talentierter Mensch, aber er war erfüllt von einem Gefühl der Unsicherheit und Unzulänglichkeit, und das konnte man schon daran sehen, wie er dastand: mit hängenden Schultern, leicht gekrümmtem Rücken und hängendem Kopf. Er war eins achtzig groß, wirkte aber aufgrund seiner Körperhaltung mindestens zehn Zentimeter kleiner.

Zumindest war es so, bevor er die letztgeborene Elizabeth heiratete.

Das erste, das einem bei Elizabeth auffiel, war ihr Lachen. Sie lachte immerzu, aber es war kein aufdringliches, unangenehmes Lachen. Es war ein ansteckendes Lachen, so daß jeder, der es hörte, mitlachen wollte. Ich bin sicher, daß sich John als erstes durch dieses Lachen zu ihr hingezogen fühlte.

Wie wir wissen, sind Letztgeborene großartige Verkäufer, und das war auch bei Elizabeth der Fall. Sie war der Typ Mensch, dem es gelingen würde, Eskimos mitten im Winter Eis zu verkaufen. Als sie ihre immensen Fähigkeiten darauf verwandte, John an sich selbst zu verkaufen, war es nur noch eine Frage der Zeit, wann er anfangen würde, genauso stark an sich selbst zu glauben wie sie. Zum einen war John immer ein fürchterlicher Zauderer gewesen, was bei frustrierten Perfektionisten sehr häufig zu beobachten ist. Alles, was so ein Mensch tun will, will er perfekt tun. Aber weil er befürchtet, nicht perfekt sein zu können, fällt es ihm unheimlich schwer, eine Sache in Angriff zu nehmen. Bei der Arbeit neigt der frustrierte Perfektionist dazu, sich zu übernehmen, indem er sich freiwillig für so gut wie jedes Projekt meldet, das ihm in den Weg kommt. Er tut dies, um sich und den anderen seinen Wert zu beweisen, aber dann läßt er die Dinge schleifen, denn wenn es darum geht, die Arbeit wirklich zu tun, hat er solche Angst zu versagen, daß er nicht einmal mit der Aufgabe beginnen kann.

Elizabeth machte sich daran, an diesem speziellen Charakterzug von John zu arbeiten. Sie half ihm zu sehen, daß es noch längst kein Weltuntergang wäre, wenn er ab und zu einmal versagte.

Sie half ihm, Dinge zu sehen, wie es sonst niemand vermocht hätte. Aber weil er sie so sehr liebte und respektierte, und weil sie so positiv an alles heranging, konnte sie ihn dazu bringen, die Erwartungen der anderen bezüglich seiner Leistungen realistischer einzuschätzen. Sie sagte ihm, daß es sowieso nicht darauf ankäme, was irgendwer anderer von ihm dächte. Sie sei der einzige Mensch, der zählte, und er könnte niemals etwas tun, das sie enttäuschen würde.

Sie bewirkte Wunder in seinem Leben. Er schien regelrecht zu wachsen, aber das war nur, weil er ein besseres Verhältnis hatte zu dem, wer und was er war. Er war zum ersten Mal in seinem Leben frei, er selbst zu sein.

Jetzt könnte jemand fragen: „Und was hatte Elizabeth von der Ehe? Für mich klingt das so, als wenn sie immerzu nur gegeben hätte, während John alles nahm, was sie zu bieten hatte."

Meine Antwort ist, daß Elizabeth in dieser Ehe, was das Geben anbelangt, wahrscheinlich den Löwenanteil hatte, zumindest am Anfang. Aber sie profitierte auch von Johns Erstgeborenenveranlagung.

Zum einen war John unglaublich intelligent. Er besaß die Fähigkeit, es in der Geschäftswelt weit zu bringen, war aber immer durch sein Gefühl der Unzulänglichkeit blockiert gewesen.

Es stimmt, daß andere meist so von Ihnen denken, wie Sie selbst von sich denken. Da John nie an seine eigenen Fähigkeiten geglaubt hatte, glaubte auch sonst niemand daran, und er war übersehen worden und schien in seinem Beruf nicht voranzukommen. Elizabeth half ihm, Selbstvertrauen zu gewinnen, aber sobald das einmal geschehen war, erntete auch sie die Früchte von Johns Aufstieg auf der Erfolgsleiter.

Und sie hatte nicht nur finanzielle Vorteile. Sie profitierte zum Beispiel auch davon, daß John sich wohler fühlte in seiner Haut, denn sein Selbstvertrauen zeigte sich auch in seiner Lebenseinstellung. Er lachte leichter und häufiger und entwickelte sogar die Fähigkeit, über sich selbst zu lachen, wenn er unrecht hatte. Er schien auch mehr Energie zu haben, nach außen zu gehen und Erfahrungen zu machen, während er vorher oft deprimiert gewesen war und ihm nach nichts anderem zumute gewesen war, als zu Hause herumzusitzen.

John half ihr auch, ihr Leben besser zu organisieren. Sie war der Typ von Mensch, der versucht, alles, was er zu tun hat, im Kopf zu behalten. Und am Ende des Tages mußte sie oft feststellen, daß ihr verschiedene Dinge vollkommen entfallen waren. John war immer ein Listenschreiber gewesen, wie das bei vielen Erstgeborenen der Fall ist, und er zeigte ihr, wie nützlich es für sie sein könnte, die Dinge, die sie während des Tages zu tun hatte, aufzuschreiben. Sie führte keine komplette Liste – wie John es getan hätte -, aber indem sie in einen Tageskalender die wichtigsten Termine und zu erledigenden Dinge hineinschrieb, gelang es ihr, ihre Zeit viel effektiver zu nutzen.

Alles in allem waren John und Elizabeth ein tolles, sehr glückliches Paar.

Frau: Erstgeborene –
Mann: Letztgeborener

David ist ein Letztgeborener, der wie ich in jungen Jahren mit Begeisterung den Klassenclown spielte. Er erinnert sich, daß er besonders in der sechsten Klasse mehr Zeit draußen auf dem Gang verbrachte als im Klassenzimmer. Wenn einer eine freche Antwort gab oder dem Lehrer einen ausgefuchsten Streich spielte, dann war er es.

Diane und er waren sich so ähnlich wie ein Porsche und ein Kleintransporter. Sie war eine unangefochtene Einserschülerin und der Liebling fast aller Lehrer. Noch heute hat sie eine Mappe voller Zertifikate und Auszeichnungen, die sie bekam. Sie gewann Auszeichnungen in Naturwissenschaften und Mathematik und bei Lesewettbewerben. In sämtlichen Bereichen, die man sich nur vorstellen kann, gewann sie Preise. Unter ihren Trophäen befinden sich auch etliche Auszeichnungen, die ihr bescheinigen, immer eine „gute Staatsbürgerin" gewesen zu sein. Könnten die Gegensätze größer sein?

Obwohl David natürlich längst den Gedanken aufgegeben hat, sein Leben lang den Clown zu spielen, weist er immer noch viele Eigenschaften des typischen Letztgeborenen auf. Er gesteht zum Beispiel ein, daß er praktisch unfähig ist, sich über irgend etwas Sorgen zu machen.

„Ich bemühe mich wirklich", sagt er. „Ich weiß, daß es Dinge gibt, über die ich mir den Kopf zerbrechen sollte, aber irgendwie scheine ich dazu unfähig zu sein."

Diane hingegen ist wie viele Erstgeborene, sie sieht ein Problem schon auf hundert Kilometer Entfernung. Sie ist der Typ, der jede Situation sorgfältig planen will, und falls Plan A nicht klappt, hat sie Plan B bis Z schon vorsorglich in der Schublade.

Als sie frisch verheiratet waren, hatten sie einige Probleme wegen ihrer so unterschiedlichen Persönlichkeit.

Unter Dianes Erstgeborenen-Tendenzen ist das Bestreben, alles auf kürzestem, bestem und direktestem Wege zu tun. Diese Veranlagung findet man bei Erstgeborenen recht häufig, denn in der Regel sind sie sehr ordentlich und berechenbar. Dianes starkes Bedürfnis nach Effizienz fand seinen Ausdruck darin, daß sie alle Straßen in der Stadt, in der sie lebten, kannte. Wenn sie und ihr Mann mit dem Auto irgendwohin fuhren, und sei es nur zum Supermarkt um die Ecke, um einen Laib Brot zu kaufen, wußte sie immer genau, welche Route sie einschlagen müßten, und jede Abweichung davon trieb ihren Blutdruck in die Höhe.

David hingegen war so unbekümmert, daß er normalerweise erst darüber nachdachte, welchen Weg er wählen sollte, wenn er an eine Straßengabelung kam. Wenn es drei verschiedene Möglichkeiten gab, um zu demselben Supermarkt zu fahren, dann nahm er womöglich für die Hinfahrt den einen und für die Rückfahrt einen anderen Weg. Wenn er den längsten, zeitraubendsten Weg nahm, machte ihm das gar nichts aus, er genoß die Fahrt einfach.

Diane fragte gewöhnlich: „Warum nimmst du diesen Weg?"

„Weiß nicht. Warum fragst du?"

„Er ist viel länger!"

„Tatsächlich?"

„Ja. Viel länger!"

„Naja, ich weiß nicht, irgendwie wollte ich hierlang fahren."

„Das verstehe ich nicht. Warum? Warum willst du hier entlang fahren, wo es doch drei Minuten länger dauert?"

Sie schien einfach nicht zu verstehen, daß ihr Mann eigentlich keinen Plan hatte, und daß ihm die Wegstrecke egal war, solange er nur irgendwann sein Ziel erreichte. Er wiederum konnte nicht verstehen, was an ein paar Kilometern oder Minuten hin oder her so wichtig sein sollte. Wenn es ein Notfall gewesen wäre, hätte er natürlich den kürzesten Weg genommen, aber warum sollte er sich jetzt den Kopf darüber zerbrechen?

Aber nicht nur die Umwege, die er fuhr, wenn er am Steuer des gemeinsamen Wagens saß, jagten den Puls seiner Frau in die Höhe. Es störte sie ebenso, daß er auch den Rest des Lebens mit derselben Nonchalance anging.

Wenn ein wichtiges Ereignis bevorstand, für das er sich Urlaub nehmen mußte, erinnerte sie ihn schon zwei Wochen vorher daran.

„Bist du sicher, daß du Urlaub nehmen kannst?" fragte sie dann.

„Klar, kein Problem."

Ein paar Tage später fragte sie ihn wieder, ob er die Sache mit dem Urlaub geklärt hätte.

„Oh, äh..., nein, noch nicht, aber ich bin sicher, daß es kein Problem sein wird."

Weil sie keine Nervensäge sein wollte, ließ sie ihn ein paar Tage in Ruhe, aber dann fragte sie wieder nach. Und tatsächlich war er immer noch nicht vorstellig geworden, aber er würde es tun – wahrscheinlich morgen schon. Nur würde er es natürlich am nächsten Tag auch wieder nicht tun.

Und wenn er die Sache dann endlich in Angriff nahm, hatte ein Kollege sich schon diesen Tag frei genommen, und jetzt würde er nur Urlaub bekommen, wenn er jemand finden würde, der für ihn einspränge. Das hieß Telefonate und Gespräche in letzter Minute, und Dianes wachsendes Magengeschwür würde sich wieder einmal schmerzlich melden.

Aber David und Diane ließen sich von ihrer Unterschiedlichkeit nicht auseinanderbringen, sondern sie liebten und respektierten sich und waren fest entschlossen, voneinander zu lernen.

Diane bemühte sich sehr, das Leben leichter zu nehmen, wenn es um Belanglosigkeiten ging. Sie mußte lernen, sich nicht so auf eine Route zu versteifen, wenn sie beide zum Supermarkt fuhren.

David mußte lernen, daß es wichtigere Dinge im Leben gibt als zu entscheiden, welche Straßenabzweigung man nimmt. Er mußte seine Tendenz überwinden, sich im Strom des Lebens treiben zu lassen, und seiner Familie zuliebe begann er, sich dazu zu zwingen, über die Zukunft nachzudenken.

Die beiden besaßen nicht nur die Bereitschaft, sich zu verändern, um mit dem Partner besser auszukommen. Sie erkannten auch an, daß die Einstellung des anderen oft die bessere war.

Diane erkannte, daß man allmählich verrückt wird, wenn man sich zuviel über Kleinigkeiten den Kopf zerbricht, und daß man dann zwangsläufig ein paar andere mit sich reißt.

David erkannte, daß man, wenn man sich einfach im Strom des Lebens treiben läßt, vielleicht an so manchen Ort geschwemmt wird, an dem man nie sein wollte.

Mann: Erstgeborener mit jüngeren Schwestern – Frau: Letztgeborene mit älteren Brüdern

Ein Grund, warum diese Kombination so gut funktioniert, ist, daß beide Partner wissen, was sie vom anderen Geschlecht zu erwarten haben. Die Frau ist von Kindesbeinen an mit der Gegenwart männlicher Wesen vertraut, und der Mann ist entsprechend vertraut mit der Gegenwart weiblicher Wesen.

Für einen Jungen kann es nichts Besseres – oder Schlechteres – geben, als eine kleine Schwester zu haben. Sie kann eine absolute Nervensäge sein, eine Petze, ein Anhängsel, das er nicht loswird. Andererseits ist sie oft der Sonnenschein seines Lebens, obwohl er natürlich der letzte auf der Welt wäre, der ihr das sagen würde. Sie kann ausgelassen sein und einfallsreich, so daß es großen Spaß macht, mit ihr zusammenzusein. Was immer sie sein mag, die Beste oder die Schlechteste oder eine Mischung aus beiden, jedenfalls wächst ihr Bruder nicht mit Illusionen oder falschen Vorstellungen über Frauen auf.

Gleichermaßen ist für ein kleines Mädchen der beste oder der schlechteste Mensch auf der Welt wahrscheinlich ihr älterer Bruder.

Er ist der schlechteste, wenn er sie foppt und an ihr herumnörgelt, manchmal so sehr, daß er sie zum Weinen bringt. Es ist auch nicht sehr lustig, die kleine Schwester zu sein, wenn man sich als Teenager in einen Freund des Bruders verguckt. Der fragliche Freund ist vielleicht auch an ihr interessiert und würde vielleicht sogar gerne mit ihr ausgehen, aber er wird es wahrscheinlich nie tun, weil es einfach zu peinlich für ihn wäre, seinem Freund eingestehen zu müssen, daß er sich für seine kleine Schwester interessiert.

Dennoch sind große Brüder etwas Gutes, denn obwohl sie sie so triezen, lieben sie ihre kleinen Schwestern. Oft ist es, als wenn sie dächten: „Ich kann auf ihr herumhacken, weil sie meine Schwester ist, aber wehe, wenn ich einen erwische, der etwas Schlechtes über sie sagt." Wenn keiner seiner Freunde da ist, wird er sie vielleicht sogar einigermaßen anständig behandeln. Er wird sich mit ihr unterhalten, Dinge mit ihr teilen und sie von seiner größeren Erfahrung profitieren lassen. Und im Gegenzug wird er von ihr lernen, wie man sich Frauen im allgemeinen gegenüber verhält.

In einer Ehe des hier behandelten Typs wird aller Wahrscheinlichkeit nach der Mann die dominierende Rolle spielen. Damit will ich nicht sagen, daß der Mann die Meinung seiner Frau nicht schätzt und sie an Entscheidungen teilhaben läßt, aber er wird wahrscheinlich in seiner Familie die Führung beanspruchen, liebevoll, aber konsequent.

Seine Haltung wird nicht lauten: „Was immer du willst, ist mir recht, Schatz, denn im Grunde ist es mir egal." Statt dessen wird er eher sagen: „So sehe ich die Dinge, und so würde ich handeln, ...aber was hältst du denn davon?" Er wird eine feste Meinung haben, aber er wird sie seiner Frau nicht aufzwingen, ohne mit einzubeziehen, wie sie fühlt und denkt.

Aber die Frau in dieser Konstellation wird das nicht stören. Sie wird sich in diesem Arrangement wohlfühlen, denn in gewisser Weise ist es dieselbe Art von Beziehung, die sie mit ihrem großen Bruder hatte.

Im allgemeinen trifft es zu, daß eine Frau, die in einem Haus mit einem oder zwei größeren Brüdern aufgewachsen ist, die starken Führungsqualitäten und die Autorität im Charakter eines Mannes schätzen wird, der sich als Junge um seine kleinen Schwestern kümmern mußte.

Gleichzeitig wird ein Mann, der mit kleinen Schwestern aufgewachsen ist, seiner Frau gegenüber eine fürsorgliche und liebevolle Einstellung einnehmen.

Die Frau in dieser Art von Beziehung fühlt sich sehr sicher. Und das ist für viele Frauen immer noch ein wichtiger Gesichtspunkt, selbst in der heutigen Zeit.

Ich persönlich glaube, daß viele Männer in unserer Gesellschaft mißverstehen, was Frauen von ihnen wollen. Sie denken, daß die Zeiten sich geändert haben – daß Frauen irgendwie nicht mehr dieselben Geschöpfe sind, die sie früher waren, und das stimmt einfach nicht.

Der Mann denkt, daß eine Frau niemanden mehr will, der energisch und stark ist; daß sie einen Mann will, der sensibel und einfühlsam ist, und der sich dabei wohlfühlt, wenn sie die Verantwortung für die Beziehung übernimmt. Und dann bekommt er den Schock seines Lebens, wenn er herausfindet, daß die Frau seiner Träume mit einem Kerl davongelaufen ist, der ungefähr soviel Sensibilität wie Rambo besitzt.

Ich mache hier natürlich nur Spaß, aber nur ein wenig. Frauen wollen Männer, die sensibel und einfühlsam sind. Aber sie wollen auch Männer, die stark und energisch genug sind, damit sie sich sicher und beschützt fühlen.

Sie muß wissen, daß ihr Mann da sein wird, wenn sie ihn braucht, und daß er sich um ihre Bedürfnisse kümmern wird.

Sie will nicht daran zweifeln müssen, daß er sie in seinem Leben an die erste Stelle gesetzt hat, und daß er mit ihr daran arbeiten wird, das Zuhause und das Familienleben zu schaffen, nach dem sie sich sehnt.

Sie will sich auch finanziell sicher fühlen oder zumindest wissen, daß sie und ihr Mann gemeinsam sich schließlich finanzielle Sicherheit erarbeiten werden.

Damit will ich keineswegs sagen, daß eine Frau unterdrückt oder bevormundet werden möchte, aber sie braucht Sicherheit und Schutz in der von mir angesprochenen Hinsicht.

Ich will auch nicht behaupten, daß eine Ehe zwischen einem Mann, der nur jüngere Schwestern hatte, und einer Frau, die nur ältere Brüder hatte, eine Beziehung wie zwischen Bruder und Schwester sein wird. Bitte glauben Sie nicht, daß ich sagen will, daß so eine Ehe nicht leidenschaftlich und aufregend sein kann. Überhaupt nicht. Die beiden werden sich miteinander wohlfühlen, und ihrer Verbindung wird es auch an Glut und Leidenschaft nicht fehlen.

Mann: Erstgeborener mit jüngeren Brüdern – Frau: Letztgeborene mit älteren Brüdern

Dieser Typ von Ehe ist dem eben besprochenen sehr ähnlich, weil die beiden Partner mit ihrer Rolle in der Ehe zufrieden sind. Wenn Sie der Älteste unter lauter Brüdern sind, dann haben Sie wahrscheinlich gelernt, diese zu beschützen und in Ihrer Familie der Dominante zu sein. Andererseits hat die Frau, die mit älteren Brüdern aufgewachsen ist, den Schutz und die Sicherheit genossen, die deren Anwesenheit darstellte. Sie hat auch die Aufmerksamkeit genossen, die sie dank ihrer Weiblichkeit erhielt. Sie genoß nicht nur die Aufmerksamkeit, die das jüngste Kind automatisch bekommt, sondern noch dazu war sie das einzige Mädchen in der Familie. So hat sie gelernt, ihren Wert als Frau hoch einzuschätzen, auch wenn sie ihrem Mann in der Ehe gerne die Führung überläßt.

Sie braucht das Heft nicht in der Hand zu halten, um zu wissen, daß ihre Wünsche und Bedürfnisse kein bißchen weniger wichtig sind als die ihres Mannes. Sie weiß sehr wohl, daß sie als menschliches Wesen gleichberechtigt ist, aber sie weiß es zu schätzen, daß er sie beschützen will. Bitte vergessen Sie nicht, daß beschützen und unterdrücken nicht dasselbe sind. Ich spreche also keineswegs von einem Mann, der sich als Herr und Meister seines Hauses sieht und seiner Frau sagt, was sie zu tun hat und wann sie es zu tun hat. Keine Frau möchte mit einem Feldwebel von einem Erstgeborenen verheiratet sein. Aber wenn der Mann seine Frau wirklich liebt, wird er sie auf keinen Fall so behandeln.

Wenn Sie also ein Erstgeborener sind, der vorhat, eine Letztgeborene mit älteren Brüdern zu heiraten, dann täten Sie gut daran, einmal einen Blick auf diese Brüder zu werfen, um zu sehen, wie sie sind. Schließlich hatten sie den bestimmenden Einfluß auf das Leben dieser Frau. Wenn es solide, tüchtige Leute sind, um so besser. Aber wenn die Frau drei ältere Brüder hat, die ihr Leben nach dem Vorbild von Larry, Darryl und Darryl aus der Newhart Show (eine Fernsehkomödie, in der drei Männer, die in einem Wald wohnen, die Hauptrolle spielen. Larry ist der einzige, der spricht, während die beiden anderen nur dastehen und blöd gucken, ohne jeden Geist und Verstand) ausrichten, dann seien Sie vorsichtig, denn dann wird sie wahrscheinlich keine allzu hohe Meinung von Männern im allgemeinen haben.

Sobald Sie ihre Brüder inspiziert haben, wäre es auch ratsam, ihre Eltern zu betrachten, besonders den Vater. Vergessen Sie nicht, daß immer der gegengeschlechtliche Elternteil den größten Einfluß auf ein Kind hat. Wie wir uns dem anderen Geschlecht gegenüber verhalten, lernen wir im allgemeinen durch den Umgang mit Vertretern des anderen Geschlechts in unserer Familie. Meine Schwester Sally, die Älteste in unserer Familie, hatte einen enormen Einfluß auf meine Einstellung zu Frauen. Sally ist liebevoll, hilfsbereit und fürsorglich. Selbst zu Zeiten, als ich ihr unheimlich auf die Nerven gegangen sein muß, nahm sie sich Zeit für mich, gab an mich weiter, was sie vom Leben wußte, und war meine Freundin. Indem Sally ihre Gefühle mit mir teilte, half sie mir, die weibliche Sichtweise zu verstehen und zu erkennen, daß Jungen und Mädchen die Welt nicht immer gleich sehen und oft unterschiedlich darauf reagieren. Durch Sally lernte ich Sensibilität, Empfindungsfähigkeit und Mitgefühl schätzen, die so typisch für Frauen sind. Ich lernte diese Dinge nicht nur dadurch, daß ich meine Schwester beobachtete und sah, wie sie mit anderen umging, sondern auch dadurch, daß ich ihr aufmerksam zuhörte, wenn sie mit mir sprach.

Sie sagte mir, was Mädchen mögen, und was sie nicht mögen, wie sie die Dinge sehen, wie sie behandelt werden wollen und so weiter. Ich muß allerdings zugeben, daß ich, als sie mir zuerst von Mädchen erzählte, dachte, daß die alle ziemlich bescheuert seien – außer ihr natürlich. Aber ein paar Jahre später war ich schrecklich froh, daß meine Schwester mir ein paar Tips für den Umgang mit dem schönen Geschlecht gegeben hatte.

Ich bin ein ziemlich schlampiger Letztgeborener, und meine Frau ist Erstgeborene, also sind wir vom Gesichtspunkt der Geschwisterkonstellation her ein Bilderbuchehepaar. Aber ich verdanke meiner Schwester Sally so einiges, sonst wäre es mir gar nicht gelungen, eine so schöne Frau wie Sande dazu zu bringen, mich überhaupt zu heiraten!

Sie sehen also, daß die Geschwisterkonstellation an sich eine sehr wichtige Rolle spielt, aber wenn man das ganze Bild bekommen will, muß man auch diese anderen Einflüsse betrachten. Sie machen das Bild von der Geschwisterkonstellation vollständig.

Aber als Faustregel kann ich jedem großen Bruder nur empfehlen, die jüngere Schwester von jemandem zu heiraten.

Brian und Margaret sind nun schon fast zehn Jahre miteinander verheiratet, und sie führen eine ausgezeichnete Ehe. Brian ist das älteste von vier Kindern, drei Jungen und einem Mädchen, während Margaret einen Bruder hat, der ein gutes Jahr älter ist als sie und in der High School einer von Brians besten Freunden war, und eine vier Jahre ältere Schwester.

Brian erinnert sich, daß er schon seit einiger Zeit ein Auge auf Margaret geworfen hatte, aber er wollte sie nicht ansprechen, weil er wußte, daß ihr älterer Bruder sich über ihn lustig machen würde. Brian schaffte schließlich seinen großen Durchbruch, als Margarets Bruder Tom zu einer Party gehen wollte und seine Eltern davon nicht allzu begeistert waren. Schließlich sagten sie ihm, daß er hingehen dürfte, wenn er seine kleine Schwester mitnähme. Tom dachte, wenn er sie schon mitnehmen müßte, wäre es lustiger, wenn auch sein bester Freund mitkäme, also fragte er Brian, ob er nicht seine kleine Schwester zu der Party begleiten wollte.

Brian war begeistert von dem Vorschlag, obwohl er Tom natürlich in dem Glauben ließ, ihm damit einen riesigen Gefallen zu tun. Sie amüsierten sich großartig auf der Party, und danach fingen Brian und Margaret an, regelmäßig miteinander auszugehen. Sie fanden von Anfang an, daß sie perfekt zusammenpaßten.

Heute sagt Brian: „Es ist, als wenn wir füreinander geboren wären. Wir ergänzen uns in so vielen Dingen."

Brian hatte keine Ahnung von Geschwisterkonstellation und deren Auswirkung auf die Ehe, als er anfing, für Margaret zu schwärmen. Aber ihre Ehe ist ein schlagendes Beispiel dafür, wie gut Erst- und Letztgeborene zusammenpassen.

Margaret sagt: „Wir sind weiß Gott nicht gleich. In vielen Dingen könnten wir nicht gegensätzlicher sein. Aber das ist ein Grund, warum wir so gut miteinander auskommen."

Sie sehen, die beiden schlagen sich nicht die Köpfe ein, sie treten sich nicht auf die Zehen und sie lassen den anderen so, wie er ist. Wenn man zum Beispiel bei ihnen zum Essen eingeladen ist, kann man sicher sein, daß Margaret die meiste Zeit über das Gespräch führt. Das gehört zu ihrem extrovertierten Letztgeborenennaturell. Aber Brian sitzt nicht grimmig daneben und wartet darauf, daß er auch einmal zu Wort kommt. Er hört Margarets heiteren Ausführungen genauso gern zu wie jeder andere. Er ist kein Unterhaltungsmuffel, aber es macht ihm überhaupt nichts aus, seiner Frau die Bühne zu überlassen, und es ist rührend mit anzusehen, wie er seine Frau immer wieder liebevoll ansieht, wenn sie spricht. Er scheint einfach alles an ihr zu mögen, auch ihre gesprächige (und ich meine gesprächig) Art.

Wenn es andererseits um die Finanzen der Familie geht, hat Margaret nicht das geringste Bedürfnis, ihrem Mann die Sache aus der Hand zu nehmen. Sie weiß, daß er viel ordentlicher ist, und sie überläßt ihm gerne alle Geldangelegenheiten. Sie erkennt an, daß er seine Stärken dort hat, wo sie ihre Schwächen hat, und ist bereit, sich entsprechend zu verhalten.

In jedem Lebensbereich erkennen sie die natürlichen Stärken des anderen an und profitieren davon.

Sie beschlossen vor langer Zeit, sich von ihren offensichtlichen Unterschieden nicht auseinanderbringen zu lassen, sondern aus diesen Unterschieden einen besonders festen Zusammenhalt zu machen.

Manche Menschen scheinen allem und jedem, was nur im geringsten anders ist, aus dem Weg zu gehen. Für sie ist das Leben angenehm und immer gleich, aber glauben Sie nicht, daß es solchen Leuten eines Tages mächtig langweilig werden muß? Können Sie sich vorstellen, wie das Leben wäre, wenn jeder den gleichen Geschmack hätte wie Sie? Wenn jeder die gleiche Musik hören, das gleiche Essen essen, die gleichen Bücher lesen und die gleichen Kleider tragen würde wie Sie? Zuerst würde es vielleicht ganz lustig sein, und was mich anbelangt, so bräuchte ich nie Rap oder Kaufhausgedudel zu hören.

Aber nach einer Weile würde ich anfangen, mich bei diesem täglichen Einerlei zu langweilen.

Die Klugen unter uns erkennen, daß das Andersartige unseren Horizont erweitern kann und uns Neues über uns, unsere Welt und all die Menschen, die auf dieser Welt leben, verraten kann.

Solche Menschen können von Menschen anderer Kulturen lernen. Sie versuchen, offen zu sein für anderes Essen, andere Musik und so weiter.

Und so gingen Brian und Margaret an ihre Ehe heran. Sie erkannten die Andersartigkeit des Partners an und versuchten, daraus zu lernen, und nicht, den anderen zum eigenen Ebenbild zu machen. Damit will ich nicht sagen, daß Ihnen alles, was an

Ihrem Partner anders ist, gefallen muß. Es gibt auch Dinge, denen man entgegenwirken sollte.

Ich hörte zum Beispiel einmal von einem Mann, der in einem entlegenen Winkel Afrikas als Missionar tätig war. Er hatte sich vorgenommen, sich den Sitten und Gebräuchen der Menschen dort anzupassen. Er wollte sie auf keinen Fall beleidigen, denn dann würden sie ihm nicht mehr zuhören, wenn er predigte.

Einmal war er besonders nervös, weil die Dorfältesten ein Fest zu seinen Ehren ausgerichtet hatten. Er wußte, daß die Leute vieles aßen, das für den Magen eines Amerikaners schwer zu verdauen war, und er hatte keine Ahnung, welche Delikatesse ihn erwarten würde.

Als er sich mit den Führern des Dorfes zu Tisch setzte, war er erleichtert, eine Feuerstelle zu sehen, die zu diesem Anlaß ausgehoben worden war, und ein paar gut gemästete Schweine, die für den Spieß vorbereitet wurden. Er dachte, daß das ganz in Ordnung wäre. Was sollte er auch gegen gegrilltes Schweinefleisch einzuwenden haben, auch wenn keine Soße mit Hickorygeschmack dazu serviert würde?

Als die Platten mit dem Fleisch hereingebracht wurden, war er noch beruhigter. Es sah gut aus und roch gut.

Aber dann nahm das Fest eine unerwartete Wendung. Ein besonderes, speziell für den Ehrengast zubereitetes Gericht wurde hereingebracht und vor ihn hingestellt: ein riesiger Berg dampfend heißer Schweine...kutteln.

Offensichtlich galten in diesem Dorf die Gedärme als das Allerbeste. Die Leute stritten sich normalerweise darum wie amerikanische Kinder um das Bruststück beim Hühnchen.

Aber weil er der Ehrengast war, hatten die Dorfbewohner ihm den unschätzbaren Vorzug erwiesen, ihm gleich zwei Pfund von ihrer Lieblingsspeise abzutreten.

„Ich weiß nicht, wie ich das Zeug hinunterbrachte", erzählte der Missionar. „Aber irgendwie schaffte ich es."

Ich weiß nicht, wie es Ihnen dabei geht, aber ich kann nur sagen, Hut ab vor diesem Mann. Ich habe in meinem Leben schon so manches exotische Gericht gegessen, aber ich könnte nie und nimmer auch nur eine Gabel Schweinekutteln in den Mund nehmen, egal wie viele Leute ich damit beleidigen würde!

Ich verfolge hier nicht die Absicht, Sie mit meinem Gerede über Schweinegedärm zu schockieren. Mit dieser Geschichte will ich lediglich illustrieren, daß es Menschen gibt, die anders sind als ich in einer Weise, die gut ist und mir helfen könnte, meinen Horizont zu erweitern und mit einigen Situationen besser klarzukommen. Es gibt auch Unterschiede, die nicht gut sind, und die brauche ich nicht zu akzeptieren.

Wenn ich zum Beispiel der Typ bin, der unter dem geringsten Druck zusammenbricht, meine Partnerin aber ruhig und gelassen bleibt und in derselben Situation viel mehr zustandebringt, als ich mir je erträumen könnte, dann kann ich sagen: „Es hat mir sehr imponiert, wie du mit dieser Situation klargekommen bist. Wie kannst du nur so ruhig bleiben, wenn alles drunter und drüber geht?"
Es wäre absolut verrückt, wenn der andere sagen würde: „Ich fand das wirklich toll, wie du total durchgedreht bist und die schon schwierige Situation noch schlimmer gemacht hast. Zeige mir, wie du das machst, damit ich es beim nächsten Mal nachmachen kann."

Sie sehen, daß eine Ehe zwischen Erst- und Letztgeborenem wie bei Brian und Margaret so gut funktioniert, weil sie gelernt haben, das Beste aus ihren Stärken und Schwächen zu machen und sich auf die Stärken zu konzentrieren statt auf die Schwächen. Sie ergänzen sich gegenseitig und lassen die Stärken des anderen zu, wodurch sie eine fast perfekte Ehe führen.

Ich sage „fast", denn ich glaube nicht, daß es eine wirklich perfekte Ehe gibt. Naja, weil Sande dies hier lesen könnte, muß ich es wohl noch einmal umformulieren. Es gibt keine Ehe, in der es nicht gelegentlich zu Mißverständnissen, Streit und Spannungen kommt. So etwas kommt in jeder Beziehung zwischen zwei intelligenten Menschen vor. Sollten Sie den Eindruck haben, daß die Ehe Ihrer Freunde um soviel besser ist als Ihre eigene, dann hören Sie gleich auf, sich den Kopf zu zerbrechen, denn Sie haben nicht die geringste Ahnung, was sich bei denen hinter verschlossenen Türen abspielt, wenn sie unter sich sind.

Mann: Erstgeborener mit Schwestern –
Frau: Letztgeborene mit Brüdern

Es liegt auf der Hand, warum eine solche Verbindung so erfolg-
versprechend ist. Hier kommt alles zusammen. Zunächst einmal
ist es eine Kombination aus Erst- und Letztgeborenem. Außerdem ist der Mann in der Umgebung von Schwestern aufgewachsen, das heißt, er ist mit Frauen vertraut. Er wird seine Frau
respektieren, ihre weibliche psychologische Struktur einigermaßen verstehen und wahrscheinlich ein fürsorglicher, anteilneh-
mender Ehemann sein. Die Frau wiederum ist in einer Familie
mit Jungen aufgewachsen, also kennt sie die Männer.

Des weiteren wird dieser Erstgeborene wahrscheinlich völlig
mühelos die Führungsrolle im Hause übernehmen. Er wird seine
Verantwortung nicht auf Frau und Kinder abwälzen, wenn es um
die Finanzen, die Disziplin oder irgendeinen anderen Bestandteil
des Familienlebens geht. Und seine Frau wird ihn als Letztgeborene ohne weiteres den „Herrn des Hauses" sein lassen, ohne daß
ihr Ego dabei Schaden nimmt.

Damit will ich nicht sagen, daß eine solche Ehe eine bombensi-
chere Erfolgsstory ist. Aber da so viele Dinge dafür sprechen,
muß man sich schon sehr anstrengen, wenn man einen Fehl-
schlag daraus machen will.

Wenn Sie ein alleinstehender Erstgeborener mit jüngeren Schwestern sind, möchte ich Ihnen folgenden Rat geben: Wenn Sie das
nächste Mal auf einer Party sind und eine schöne Frau sehen, dann
fragen Sie sie nicht nach ihrem Sternzeichen. Lassen Sie sich
etwas Originelleres und Lohnenderes einfallen, und fragen Sie sie,
das wievielte Kind sie ist. Wenn sie Ihnen sagt, daß sie die Jüngste
in der Familie ist, fragen Sie sie, ob sie nicht vielleicht einen oder
zwei ältere Brüder hat. Wenn das der Fall ist, verabreden Sie sich
ganz schnell mit ihr, bevor Ihnen ein anderer zuvorkommt.

Sie ist wahrscheinlich genau das, was Ihnen der Doktor (Leman)
für Ihr Liebesleben verordnet hat. Die Chancen, daß Sie gut
zueinanderpassen und sich miteinander wohlfühlen werden, sind
recht gut – obwohl ich trotzdem vorschlagen möchte, daß Sie sie
noch ein bißchen näher kennenlernen, bevor Sie ihr einen Hei-
ratsantrag machen.

Aber jetzt warte ich schon auf die unvermeidliche Frage: Wenn Erst- und Letztgeborene so gut zusammenpassen, was wird dann aus den mittleren Kindern, bleiben sie im Regen stehen? Will ich etwa behaupten, daß die Mittleren am besten unverheiratet bleiben sollten? Die Antwort darauf lautet natürlich: nein.

Ein erstgeborenes und ein mittleres Kind können wunderbar zusammenpassen – aber es kann auch schiefgehen. Wie die Sache ausgeht, hängt mehr von dem Mittleren ab als von dem Erstgeborenen – und wenn Sie mehr darüber erfahren wollen, lesen Sie den Teil, der mit „Nur für mittlere Geschwister" überschrieben ist. Zuerst möchte ich Ihnen aber noch einige typische Fehler beschreiben, die Erstgeborene machen – insbesondere weibliche Erstgeborene, wenn sie einen Partner fürs Leben suchen.

Davon mehr im nächsten Kapitel.

Dinge, die Erstgeborene von Letztgeborenen lernen können

- innezuhalten und das Leben auch einmal leicht zu nehmen
- daß Lachen eine tolle Sache sein kann
- die hohe Kunst, sich selbst zu verkaufen
- daß die Welt nicht untergeht, wenn sie einmal alle Vorsicht in den Wind schlagen
- daß es kein Zeichen von Schwäche ist, zärtlich und liebevoll zu sein
- daß es niemanden gibt, der nicht mal Mist baut, und daß es besser ist, über seine eigenen Fehler zu lachen als zu weinen
- daß die Schildkröte das Rennen zwar gewonnen hat, aber dabei nicht einmal halb soviel Spaß hatte wie der Hase!

Berühmte Paare und Geschwisterkonstellation

Bevor wir weitergehen, lassen Sie uns einen Blick darauf werfen, wie es der Zeitschrift *Cosmopolitan*[3] zufolge bei einigen der berühmtesten Liebespaare unserer Zeit um die Geschwisterkonstellation bestellt ist.

Prinz Charles und Prinzessin Diana: Cosmopolitan meint, daß sich die Tatsache, daß der Prinz der Älteste von hauptsächlich männlichen Geschwistern ist, in seiner Persönlichkeit widerspiegelt: „...ein Führertyp, der die Fäden in der Hand halten will, ein akribischer Mensch mit einem Hang zum Perfektionismus, der sehr hohe Erwartungen an seine Frau stellt." Prinzessin Diana hingegen ist das jüngste Mädchen unter ihren Geschwistern, hat aber noch einen jüngeren Bruder. Welche Schlußfolgerung zieht Cosmopolitan daraus? „Charles und Diana passen relativ gut zusammen, aber ihre Verspieltheit und Charles' wohlwollende Mißbilligung derselben sind absehbar." Und daraus sowie aus dem Druck der Öffentlichkeit ergeben sich wohl ihre Probleme.

Der Herzog und die Herzogin von York: Prinz Andrew ist ein mittleres Kind, während Fergie die jüngere von zwei Schwestern ist. In den meisten Fällen ist dies eine sehr gute Konstellation; hier ergeben sich gewisse Probleme, wie wir wissen.

Ronald und Nancy Reagan: Der frühere Präsident ist der jüngere von zwei Brüdern, während Nancy Einzelkind ist. Das mag nicht die glücklichste Verbindung in der Geschichte der Geschwisterkonstellationen sein, aber die beiden wissen etwas aus ihrer Ehe zu machen. Cosmopolitan zitiert den früheren Präsidenten: „Wir sind glücklich! ... Wir sprechen über alles. ... Ich fühle mich immer besser, wenn ich weiß, daß wir uns einig sind."

Tatum O'Neal und John McEnroe: Au weia! Da haben wir zwei Erstgeborene. Beide haben zwei jüngere Brüder, und das mag der Strohhalm ihrer Verbindung sein – denn Tatum wuchs umgeben von männlichen Vertretern der Spezies auf. Außerdem ist sie vier Jahre jünger als ihr Mann, also ist sie vielleicht eher bereit, sich seiner Führung zu überlassen, als dies der Fall wäre, wenn sie gleichaltrig wären. Diese Ehe wird, wie alle Ehen unter Erstgeborenen, viel Liebe erforderlich machen.

Eheglückstabelle

	Erstgeborenes	Mittleres Kind	Letztgeborenes
Erstgeborenes	Diese Kombination erinnert eher an Olympische Spiele als an eine Ehe. Zwei Erstgeborene schlagen sich entweder vom ersten Tag an die Köpfe ein – oder der eine kommandiert und der andere kuscht.	Das Problem bei dieser Kombination ist, daß das mittlere Kind möglicherweise sein Verhalten ändert, um dem erstgeborenen Partner zu gefallen. Man sollte jedoch nicht vergessen, daß es mittleren Kindern i. a. eher gelingt, eine dauerhafte Ehe zu führen, als den anderen Konstellationstypen.	Eine ausgezeichnete Kombination. Der Letztgeborene kann vom Erstgeborenen lernen, etwas mehr Ordnung in sein Leben zu bringen und es hie und da auch einmal ernst zu nehmen.
Mittleres Kind	In der Ehe mit einem kompromißlosen Erstgeborenen gibt das mittlere Kind u. U. seine eigenen Wünsche und Träume auf, um seinem Partner zu gefallen. Wenn das mittlere Kind selbst einige Erstgeborenentendenzen hat, kann diese Ehe gut funktionieren.	Diese Kombination kann gut funktionieren, wenn einer der Partner Erstgeborenentendenzen hat und der andere Letztgeborenenzüge. Sonst könnte diese Ehe unter zuviel Kompromissen ersticken.	In dieser Kombination läßt sich das mittlere Kind vielleicht von seinem letztgeborenen Partner zu einem „verantwortungslosen" Lebensstil hinreißen. Diese Kombination funktioniert besser, wenn das mittlere Kind auch Erstgeborenentendenzen besitzt.
Letztgeborenes	Eine ausgezeichnete Kombination. Der Erstgeborene kann vom Letztgeborenen lernen, daß man hie und da auch einmal Spaß haben darf.	Auch diese Kombination wird gut funktionieren, wenn das mittlere Kind mehr von einem Erstgeborenen als von einem Letztgeborenen hat.	Bei dieser Kombination ist Vorsicht angebracht. Natürlich werden sie viel Spaß miteinander haben, aber ihr Leben gerät immer wieder außer Kontrolle. Wer trägt hier die Verantwortung?

Das Erstgeborene als Detektiv auf Partnersuche

Haben Sie eine Verabredung, oder gehen Sie zu einer Party?
Sind Sie fertig?

Mal sehen. Ja, jedes Härchen liegt richtig. Ihr neues Outfit sieht toll aus. Sie haben ein kräftiges Shampoo verwendet, um sicher zu gehen, daß Sie keine Schuppen haben, eine Zahnpasta, die Ihre Zähne garantiert so weiß erstrahlen läßt, daß jeder von Ihrem Lächeln geblendet sein wird, und dieses Eau de Toilette ist genau die richtige Mischung, verführerisch und geheimnisvoll.

Aber warten Sie noch einen Augenblick. Haben Sie auch Ihre Hausaufgaben gemacht?

Jemand sagt: „Hausaufgaben? Was für Hausaufgaben denn?"

Ihre Hausaufgaben als Detektivin natürlich.

Bevor Sie zu dieser Verabredung gehen oder sich auf den Weg zu dieser Party machen, die sicher viele Möglichkeiten bieten wird, brauchen Sie einen Schnellkurs als Detektivin in Sachen Liebe.

Eine Detektivin in Sachen Liebe ist eine Frau, die den Unterschied zwischen Mr. Richtig und Mr. Falsch auf fünfzig Schritte erkennt. Sie kennt ihre eigenen Persönlichkeitsmerkmale, und sie weiß auch, wie sie die Persönlichkeitsmerkmale erkennt, die am besten zu ihr passen. Sie weiß, auf welche Art von Mensch sie fliegen sollte, aber auch, vor welcher Art von Mensch sie flüchten sollte!

Ist Ihnen die Vorstellung, eine Detektivin in Sachen Liebe zu sein, unangenehm? Das sollte sie nicht. Ich weiß, ich weiß... Ich kenne all das, was man über die Liebe sagt: „Die Liebe ist blind" und „Ich konnte nicht anders" und „Es war Liebe auf den ersten Blick". Auch auf die Gefahr hin, als unromantischer Zyniker abgestempelt zu werden, will ich Ihnen sagen, was ich von solchen Aussagen halte:

Scheibenkleister!

Die Wahrheit ist, daß niemand sich auf eine Liebesbeziehung einlassen sollte, wenn er die Augen nicht weit offen hat. Die Liebe – und ganz besonders die Art von Liebe, die zwei Menschen ein Leben lang aneinander binden soll – ist viel zu wichtig, als daß man sie dem Zufall überlassen sollte. Damit will ich nicht sagen, daß Sie jemanden suchen sollten, der Ihren anspruchsvollen Anforderungen genau entspricht, und dann beschließen, sich in ihn zu verlieben. So funktioniert Liebe nicht. Aber Sie sollten sich auch nicht in eine Beziehung mit jemandem verwickeln lassen, der – wenn Sie ihn im grellen, nichts beschönigenden Tageslicht betrachten – keine der Eigenschaften aufweist, die Sie bei einem Liebhaber brauchen.

Es mag vorkommen, daß Sie sich von so einem Menschen angezogen fühlen. Aber sobald Sie einen zweiten oder dritten Blick auf die Dinge geworfen haben, sollten Sie klug genug sein, auf die Bremse zu treten. Vergessen Sie nicht, daß Sie Ihr Leben und Ihre Gefühle in der Hand haben, und Sie sollten darauf achten, daß es auch so bleibt.

Einmal habe ich James Brown, den King of Soul persönlich, in American Bandstand gesehen – das muß jetzt fast zwanzig Jahre her sein. (Können Sie sich vorstellen, daß Dick Clark einmal ungefähr fünfzehn Jahre älter war als ich, dann waren wir eine Zeitlang gleich alt, und jetzt ist er jünger als ich!)

Jedenfalls sang James Brown: „I'm just a prisoner! I'm just a prisoner! I'm just a prisoner of love!" („Ich bin nur ein Gefangener! Ich bin nur ein Gefangener! Ich bin nur ein Gefangener der Liebe!") Und während er sang, schien dieser Mann in größter Agonie zu liegen. Der Schweiß tropfte ihm von der Stirn, und sein Mund war verzerrt zu einem Ausdruck unerträglichen Schmerzes. Ich wollte ihm zurufen: „Nein! Nein! Du bist kein Gefangener! Niemand muß ein Gefangener der Liebe sein! Und schon gar keiner Liebe, die einem nicht gut tut!"

Ich weiß, daß für die meisten alleinstehenden Menschen – ob Mann oder Frau – irgendwann einmal die Zeit kommt, in der sie daran denken, jemanden zu finden, mit dem sie das Leben teilen, seßhaft werden und (vielleicht) Kinder großziehen können.

Egal, ob diese Zeit für Sie gekommen ist oder ob Sie nur nach jemandem suchen, mit dem Sie eine feste Beziehung haben können, es gibt da gewisse Dinge, über die Sie Bescheid wissen müssen, wenn Sie nach einem potentiellen Partner Ausschau halten.

In Kapitel drei habe ich Ihnen gesagt, daß Ihr Traumpartner höchstwahrscheinlich ein Letztgeborener sein wird, und einige der Gründe genannt, warum das so ist. Jetzt drehe ich den Spieß um und sage Ihnen, wer als Partner für Sie nicht in Frage kommt.

Fünf Dinge, nach denen Sie bei einem Partner nicht suchen sollten

1. Heiraten Sie niemanden, nur weil er Sie an Papi oder Mami erinnert.
2. Heiraten Sie niemanden, nur weil er so ganz anders ist als Papi oder Mami.
3. Glauben Sie nicht, daß jemand sich gut zum Heiraten eignet, nur weil Sie mit ihm wetteifern können.
4. Lassen Sie sich nicht vom Aussehen eines Menschen blenden.
5. Lassen Sie sich nicht von Geld, Status oder Position blenden.

Ich will das im einzelnen erklären:

1. Heiraten Sie niemanden, nur weil er Sie an Papi oder Mami erinnert

Davor muß der Erstgeborene besonders auf der Hut sein. Wenn er seine Lektion als Privatdetektiv gelernt hat, wird er die frühen Warnsignale zu erkennen wissen und sich davor hüten, mit jemandem anzubandeln, der lediglich ein Ersatz für Mater oder Pater ist.

Das ist einer der häufigsten Fehler, die Erstgeborene machen, Frauen noch häufiger als Männer. Es ist verrückt, aber wahr, daß Frauen, die ihrem Vater nicht besonders zugetan waren und es kaum erwarten konnten, erwachsen zu werden und zu heiraten, um von ihrem Vater wegzukommen, sehr oft einen Mann heiraten, der genauso ist wie ihr Vater!

Wenn Ihr Vater ein wunderbarer Mensch ist, wenn er Ihre Mutter immer mit liebevoller Achtung behandelte, und wenn er immer für Sie da war, als Sie ein kleines Mädchen waren, dann herzlichen Glückwunsch! Suchen Sie sich so einen Mann, und Sie werden in der Tat sehr glücklich werden. Wovon ich hier rede, das sind Frauen, die sich einen Mann aussuchen, der ewig an ihnen herumnörgelt und dem man es nie recht machen kann – genau wie Papa, oder Männer, die sich eine Frau aussuchen, die sie genau wie ihre Mutter behandelt. Zu viele Männer suchen nach einer Ersatzmutter, wo sie doch eigentlich nach einer Frau suchen sollten.

Ich habe diese Situation schon kurz angesprochen, als ich die Ehe zwischen zwei Erstgeborenen behandelte. Erinnern Sie sich an Janet, die die Herrschaft ihres Vaters gegen die Herrschaft ihres Mannes eintauschte?

Solche Dinge habe ich zur Genüge erlebt. Ich glaube nicht, daß irgendeine Frau sich absichtlich einen Mann sucht, der sie herumschubst. Aber wenn sie ihr ganzes Leben lang herumgeschubst und klein gemacht wurde, wird sie vielleicht denken, daß sie genau das verdient. Und wenn Sie ihr sagen, daß sie das tut, wird sie Ihnen wahrscheinlich noch nicht einmal glauben, denn sie ist sich dessen nicht bewußt. Aber unterbewußt ist es eindeutig so.

Aufgrund ihres Lebensstils ist sie auf Zurückweisung und Mißhandlung durch die Männer in ihrem Leben programmiert. Jeder Mensch folgt nämlich einem bestimmten Lebensstil. Sein Lebensstil mag dem, was er vom Leben hält oder dem, was er als seine Ziele ausgibt, zuwiderlaufen, aber es ist die Art zu leben, die er gelernt hat.

Der Begriff des Lebensstils geht auf den richtungweisenden Psychologen *Alfred Adler* zurück. Im wesentlichen ist darunter zu verstehen, daß alles, was wir tun, auf ein Ziel hin orientiert ist – ob gut oder schlecht, unabhängig davon, ob wir dieses Ziel kennen oder nicht.[1] Adler sagt auch, daß der Lebensstil sich sehr früh im Leben herausbildet, und daß der Mensch ihn im allgemeinen bis an sein Lebensende beibehält, es sei denn, er erkennt, was er tut, und unternimmt bestimmte Schritte, um das zu ändern.

Ich muß da an Rita denken, die, während sie über all die Dinge sprach, die ihr Mann tat, um ihr das Gefühl zu geben, dumm und wertlos zu sein, immer wieder innehielt und sagte: „Aber ich bin so froh, daß ich ihn habe."

Rita war eine attraktive Frau. Außerdem war sie intelligent, wortgewandt und humorvoll.

Als ich sie fragte, warum sie denn immer wieder sagte, daß sie „so froh" sei, ihren Mann zu haben, antwortete sie: „Naja, wenn ich ihn nicht getroffen hätte, wäre ich wahrscheinlich heute noch unverheiratet."

„Warum um Himmels willen glauben Sie das?" fragte ich.

„Naja..." Sie überlegte eine Weile. „Wer hätte mich denn sonst haben wollen?"

Mein Eindruck war, daß sie Bruce wahrscheinlich nie geheiratet hätte – oder sich nicht jahrelang so mies von ihm hätte behandeln lassen, wenn ihr Selbstwertgefühl von Anfang an nicht praktisch gleich Null gewesen wäre.

Manche Frauen können es ihrem Vater nie recht machen, aber sie geben nie auf. Sie heiraten einen Mann, der genauso ist wie ihr (nicht so) guter alter Paps. Denn wenn sie es endlich schaffen, etwas zu tun, das ihrem Mann gefällt, ist es, als wenn sie Vaters Anerkennung bekämen. Wie traurig, daß so viele fähige, tolle Frauen ihr ganzes Leben damit verbringen, einem undankbaren Mann gefallen zu wollen, den keine Frau beeindrucken könnte, angefangen von Jeanne d'Arc bis hin zur Venus von Milo.

Keine Frau hat es verdient, von einem Mann schlecht behandelt zu werden. Wenn der Mann, den Sie heiraten wollen, Sie nicht mit ausgesuchter Freundlichkeit und Hochachtung behandelt, geben Sie ihm den Laufpaß. Damit will ich nicht sagen, daß er immer vor Ihnen hereilen und Ihren Pfad mit Rosenblättern bestreuen oder seinen Mantel für Sie über Schlammpfützen breiten muß, aber er sollte Sie als menschliches Wesen respektieren und schätzen.

Hat Ihr Vater Sie immer so behandelt, als wenn Sie Papis hilfloses kleines Mädchen wären? Fragen Sie sich selbst, ob Sie von dem Mann Ihres Lebens genauso behandelt werden möchten. Sie verdienen es, der gleichberechtigte Partner Ihres Mannes zu sein, nicht sein süßes, kleines Dummerchen.

Fiel es Ihrem Vater schwer, Ihre Ansichten ernst zu nehmen? Wie steht es mit dem Mann Ihres Lebens? Denkt er, daß Sie putzig oder spaßig sind, wenn Sie es todernst meinen? Führt er keine ernsten Gespräche mit Ihnen, weil Sie „diese Dinge sowieso nicht verstehen" würden? Aua! Werfen Sie die Beziehung aus dem nächstbesten Fenster!

War Ihr Vater dominant und ewig unzufrieden? Dann sehen Sie sich den Mann, den Sie vor sich haben, einmal genau an, und passen Sie auf, daß Sie nicht Ihr ganzes Leben damit verbringen, Papi gefallen zu wollen.

2. Heiraten Sie niemanden, nur weil er so ganz anders ist als Papi oder Mami

Dies ist ein anderer unter Erstgeborenen weitverbreiteter Fehler. Die Frauen haben es so satt, sich von ihren Vätern herumschubsen zu lassen, daß sie sich in jemanden „verlieben", den sie leicht dominieren und beherrschen können. Oder die Männer sind so allergisch auf das, was sie bei ihrer Mutter als Schwäche erlebten, daß sie sich eine Frau suchen, die sie herumkommandiert und ihnen das Leben zur Hölle macht. Es kann viele Gründe geben, niemanden heiraten zu wollen, der einen an Vater oder Mutter erinnert, aber keiner dieser Gründe für sich genommen ist Grund genug, jemanden zu heiraten.

Wenn eine Frau sich an einen schwachen Mann bindet, nur weil er ganz anders ist als ihr Vater, besteht das Problem, daß sie einen Mann, den sie herumkommandieren kann, nicht respektieren wird, und deshalb wird es wahrscheinlich keine sehr glückliche Ehe werden.

Wo kein gegenseitiger Respekt besteht, wo es kein Geben und Nehmen gibt, gibt es auch keinen Reiz und kein Wachstum. Statt dessen muß es zu Stillstand und Unzufriedenheit kommen.

Ihr ganzes Leben lang war Theresa von ihrem Vater heruntergesetzt und klein gemacht worden. Er stammte aus Italien – von dem er als „das Alte Land" sprach, und wenn es seiner Tochter nach gegangen wäre, hätte er seine Ansichten über Frauen in dem alten Land lassen können. Sie hatten wahrlich nichts Neues oder Aufgeklärtes.

Ihr Vater sah Frauen mehr oder weniger als Dekoration an. Gott hatte ihnen Schönheit gegeben, aber keine Intelligenz.

Sie waren etwas zum Anschauen, nicht zum Zuhören.

Theresas Mutter ließ sich seine herablassende Einstellung ihr gegenüber gefallen und schien ihn darin sogar noch zu bestärken. Sie ging sogar so weit, ihrer Tochter zu vermitteln, daß eine Frau nie den Versuch machen sollte, mit den Männern zu konkurrieren. Dafür hatte Gott die Frauen nicht geschaffen.

Theresa hatte gute Noten in der Schule, aber ihren Vater schien das nie zu interessieren. Was ihren Bruder anbelangte, war das eine ganz andere Geschichte. Ihr Vater konnte alles, was Joseph machte, gar nicht genug loben. Joseph wurde dazu angehalten, sich anzustrengen, und es wurde schon Geld für ihn angespart, damit er später auf ein gutes College gehen könnte.

Theresa hingegen sollte sich einen guten Mann suchen und ihr Leben mit Kochen, Putzen und Kinderkriegen verbringen.

Als Theresa zum Teenager wurde, erreichte die Wut in ihr den Siedepunkt. Sie sah, wie ihre Mutter Abend für Abend allein zu Hause saß, während ihr Vater ausging und sich eine schöne Zeit mit den „Jungs" machte – oder wahrscheinlicher mit den Mädels. Sie konnte es nicht beweisen, aber sie war sich sicher, daß ihr Vater andere Frauen hatte. Zumindest hätte es sie nicht überrascht. Es hätte gut zu seinen archaischen Ansichten über Frauen im allgemeinen gepaßt.

Dennoch saß Mama zu Hause, strickte, hielt das Haus in Ordnung und tat alles, was von einer Frau erwartet wurde. Theresa schwor sich, daß sie nie wie ihre Mutter werden würde und daß sie sich niemals so von einem Mann behandeln lassen würde.

Um ihre Wut herauszulassen, fing sie an, in konventioneller Weise zu rebellieren. Sie schockierte ihren Vater, indem sie betrunken nach Hause kam. Als Joseph das getan hatte, war es selbstverständlich gewesen, aber für eine junge Frau war es eine Schande, sich so zu benehmen. Sie fing auch an zu rauchen – und nicht nur Zigaretten – und mit unterschiedlichen Männern auszugehen. Sie schien nach dem Motto zu leben: „Was gut ist für den Ganter, ist auch gut für die Gans", aber was sie nicht zu beachten schien, war, daß das, was schlecht ist für den Ganter, auch schlecht ist für die Gans. Ihr hedonistischer Lebensstil richtete sie fast zugrunde.

Schließlich machte sie Schluß mit Alkohol, Drogen und wildem Leben und beschloß, daß es Zeit war, zur Ruhe zu kommen.

Ihre erste Priorität war, einen Mann zu finden, der sie in ihrer Persönlichkeit nicht einschränken würde. Sie war entschlossen, ihr Leben zu leben, wie sie es wollte, und kein Mann würde ihr dabei im Wege stehen!

Ich weiß nicht genau, wo sie ihren Mann kennenlernte, aber er war aus einer netten Familie und hieß, glaube ich, „Weichkeks" mit Nachnamen. Auch wenn er nicht italienischer Abstammung war, so bin ich doch ziemlich sicher, daß sein Rückgrat aus einer Spaghettinudel bestand. So zumindest verhielt er sich Theresa gegenüber.

Sie kennen sicher auch solche Leute, die so abhängig sind, daß sie, wenn man zu ihnen sagt: „Spring!", nur noch fragen: „Wie hoch?" Und dieser arme Kerl war so mit Springen beschäftigt, daß seine Füße kaum mehr den Boden berührten.

Es gab nichts, das er nicht für Theresa getan hätte. Er war so verdammt stolz auf sie und unterstützte sie in allem, was sie tat. Wenn sie das gemeinsame Geld dafür ausgeben wollte, mit Freunden in Skiurlaub zu fahren, dann war das okay. Wenn er am Abend zu Hause bleiben und auf das Baby aufpassen sollte, während sie zu ihrem Malkurs ging, war das wunderbar.

Je mehr er nachgab, desto fordernder wurde sie, und desto großartiger fand er sie.

War sie glücklich?

Absolut nicht! Sie fühlte sich elend. Vielleicht war es besser als die Art, in der ihr Vater sie all die Jahre über behandelt hatte, aber vielleicht auch nicht. Beides ließ sie unerfüllt und frustrierte sie.

Theresa lernte allmählich, daß eine Ehe eine gleichberechtigte Partnerschaft ist. Sie erkannte, daß Mann und Frau zusammenarbeiten und gemeinsam Entscheidungen treffen müssen, und sie war es leid, immer die Oberhand zu haben.

Sie können sich vorstellen, wie dem armen Caspar zumute war, als seine Frau ihm sagte, daß sie in ihrer Ehe nicht glücklich sei und zu einer Beratung gehen wollte. Der arme Kerl hatte doch immer alles getan, was Theresa von ihm verlangte. Was hätte er sonst noch tun können, um sie glücklich zu machen? Er versuchte doch, einfühlsam und nicht zu machohaft zu sein. In der Tat schien er sich an zwei seiner Lieblingskinohelden zu orientieren: Woody Allen und Alan Alda.

Es war nicht leicht, ihn davon zu überzeugen, daß er auch eine Prise Sylvester Stallone und Clint Eastwood hinzufügen mußte. Doch nach viel Übung und angestrengten Bemühungen schaffte er es schließlich, sich Theresa ab und zu zu widersetzen.

Es mißfiel ihr, wenn er sich nicht von ihr herumkommandieren ließ, und sie brüllte ihn mehrfach an. Aber in ihrem tiefsten Inneren war sie froh, daß er etwas Rückgrat zeigte, und sie war glücklicher in ihrer Ehe. Ihr Mann übrigens auch.

Viele Frauen machen denselben Fehler wie Theresa. Sie wollen auf keinen Fall einen Mann, der auch nur annähernd wie ihr Vater ist, und schließlich landen sie bei einem Mann, der genauso nervig wie Papi ist, nur im anderen Extrem.

Zum Beispiel:

Wenn Vati oder Mutti Workaholics waren, passen Sie auf, daß Sie sich nicht in jemanden verlieben nur wegen seiner lebenslustigen Was-kostet-die-Welt-Einstellung.

Wenn Vati unflexibel, beamtenhaft und perfektionistisch war, passen Sie auf, daß der junge Mann, den Sie so anziehend finden, mehr als nur ein Rebell ist.

Wenn Mutti Sie mit ihrer Zärtlichkeit förmlich erdrückte, kann das der Schlüssel dafür sein, daß Sie so verzweifelt um die Gunst einer Dame werben, die sich überhaupt nicht um Sie schert.

Wenn der gegengeschlechtliche Elternteil das Rückgrat einer Amöbe hatte, fühlen Sie sich vielleicht von einem energischen, autoritären Menschen angezogen, der sonst überhaupt nichts Anziehendes für Sie hätte.

Wenn Vati oder Mutti extrem religiös waren, fühlen Sie sich vielleicht von jemandem angezogen, der offen gegen die konventionelle Religion rebelliert.

Natürlich könnte überall auch das Gegenteil der Fall sein.

Wie immer Ihr Vater sich Ihnen gegenüber verhielt, ob er als Elternteil versagte oder nicht, sollte absolut keinen Einfluß auf das haben, was Sie in einem Mann suchen. Halten Sie sich immer wieder vor Augen, daß Sie nach einem Partner suchen, und nicht nach jemandem, der Ihren Vater ersetzen oder der Vater sein soll, den Sie nie hatten.

3. Glauben Sie nicht, daß jemand sich gut zum Heiraten eignet, nur weil Sie mit ihm wetteifern können

Sie sind Erstgeborene(r) und Detektiv(in) in Sachen Liebe, und heute gehen Sie zum ersten Mal mit einem gutaussehenden Jungen (Mädchen) aus. Nach einer Weile fragen Sie sich, ob er nicht ein bißchen zu gut aussieht. Wie lange hat er wohl an seinem Haar herumfrisiert?

Und im Lauf des Abendessens bemerken Sie, daß er Ihnen in allem um eine Nasenlänge voraus sein will. Sie selber konkurrieren ganz gerne, also machen Ihnen solche Spielchen eher Spaß. Das Ganze wirft ein paar Funken, und wenn Sie nicht eine so gute Liebesdetektivin wären, könnten Sie es für Chemie halten.

Eines sollten Sie nie vergessen: In fast allen Beziehungen steckt eine gesunde Portion Konkurrenz. Doch Konkurrenz ist eine Sache, Krieg eine andere!

Vielleicht klingt das albern, aber viele Erstgeborene machen den Fehler, die Hochzeit mit einem Rennstart zu verwechseln. Sie sind sich dessen vielleicht nicht bewußt, aber tief in ihrem Inneren betrachten sie die Ehe als einen lebenslänglichen Wettkampf.

Eine Frau sagt vielleicht: „Ich will einen Mann, der mich herausfordert und stärkt und das Beste in mir zum Vorschein bringt." Das kann ich akzeptieren, wenn sie damit nicht in Wirklichkeit meint: „Her mit dem Kerl, mit dem nehm ich's auf. Ich bin zum Kampf bereit."

Und viele Männer denken: „Ich lasse mich von keiner Frau der Welt vorführen!" Sie müssen wissen, daß die meisten Männer ein bißchen chauvinistisch sind – wahrscheinlich sogar Alan Alda.

Wenn wir von der Partnerschaft zwischen Mann und Frau sprechen, ist gegenseitiger Respekt eine Sache, aber gegenseitige Konkurrenz eine ganz andere. Das ist einer der Gründe, warum so viele aggressive Erstgeborene in einer Ehe mit einem aggressiven Erstgeborenen landen. Aber eine Ehe, in der Mann und Frau immer nur Höchstleistung vom anderen erwarten, ist zum Scheitern verurteilt.

Es gibt einen anfänglichen Reiz, der solche Leute zusammenbringt. Sie haben dieselbe Lebenseinstellung. Sie sind beide Gewinner und glauben, daß sie sich zusammentun sollten. Nur gibt es in ihrem Team kein Teamwork. Ab und zu braucht es jede Frau, daß ihr Mann seine eigenen Wünsche und Bedürfnisse vergißt und ihr ein bißchen Unterstützung gibt. Und ganz genauso braucht es jeder Mann gelegentlich, daß seine Frau sich zurücknimmt und ihn etwas aufmuntert.

Aber wenn man die Ehe als Wettkampf begreift, besteht das einzige Ziel darin, die Ziellinie als erster zu überqueren, und man hat keine Zeit, stehenzubleiben und dem anderen zu helfen. Ein bißchen Konkurrenz in der Ehe ist nicht verkehrt und vielleicht sogar ganz gesund. Aber zuviel Konkurrenz oder Konkurrenz als Motor der ganzen Ehe bedeutet, daß Sie wahrscheinlich bald in „Ehen vor Gericht" auftreten können.

4. Lassen Sie sich nicht vom Aussehen eines Menschen blenden.

Es ist mir fast peinlich, dieses Thema ansprechen zu müssen. Aber es stimmt nun einmal, daß wir Menschen sehr viel Wert auf Äußerlichkeiten legen. Und ich glaube nicht, daß Frauen darin schlimmer sind als Männer.

Männer machen den Fehler zu glauben, daß eine Frau mit tollen Beinen auch eine tolle Persönlichkeit hat, aber das ist nicht zwangsläufig der Fall. Ich rate Männern aufzupassen, damit sie nicht ihre Libido mit ihrem Herz verwechseln.

Aber egal wie sehr ich davor warne, die meisten von uns scheinen zu denken, daß wir den Charakter einer Person an ihrem Aussehen erkennen können, und das ist absolut falsch.

Wie oft liest man nicht Artikel über Betrüger, die eine ältere Frau um die Ersparnisse ihres ganzen Lebens gebracht haben?

Die Frau sagt: „Aber er schien so ein netter junger Mann zu sein. Er hatte so ein ehrliches Gesicht!"

Man kann den Charakter einer Person nicht aus seinem Gesicht oder seinen Augen ablesen.

Es macht mich rasend, daß wir so großen Wert auf das Aussehen legen. Zum Teil ist das auf die Botschaften zurückzuführen, mit denen wir – dank der eifrigen Werbemacher von der Madison Avenue – tagein, tagaus berieselt werden.

Die Leute, die die Werbespots fürs Fernsehen machen, scheinen besonders zu betonen, daß es auf das Oberflächliche ankommt. Ich will das, was sie tun, nicht madig machen. Ich weiß, daß sie nur versuchen, die Produkte ihrer Kunden zu verkaufen, aber ich wünschte, sie könnten eine bessere Art finden, es zu tun. Niemand wird mir irgend etwas verkaufen, indem er mir sagt, daß ich wertlos bin, wenn ich nicht das richtige Shampoo, die richtige Zahnpasta, das richtige Make-up und das richtige Deo verwende und den richtigen Designer für meine Klamotten wähle. Ich habe eine höhere Meinung von mir.

Unglücklicherweise gibt es aber Tausende und vielleicht Millionen von Menschen, die daran glauben und sich mit den schönen Models vom Fernsehen vergleichen. Und das trifft auf Männer und Frauen gleichermaßen zu.

Wenn Sie sich auf Ihr Äußeres konzentrieren und dabei Ihr Inneres vernachlässigen, machen Sie sich über sich selbst nur etwas vor. Wenn Sie sich bei der Partnerwahl auf das Äußere konzentrieren, dann konzentrieren Sie sich auf das Unwesentliche.

Vor ein paar Jahren hatte die Rockgruppe *The Police* einen Hit mit dem Text „We are spirits/In the material world" („Wir sind Geister/In der materiellen Welt").

Und weil wir in der materiellen Welt leben, ist das erste, was wir an einem anderen wahrnehmen – besonders bei jemandem vom anderen Geschlecht, seine äußere Erscheinung.

Aber fragen Sie sich, ob dieser gutaussehende junge Mann am Telefon noch genauso attraktiv ist, wie wenn er vor Ihnen steht.

Ist sie immer noch so bezaubernd, wenn Sie Ihr nicht in die blauen (grünen, braunen) Augen sehen?

Werden Sie ihn immer noch lieben, wenn eines Tages eine schöne, große, runde Platte seinen Kopf ziert?

Wird sie immer noch Ihr Herz in Flammen setzen, wenn sie Stützstrümpfe tragen muß, um ihre Krampfadern zu verbergen?

Als ich vor kurzem einmal mit dem Auto unterwegs war, hielt ich bei einer Eisdiele, um mir eine doppelte Portion zu genehmigen. Die junge Frau hinter der Theke machte einen recht netten Eindruck. Sie hatte einen köstlichen Sinn für Humor und die Art von Lächeln, die einen veranlaßt zurückzulächeln, ob man will oder nicht. Da keine anderen Kunden warteten, blieb ich, nachdem ich bezahlt hatte, noch ein wenig stehen und unterhielt mich mit ihr. Als ich ging, sagte sie, sie hoffe, daß es mir in ihrer Stadt gefallen würde, und wünschte mir einen angenehmen Abend.

Als ich um die Ecke herumging, schaute ich noch einmal durch das Fenster der Eisdiele zurück und sah sie in ein freundliches Gespräch mit einem anderen Kunden vertieft.

Mir schossen zwei Gedanken durch den Kopf:

1. So ein nettes Ding!
2. Wie schade!

Was meinte ich damit? Naja, diese Frau, die so nett, so klug und so anteilnehmend schien, hatte etwa fünfunddreißig Kilo Übergewicht. Sie hatte kein Doppelkinn, ihres war ein Dreifachkinn. Und ihre Nase war lang und hakenförmig. Ich erzähle Ihnen das alles nicht, um gemein zu sein. Es ist die Wahrheit.

Und ich wußte, daß es sehr unwahrscheinlich wäre, daß irgendein junger Mann ihres Alters ihre Telefonleitung zum Glühen brachte oder sich darum schlug, als erster mit ihr tanzen zu dürfen.

Nein, sie würden den 90-60-90ern mit dem seidigen Haar und den großen blauen Augen nachjagen, selbst wenn so ein Glamourgirl außer seinem Äußeren nichts zu bieten hätte. Ich wünschte, Gott hätte uns so geschaffen, daß wir den Charakter der anderen mit unseren Augen sehen könnten, aber leider hat er es nicht so gewollt. Damit will ich nicht sagen, daß jemand nicht attraktiv sein und noch dazu einen Eisenbahnwaggon voll anderer guter Eigenschaften haben kann. Was ich sagen will, ist, daß körperliche Anziehung kein ausreichendes Fundament für eine dauerhafte Ehe bildet.

Vor ein paar Jahren gab es in der Fernsehkomödie *Cheers* eine Episode, in der Diane Chambers unter Beweis stellen wollte, daß sie nicht so arrogant sei, ihre Liebhaber nach deren Aussehen auszuwählen. Zu diesem Zweck ging sie mit einem Mann aus, der nicht besonders attraktiv war.

Sie traf sich mehrmals mit ihm und stellte fest, daß er alles hatte, was sie sich nur wünschen konnte. Er war geistreich und intelligent und hatte verschiedene Interessen mit ihr gemeinsam.

Aber als die Sendung schon ihrem Ende zuging, brach sie zusammen und gestand, daß sie mit ihm Schluß gemacht hätte, aus dem einfachen Grund, weil sie ihn körperlich nicht attraktiv fand. Sie weinte und jammerte und gab zu, daß sie sich selbst dafür haßte, soviel Wert auf Äußerlichkeiten zu legen, aber sie konnte einfach nicht anders.

Diese Komödie bestätigte auf sehr amüsante Weise genau das, was ich hier zu sagen versuche. Bei einem Mann geht es um viel, viel mehr als nur sein Aussehen. Wenn Sie einen Mann finden, der anteilnehmend ist, Ihnen Rückhalt gibt und sensibel ist für Ihre Bedürfnisse, einen Mann, der eine anregende Persönlichkeit hat, einen guten Sinn für Humor und mit dem Sie einiges gemeinsam haben, – dann sollten Sie sich keine grauen Haare wachsen lassen, wenn er mehr wie Alfred E. Neumann (Alfred E. Neumann ist eine Cartoon-Figur in einer Zeitschrift. Sie hat einen großen Kopf, abstehende Ohren, blutunterlaufene Augen und ist einfach sehr häßlich) als wie Paul Newman aussieht.

Kürzlich ging ich zu einem Dermatologen, weil ich Probleme mit meiner Haut im Bereich der Nase hatte. Er munterte mich nicht gerade auf, als er mir sagte, daß ich eine Veranlagung zur Rosazea hätte, und die würde ich auch bis an mein Lebensende beibehalten.

Rosazea ist dasselbe, was W. C. Fields hatte, es macht die Nase rot und knollig. Bei mir ist die Krankheit noch im Anfangsstadium, aber schon während der Ausführungen des Hautarztes sah ich mich für den Rest meines Lebens als Zwergnase herumlaufen.

Ich war sehr niedergeschlagen und deprimiert, als ich meiner Frau Sande diese Neuigkeit berichtete.

Doch ihre Reaktion heiterte mich wieder auf. Sie sagte: „Das ist wirklich nicht so schlimm. Ich liebe dich, so wie du bist."

Sie hätte auch sagen können: „Mach dir mal keine Sorgen, wir werden zu einem Schönheitschirurgen gehen und es richten lassen." Oder sie hätte sagen können: „O Gott, hoffentlich wird es nicht zu schlimm aussehen."

Ihre Reaktion hingegen gab mir die Sicherheit, daß ihre Liebe zu mir nicht von meiner äußeren Erscheinung abhängig war. Sie sehen, daß ein Mensch von Charakter in der Lage ist, körperliche Schwächen und Mängel zu übersehen und sich auf das zu konzentrieren, was in dem Menschen steckt.

5. Lassen Sie sich nicht von Geld, Status oder Position blenden.

Jetzt sagt bestimmt jemand: „Na hören Sie mal, Doc, für wen halten Sie mich denn eigentlich? Sie müssen der Meinung sein, daß ich unglaublich egoistisch bin. Zuerst sagen Sie mir, daß ich nicht auf einen Kerl hereinfallen soll, nur weil er gut aussieht, und jetzt erzählen Sie mir, daß ich mich nicht von Geld, Status oder Position blenden lassen soll. Ein bißchen mehr könnten Sie mir schon zutrauen."

Na gut.

Es mag ein paar Leute auf diesem Planeten geben, die sich nicht von Geld, Status und Position blenden lassen, aber ich bezweifle, daß das sehr viele sind. Die einfache Wahrheit ist, daß wir menschliche Wesen Kreaturen sind, die größte Schwierigkeiten haben, noch etwas anderes zu sehen, wenn ihnen ein paar große fette Dollarnoten unter die Nase gehalten werden.

Ich habe noch gut im Ohr, wie Frankie Valli und die *Four Seasons* eine hübsche junge Frau namens Dawn beschworen: „Think what a big man he'll be. Think of the places you'll see. Now think what the future would be with a poor boy like me. Dawn, go away, please go away!" („Denk nur, was für ein großer Mann er sein wird. Denk nur, was du alles sehen wirst. Und jetzt denke, wie die Zukunft mit einem armen Kerl wie mir aussehen würde. Dawn, bitte geh, bitte geh!") Und ich kann so richtig vor mir sehen, wie die Augen des Jungen so groß wie Untertassen würden, wenn Dawn antwortete: „Du hast absolut recht. Ich habe darüber nachgedacht, und ich müßte verrückt sein, wenn ich meine Zukunft an jemanden wie dich wegwerfen würde."

Wenn Sie romantisch veranlagt sind, wissen Sie aber, daß sie genau das tun würde. Sie würde ihrem mittellosen Liebhaber sagen, daß Geld ihr überhaupt nicht wichtig ist. Worauf es ankäme, sei die Liebe, und sie würden eben hart arbeiten, um sich eine gemeinsame Zukunft aufzubauen.

Wenn Sie aber ein kühler Realist sind, gehen Sie davon aus, daß das Mädchen das Für und Wider einer Heirat mit dem armen Jungen genau abwägen würde – und schon eine Woche später vor dem Altar stünde, um dem reichen Mann ihr Jawort zu geben!

Ich mache natürlich nur Spaß. Aber unsere Gesellschaft legt soviel Wert auf Geld und Ansehen, daß es schwerfällt, diese Dinge nicht auch zum eigenen Götzen zu machen.

Hat Ihnen schon einmal jemand gesagt, daß man Glück nicht kaufen kann, und Sie fragten sich, was der wohl geraucht hat? Dann will ich Ihnen sagen, daß es wahr ist – man kann Glück nicht kaufen, und schon gar nicht, wenn es ums Eheglück geht.

Wenn Sie sich jemals sagen sollten: „Ich weiß nicht, ob ich ihn liebe, aber er wird gut für mich sorgen", oder wenn die finanzielle Absicherung Ihr Hauptinteresse ist, dann ist es Zeit, einmal zurückzutreten und die Beziehung genau zu überdenken.

In meiner Privatpraxis berate ich Leute aus allen möglichen Berufen, Rassen, Religionen und Gesellschaftsschichten. Aber es hat mich nie überrascht, wenn jemand zu mir kam, von dem ich wußte, daß er ein dickes Bankkonto, ein schönes Haus und ein oder zwei teure Autos hatte. Ich habe noch nie zu jemandem gesagt: „He, was wollen Sie denn hier? Sie sind doch reich!"

Ich würde sogar so weit gehen zu sagen, daß die meisten Ehepaare, die meine Beratung in Anspruch nehmen, finanziell recht gut dastehen. Sie sind erfolgreich, aber sie sind nicht überschwenglich glücklich. Glück entsteht, wenn man sich liebt, achtet und gut zusammenpaßt, und nicht, weil man viel Geld hat und die Menschen zu einem aufsehen.

Wie können Sie herausfinden, ob Sie sich von seinem Geld angezogen fühlen oder von ihm?

- Statt in ein erlesenes Restaurant zu gehen, packen Sie ein paar Sandwiches mit Erdnußbutter und Marmelade ein, gehen Sie in den Park und sehen Sie, wieviel Spaß Sie zusammen haben können.

- Verbringen Sie ein paar Abende miteinander, ohne irgendwelches Geld auszugeben – machen Sie einen Spaziergang, schauen Sie sich einen alten Film im Fernsehen an, gehen Sie zum Schaukeln in den Park und ähnliches, und sehen Sie, ob er genauso aufregend ist, wenn er seine Brieftasche stecken läßt.
- Schauen Sie sich einmal den teuren Anzug in aller Ruhe an, und dann den Mann, der darin steckt, und entscheiden Sie ganz aufrichtig, was Ihnen besser gefällt.

Bevor wir fortfahren, möchte ich drei andere Fehler erwähnen, die ausschließlich erstgeborenen Männern unterlaufen. Jungs, auf folgendes müßt Ihr aufpassen:

1. Suchen Sie sich keine Frau, die Sie verhätschelt und verpäppelt. (Bleiben Sie lieber bei Muttern und sparen Sie sich die Anwaltskosten.)
2. Verwechseln Sie Ihre Frau nicht mit einer Dienstmagd.
3. Verwechseln Sie eine Beziehung nicht mit einer Rettungsaktion.

Und jetzt schön der Reihe nach:

1. Suchen Sie sich keine Frau, die Sie verhätschelt und verpäppelt

Das ist so ähnlich, als wenn Sie eine Frau heiraten, weil sie Sie an Ihre Mutter erinnert. Der Hauptunterschied liegt allerdings darin, daß dieser Mann speziell nach einer Frau sucht, die ihn verwöhnt. Männliche Erstgeborene neigen ganz besonders dazu, weil sie ihrer Mutter immer so nahe standen – und wie Sie wissen, ist der gegengeschlechtliche Elternteil immer der wichtigere im Leben eines Menschen.

Wenn Sie, als Sie noch klein waren, hinfielen und sich weh taten, wer sollte dann das Wehweh wegpusten? Mami natürlich.

Wenn Sie Grippe hatten und im Bett bleiben mußten, wer kam dann immer und rieb Ihnen den Rücken ein, kraulte Sie im Haar und machte, daß es Ihnen gleich viel besser ging? Wieder war es die gute alte Ma.

Und wer half beim Sportfest mit, backte Plätzchen für die Klassenparty und ging beim Wandertag mit, als Sie in der vierten Klasse waren? Sie sagen es. Mama!

Ich bin nicht so naiv zu glauben, daß jeder Mann eine solche Mutter hatte. Nicht jede Mami auf der Welt ist so beschaffen wie Margaret Anderson aus *Father Knows Best* oder June Cleaver aus *Leave It to Beaver* (Margaret Andersen und June Cleaver sind Mütter in einer Fernsehkomödien-Serie aus den 50ern mit makellosen Wohnungen und Feinschmecker-Dinners. Sie lösen jedermanns Probleme, sind sogar bei der Hausarbeit herausgeputzt und haben ihre Haare immer gestylt).

Aber es gibt sehr viele Männer, die so selbstlose, immer gebende Mütter hatten wie die gerade beschriebenen. Und logischerweise werden diese Männer von ihrer Frau dasselbe Verhalten erwarten, das sie von ihrer Mutter kannten.

Ein Mann sagte: „Als ich ein Junge war, tat meine Mutter alles für mich. Sie verzichtete mir zuliebe auf vieles, und ich wußte das gar nicht zu schätzen. Wenn wir zum Beispiel Brathähnchen zum Essen hatten, konnte ich die Brust haben, und sie gab sich mit den Flügeln oder Schenkeln zufrieden. Ich dachte, daß Mütter eben so zu sein haben. Und da ich keine Schwestern hatte, dachte ich wahrscheinlich, daß Frauen im allgemeinen so zu sein haben. Offensichtlich war es normal für sie, zu verzichten und immer zuerst an die anderen zu denken."

Er war noch nicht lange verheiratet, als er eines Besseren belehrt wurde.

„Als meine Frau und ich uns zum ersten Mal stritten, war das ein großer Schock für mich. Wir machten uns gerade zum Ausgehen fertig, und ich wollte einen bestimmten Film sehen. Meine Frau war nicht daran interessiert. Zuerst sagte sie mir, daß sie lieber etwas anderes sehen möchte. Ich gab zur Antwort, daß es mir leid tat, aber daß ich mich wirklich schon auf diesen Film gefreut hatte. Da machte sie mir unmißverständlich klar, daß sie diesen Film überhaupt nicht sehen wollte, und wenn ich ihn unbedingt sehen müßte, könnte ich ja allein hineingehen."

Er war schockiert über den vermeintlichen Egoismus seiner Frau.

„Ich sagte ihr, daß ich gar nicht glauben könnte, wie egozentrisch sie sei, und sie erwiderte mir, daß ich derjenige sei, nach dessen Kopf immer alles gehen müsse.”

Er stürzte aus dem Haus und tat, wie ihn seine Frau geheißen hatte: Er schaute sich den Film alleine an.

Aber es machte ihm keinen Spaß, denn noch während der Vorspann lief, stellte er fest, daß seine Frau absolut recht hatte. Er entschied immer, wohin sie gingen und was sie machten. Er hatte sie überhaupt nicht als gleichwertigen Partner behandelt. Er hatte von ihr erwartet, daß sie jeder seiner Launen nachkam und ihre eigenen Vorstellungen und Wünsche den seinen unterordnete.

Seine Mutter war ein wunderbarer Mensch gewesen, aber sie hatte in ihm den Eindruck erweckt, daß alle Frauen begeisterte Märtyrer seien, die sich gerne für andere aufopferten. Und als er so im Kino saß, erkannte er, daß er viel zuviel von seiner Frau erwartet hatte, und daß er eine völlig verdrehte Sicht von den Frauen hatte. Er hatte in ihnen ätherische, engelgleiche, altruistische Wesen gesehen statt Menschen aus Fleisch und Blut.

Er verließ das Kino sofort, ging nach Hause und entschuldigte sich bei seiner Frau für sein Benehmen. Von da an war ihre Ehe besser als zuvor.

Jeder Mann – und der Erstgeborene ganz besonders – muß sich darüber klar werden, daß die Frau, die er heiraten will, seine Ehefrau sein wird und nicht seine Mutter. Es ist nicht ihre Pflicht, ihn zu bemuttern, dafür zu sorgen, daß er seine Gummistiefel anzieht, wenn es regnet, oder alles stehen und liegen zu lassen und nur noch die Krankenschwester zu spielen, wenn er eine kleine Erkältung oder die Grippe hat.

Ihre Frau wird Dinge für Sie tun wollen, weil sie Sie liebt. Sie wird Sie zum Beispiel pflegen wollen, wenn Sie krank sind, aber sie tut es aus Liebe zu Ihnen und nicht, weil es ihre Pflicht ist.

Und vergessen Sie nicht, daß das umgekehrt auch gilt.

Wenn Ihre Frau Sie verwöhnt und versorgt, wenn Sie die Grippe haben, sollten Sie dasselbe für sie tun, wenn sie krank ist.

Wenn sie Dinge für Sie tut, obwohl sie nicht besonders begeistert davon ist, sollten auch Sie einiges für Ihre Frau tun, wenn sie das will, auch wenn Ihnen das nicht immer in den Kram paßt.

Was immer sie Liebevolles, Fürsorgliches für Sie tut, sollten Sie in derselben Art erwidern.

Stephen und Meg Hectus aus Mentor, Ohio, sind ein Ehepaar, das weiß, was Partnerschaft und Teamwork bedeuten.

Meg litt jahrelang an einer schlimmen Infektion, die ihr das Atmen sehr schwer machte. Sie mußte sich operieren lassen und Medikamente einnehmen. Der Zeitung *USA Today* erzählte sie, wie Stephen ihr half, die schlimmsten Zeiten zu überstehen:

„Stephen kann mich noch auf dem Weg in die Notaufnahme zum Lachen bringen, wenn er auf mein 'Ich möchte nicht, daß du zu traurig bist, wenn ich sterbe' antwortet: 'Meg, du stirbst doch nicht! Du hast noch schöne zehn oder fünfzehn Leidensjährchen vor dir!'

„Er hat es gelernt, Infusionen zu legen, Verbände zu wechseln und mir Adrenalinspritzen zu geben. Er bringt das Essen – Tisch, Stühle, Kerzen und alles – für die ganze Familie in unser Schlafzimmer, wenn ich zu schwach bin, hinunterzugehen. Es ist unglaublich, wie er jeden Abend mit einem Lächeln hereinkommt und mir stundenlang den Rücken massiert, wenn ich nicht schlafen kann. ... Stephen begleitet mich zu einer Hochzeit, und vermittelt mir das Gefühl, zauberhaft auszusehen und nicht aufgedunsen von all dem Kortison.

Ein Held zu sein, ist nicht immer leicht, und manchmal weint Stephen. Dann kann ich ihn trösten und habe das Gefühl, gebraucht zu werden."[2]

Dieses Paar weiß offensichtlich, was Liebe und Ehe bedeuten.

2. Verwechseln Sie Ihre Frau nicht mit einer Dienstmagd

Dies ist ein weiteres großes Problem für erstgeborene Männer.

Es rührt zum Teil daher, daß die Geliebte wie eine Mutterfigur gesehen wird, aber es geht auch auf ein falsches Verständnis von den Geschlechterrollen zurück.

Manche Männer glauben, daß Frauen sauber und ordentlich zu sein haben, während Gott den Mann nicht mit einem Verstand ausgestattet hat, der ihm verrät, wo der Korb für die Schmutzwäsche ist.

So ist das aber leider nicht.

Kürzlich sagte ein Freund zu mir: „Ich dachte immer, Mädchen seien ordentliche und adrette Wesen, während Jungen mit dreck-verschmiertem Gesicht herumlaufen und überall Unordnung her-vorrufen. Aber das war, bevor ich eine Tochter hatte."

Er beschrieb das Zimmer seiner zehnjährigen Tochter mit den Worten: „Wahrscheinlich würde es selbst Daniel Boone (ein amerikanischer Pionier) davor grausen, dort hineinzugehen."

Die Kleine räumte ihr Zimmer einmal pro Woche auf, aber an den restlichen Tagen sah es dort so aus wie in Berlin direkt nach dem Krieg. Die Zimmer seiner beiden Söhne hingegen waren relativ sauber und ordentlich.

Nichts in der Natur einer Frau prädestiniert sie zur Putzfrau oder Ordnungshüterin. Und sie hat auch keine besondere Veranlagung dafür, Ihnen mit Begeisterung hinterherzurennen und alles aufzu-lesen, was Sie liegen lassen.

Sie sollten nicht von ihr erwarten, daß sie Sie bedient, wenn Sie diese Dinge genausogut selbst erledigen können.

Sie denken wahrscheinlich, daß Sie von Ihrer Liebsten nicht erwarten, die Dienstmagd für Sie zu spielen. Hier sind ein paar Fragen, die Ihnen zeigen werden, ob das wirklich auch stimmt.

1. Wenn Sie ein Bad oder eine Dusche nehmen, verlassen Sie dann das Badezimmer immer so, wie Sie es vorgefunden haben?

2. Wenn Sie und Ihre Frau gemütlich zusammensitzen und das Telefon klingelt, wer von Ihnen beiden muß dann aufstehen?

3. Sie und Ihrer Frau sehen gerade Ihre Lieblingsshow im Fern-sehen, und plötzlich bekommen Sie großen Durst. Gehen Sie in die Küche und holen sich etwas zu trinken, oder bitten Sie Ihre Frau darum? Und wenn Sie selbst aufstehen, fragen Sie dann Ihre Frau, ob sie auch etwas möchte?

4. Hängen Sie Ihren Mantel auf den Bügel, stellen Sie Ihre Schu-he in den Schrank, und stecken Sie Ihre schmutzige Wäsche in den Wäschepuff, oder lassen Sie alles dort liegen, wo es Ihnen gerade aus der Hand fällt?

5. Sie wachen hungrig mitten in der Nacht auf, gehen in die Küche und machen sich etwas zu essen. Räumen Sie danach alles auch wieder auf?

6. Sie wachen hungrig mitten in der Nacht auf. Wecken Sie Ihre Frau auf und fragen Sie, ob Sie in die Küche gehen und Ihnen etwas zu essen machen kann?

7. Helfen Sie Ihrer Frau nach dem Abendessen, den Tisch abzuräumen und alles wieder sauber zu machen, oder überlassen Sie ihr das, während Sie im Sessel sitzen und die Zeitung lesen?

8. Helfen Sie Ihrer Frau bei der Hausarbeit?

Okay, da Sie die Fragen nun beantwortet haben, will ich Sie nicht länger zappeln lassen. Ich werde Ihnen nicht sagen, wie die Fragen zu bepunkten sind, denn das sollte offensichtlich sein. Vielleicht können Sie über all diese Fragen blicken und sehen, daß Sie von Ihrer Frau eigentlich nicht erwarten, daß sie Ihre Dienstmagd spielt. Oder Sie sehen, daß Sie Ihre Frau in vieler Hinsicht als Dienstmagd behandeln, und Ihnen das vorher noch gar nicht aufgefallen war.

Wenn Sie schuldig sind, rate ich Ihnen eindringlich, Ihr Bestes zu tun, um sich zu ändern. Sie können damit beginnen, daß Sie mit Ihrer Frau sprechen und sich für Ihr bisheriges Verhalten entschuldigen. Sagen Sie ihr, daß Sie jetzt erst erkannt haben, was Sie getan haben, und daß Sie Ihr Bestes tun wollen, um sich zu ändern. Es wird wahrscheinlich nicht leicht für Sie sein, eingefleischte Verhaltensweisen aufzugeben, aber Sie können es schaffen – besonders, wenn sie Ihnen hilft, indem sie sich nicht mehr als Dienstmagd behandeln läßt.

Wenn sie Sie ab und zu bedienen will, in Ordnung – solange sie Ihnen erlaubt, sie auch ab und zu zu bedienen. Denn schließlich sollten Menschen, die sich lieben, gerne einmal etwas für den anderen tun. Aber das darf keine Einbahnstraße sein, denn sonst stimmt etwas nicht.

Sie erinnern sich, daß ich Ihnen vorhin geraten habe, etwas für Ihre Frau zu tun. Schenken Sie ihr Blumen, einfach weil Sie sie lieben, führen Sie sie in ein tolles Restaurant aus, um den „Nichts-Besonderes-Tag" zu feiern. Machen Sie ihr kleine Überraschungen, die ihr den Alltag aufheitern und sie daran erinnern, daß Sie sie lieben.

Aber seien Sie nicht wie einer meiner Klienten, der mir sagte, daß er meinen Rat befolgt hätte, aber es hätte nicht funktioniert.

„Warum nicht? Was ist denn geschehen?"

„Naja, ich kaufte ihr ein Paar Pantoffeln, um sie zu überraschen."

„Ja und?"

„Und sie schien sich überhaupt nicht zu freuen. Im Gegenteil, sie schien sich richtig über mich zu ärgern."

„Ich kann mir nicht vorstellen, warum..."

„Ich auch nicht. Dabei habe ich mich so angestrengt, sie zu überraschen. Ich erging mich in Andeutungen, als ob ich ihr den kostbarsten Schmuck gekauft hätte."

Kein Wunder, daß die arme Frau ein bißchen durcheinander war. Sie dachte, daß sie ein Diamantenkollier bekäme, und fand sich mit einem Paar Hausschlappen wieder!

Überraschen Sie Ihre Frau, na klar! Aber passen Sie auf, daß es auch angenehme Überraschungen werden.

Am Anfang unserer Ehe machte ich den Kapitalfehler, meiner Frau zum Muttertag einen Toaster zu kaufen. Eines unserer Kinder weiß heute noch, daß Mutti an diesem Tag weinte. Verdammt noch mal. Ich dachte, sie würde sich freuen (es war ein Modell für vier Scheiben). Der große Psychologe, was? Naja, in der Zwischenzeit habe ich ein, zwei Dinge dazugelernt.

3. Verwechseln Sie eine Beziehung nicht mit einer Rettungsaktion

Manche Männer, und das trifft ganz besonders auf Erstgeborene zu, machen den Fehler, immer eine verzweifelte Maid „retten" zu wollen.

Sobald sie eine Frau sehen, die Hilfe braucht, schmilzt ihnen das Herz, und sie glauben, daß sie verliebt sind. Dafür gibt es drei Gründe, die allein oder kombiniert auftreten können:

1. Sie halten echtes Mitgefühl für Liebe.
2. Sie haben das Bedürfnis, gebraucht zu werden.
3. Sie haben die chauvinistische Einstellung, daß eine Frau vollkommen abhängig von ihrem Mann sein sollte. Wann immer sie also eine Frau sehen, die von ihnen abhängig sein könnte, verstärkt es ihr männliches Selbstwertgefühl.

Frauen machen oft den Fehler, nach einem „Ritter in glänzender Rüstung" Ausschau zu halten, der ihnen zu Hilfe eilt und sie aus ihren wie auch immer gearteten Nöten errettet. Das ist einer der

Gründe, weshalb der Film *Ein Offizier und Gentleman* vor einigen Jahren so ein Erfolg war. In der Schlußszene malocht sich die hübsche Debra Winger in einer Fabrik ab. Plötzlich erscheint Richard Gere, strahlend in weißer Marineuniform, schreitet in die Fabrik, nimmt sie in seine starken Arme und trägt sie von dannen. Wohin? Natürlich in das Land Glücklich-bis-an-ihr-Lebensende.

Dieser Film war ein richtiger Kassenschlager und wurde weithin als „Frauenfilm" gepriesen.

So eine Phantasiegeschichte wird niemandem wehtun, solange wir sie als das sehen, was sie ist – eine Phantasiegeschichte – und erkennen, daß das richtige Leben mit solchen Märchen nur sehr wenig zu tun hat.

Aber während eine Frau den Fehler machen kann, nach einem Ritter Ausschau zu halten, oder gar die Fehler ihres Freundes übersieht, weil sie glauben will, daß er ein Ritter ist, ist es ein noch größerer Fehler, wenn ein Mann denkt, daß er ein Ritter ist. Wenn er diese Illusion hat, wird er nur in Schwierigkeiten kommen und wahrscheinlich jemandem wehtun.

Ich kenne viele Männer, die unter dem „Weißer-Ritter-Syndrom", wie ich es nenne, leiden, und an einen erinnere ich mich ganz besonders gut.

Richard kam endlich zur Besinnung, als er nacheinander drei oder vier gescheiterte Beziehungen hinter sich hatte. Sein Muster war, daß er sich für eine Frau förmlich verzehrte, solange sie Probleme in ihrem Leben hatte. Aber wenn die einmal ausgestanden waren, stellte er fest, daß er nicht wirklich verliebt war. Er versuchte dann eine Weile, die Beziehung aufrechtzuerhalten, weil er wirklich niemanden verletzen wollte. Aber früher oder später wurde ihm die Scharade zuviel, und er wurde schlechtgelaunt, ärgerlich und streitsüchtig.

Zum Beispiel begann er, mit Yvonne auszugehen, als er erfuhr, daß sie sich wegen Brustkrebs operieren lassen mußte. Er kannte sie schon seit einem Jahr, aber die beiden waren nie miteinander ausgegangen. Sobald er herausfand, was ihr bevorstand, überschüttete er sie mit Anteilnahme. Er konnte gar nicht genug für sie tun und nicht genug Zeit mit ihr verbringen. Es dauerte nicht lange, und er sagte ihr, daß er sie liebte, und sie wiederum war überzeugt, ihn zu lieben.

Er blieb während der Zeit der Operation und der nachfolgenden Strahlentherapie an ihrer Seite. Er freute sich mit ihr, als die Ärzte sagten, daß der Krebs sich noch nicht ausgebreitet hätte, und daß die Art des Tumors einen neuen Ausbruch der Krankheit unwahrscheinlich machte.

Die folgenden Monate gingen ereignislos ins Land, und Richard erkannte wie schon so oft zuvor, daß das, was er für Liebe gehalten hatte, in Wirklichkeit leidenschaftliche Anteilnahme war. Es war gut, daß er Yvonne in dieser schweren Zeit zur Seite stand, ihr die Hand hielt und mit ihr betete. Aber er hätte die Linie nicht überschreiten und eine Liebesbeziehung daraus machen sollen. Eigentlich hatte er es auch gar nicht gewollt, weil es ihm in der Vergangenheit schon so oft so ergangen war, aber er konnte einfach nicht anders.

Und jetzt fing er wie gewöhnlich an, böse und gemein zu werden, in der Hoffnung, daß sie die Beziehung abbrechen würde. Unglücklicherweise wurde Yvonne aber immer verständnisvoller und geduldiger, je schlimmer er sich benahm. Es war nicht leicht, aber schließlich mußte er ihr sagen, daß er sie nicht liebte. Zwei Wochen danach waren Yvonnes Augen, wenn er sie sah – was recht häufig geschah, da sie Arbeitskollegen waren – immer noch rot und geschwollen vom vielen Weinen. Er haßte sich für das, was er ihr angetan hatte, aber er konnte nicht zu ihr zurückkehren und ihr sagen, daß er sie liebte, wenn das nicht stimmte.

Richard mußte lernen, seine Rettertendenzen zu beherrschen, und erkennen, daß er seine Hilfe anbieten konnte, auch ohne damit Zuneigung auf Lebenszeit zu versprechen.

Es gibt noch viele andere Männer, die auch diese Lektion lernen müssen – und hoffentlich werden sie sie lernen, bevor sie diejenige, der sie helfen wollten, sinnlos verletzen.

Der Erstgeborene in der Ehe

Was passiert, wenn Ihre Detektivarbeit Sie in eine feste Beziehung führt – vielleicht sogar in eine Ehe?

Das ist eine großartige Sache, denn nicht viele Leute gehen mit offenen Augen in die Ehe!

Bevor wir auf die anderen Konstellationstypen zu sprechen kommen, wollen wir einen kurzen Blick darauf werfen, wie ein Erstgeborener sich wahrscheinlich in den verschiedenen „Abteilungen" einer Ehe oder einer Beziehung verhalten wird.

1. Bei der Arbeit

Der Erstgeborene verbringt wahrscheinlich mehr Zeit in der Arbeit, als seinem Partner recht ist. Wenn er ein Kommandierer ist, wird er einen Großteil seiner Zeit und Energie darauf verwenden, die Erfolgsleiter nach oben zu klettern, oder es zumindest zu versuchen. Wenn er der willfährige Gefalltyp ist, wird er wahrscheinlich auch einen Großteil seiner Zeit mit berufsbezogenen Dingen zubringen, um seinem Chef und seinen Kollegen zu gefallen. Er wird tatsächlich so einiges erledigen, was eigentlich die Aufgabe seiner Kollegen wäre, nur, um ihre Anerkennung zu finden.

Für den Kommandierer machen sich die Überstunden im allgemeinen sehr gut bezahlt, und er wird an die Schalthebel der Macht kommen, wie er es sich vorgestellt hat. Der Gefalltyp hingegen wird wahrscheinlich sehr viel Zeit unnütz in der Arbeit verbringen – besonders, wenn er die Charakterzüge des frustrierten Perfektionisten besitzt, der sich nie überwinden kann, eine Sache in Angriff zu nehmen, weil er weiß, daß er sie nicht perfekt ausführen kann. Und wenn es nicht perfekt ist, ist es für ihn nichts wert – also warum soll er überhaupt damit anfangen? Über den frustrierten Perfektionisten ließe sich sagen: Nie ist so viel getan und so wenig erreicht worden.

2. In der Freizeit

Der Erstgeborene ist in der Regel von Natur aus wettbewerbsorientiert, und das zeigt sich auch in der Art und Weise, wie er seine Freizeit verbringt. Er ist nicht der Typ, der sich ins Gras legt, die Wolken beobachtet und seine Gedanken wandern läßt, wohin sie wollen. Einen Erstgeborenen wird man viel eher im Sportcenter beim Squash finden – und Sie können darauf wetten, daß er auf Gewinn spielt.

Wenn ich sage, daß der Erstgeborene von Natur aus wettbewerbsorientiert ist, soll das nicht heißen, daß er seine Freizeit
zwangsläufig mit irgendeinem Wettbewerb verbringt. Aber er
neigt dazu, seine Freizeit „sinnvoll" zu gestalten, zum Beispiel
könnte er ein Buch lesen, das ihm im Beruf zugute kommen
wird, oder eine neue Qualifikation erwerben. Es wäre möglich,
daß er die ganze Woche über im Büro gearbeitet hat, aber Samstag früh steht er schon im Garten und zupft Unkraut oder schneidet die Hecken. Wenn Sie einen Erstgeborenen heiraten, könnte
es eine Ihrer größten Herausforderungen sein, ihn dazu zu bringen, ab und zu einmal alle fünfe gerade sein zu lassen!

3. Im Umgang mit Geld

Wie oft gleichen Sie Ihren Kontostand aus? Wenn Sie ein Erstgeborener sind, werden Sie das mindestens einmal im Monat tun,
und zwar dann, wenn Sie den Auszug bekommen. Was tun Sie,
wenn Sie feststellen, daß Sie neununddreißig Pfennige im Minus
sind?

Wenn Sie ein Letztgeborener sind, werden Sie wahrscheinlich
sagen: „Gar nicht schlecht!" und die Sache vergessen. Ich persönlich als Letztgeborener lasse die Bank sich den Kopf zerbrechen. Ich habe festgestellt, daß auf diese Leute Verlaß ist, die
melden sich schon, wenn sie *dinero* brauchen. Ein Erstgeborener
hingegen würde bestimmt Stunden damit zubringen, herauszufinden, wo er sich verrechnet hat, und dann eine schlaflose Nacht
verbringen, wenn er den Fehler nicht finden kann.

Erstgeborene sind in Geldangelegenheiten im allgemeinen sehr
vorsichtig. Sie sind nicht unbedingt geizig oder knickrig, aber sie
gehören auch nicht zu der Sorte Mensch, die das Geld zum Fenster hinauswirft. Wenn ein Erstgeborener zum Beispiel ein neues
Auto kauft, können Sie sicher sein, daß er sämtliche verfügbaren
Ausgaben von *Stiftung Warentest*, in denen Autos getestet wurden, studiert hat und genau weiß, was er tut.

Erstgeborene sind, wie wir gesehen haben, sehr ordentliche
Leute, und das trifft auf ihre Finanzen genauso zu wie auf alles
andere. Der Erstgeborene hat eine angeborene Tendenz, die
Zukunft zu planen, Geld anzulegen und so fort. Damit will ich
nicht behaupten, daß alle Erstgeborenen Finanzgenies sind. Aber

es trifft zu, daß Erstgeborene im allgemeinen ihre Finanzen wohlüberlegt in Ordnung halten.

Wenn Sie mit einem Erstgeborenen verheiratet sind, ärgern Sie sich vielleicht manchmal darüber, daß er mit dem Geld nicht etwas lockerer umgehen kann. Aber auf lange Sicht werden Sie vermutlich ganz zufrieden mit seiner Finanzplanung sein.

4. In seinen sozialen Kontakten

Der Erstgeborene ist wahrscheinlich kein Partycrack, aber das macht nichts, weil er es auch nicht sein will.

Er mag einen tollen Sinn für Humor haben oder ein großer Geschichtenerzähler sein, aber er fühlt sich wohler dabei, sein Talent vor einer Handvoll guter Freunde zu beweisen als vor einem Saal voller Leute.

Der Erstgeborene ist mit nur wenigen, guten Freunden durchaus glücklich. Er ist nicht unfreundlich und mag viele Bekannte haben, aber wenn man ihn fragt, wer seine wirklich guten Freunde sind, kann er sie wahrscheinlich an den Fingern einer Hand abzählen.

Wenn Sie mit einem Erstgeborenen verheiratet sind, und Sie sind zu einer großen Party eingeladen, werden Sie ihn möglicherweise dorthin schleppen müssen, so daß seine Schuhe auf dem Weg dorthin eine lange Schleifspur zurücklassen. Aber wenn es um ein Treffen im kleinen Kreis geht, vielleicht mit zwei oder drei Paaren, dann ist das kein Problem.

Wenn ich sage, daß Sie ihn zu der großen Party hinschleppen müssen, mache ich natürlich nur Spaß. Viele Erstgeborene fühlen sich in so einer Umgebung pudelwohl und entwickeln sich sogar zum Mittelpunkt der Party. Aber tief in seinem Inneren säße er, wenn es nach ihm ginge, wahrscheinlich lieber über einem guten Buch oder an seinem Computer zu Hause.

5. Im Schlafzimmer

Erstgeborene können tolle Liebhaber und Geliebte sein – einfühlsam, gebend und leidenschaftlich.

Wenn es irgendein Problemfeld im Sexualleben des Erstgeborenen gibt, dann ist es seine übergroße Ordnungsliebe. Sie erinnern sich, daß er Überraschungen nicht mag, also erwarten Sie nicht, daß es leicht sein wird, ihn oder sie im Drive-in-Kino auf dem Autorücksitz zu verführen. Sie können ihn oder sie vielleicht überreden, das Drive-in eher zu verlassen und nach Hause zu fahren, aber das Liebesleben beschränkt sich im allgemeinen auf das Schlafzimmer – bei heruntergelassenen Jalousien, gelöschtem Licht, und wenn die Kinder sicher im Bett verstaut sind!

Da ich selbst mit einer Erstgeborenen verheiratet bin, lassen Sie mich hier gleich hinzufügen, daß es sich bestimmt lohnt, das Kino früher zu verlassen, auch wenn Sie dann nie herausfinden werden, wer der Täter war.

Was die männlichen Erstgeborenen anbelangt, so wird der Mann, wenn er als Junge von seinen Eltern – insbesondere von seiner Mutter – verwöhnt wurde und von allem immer das Beste bekam, Sex eher als eine Angelegenheit betrachten, wo er mehr bekommt, als er gibt. Das heißt, er wird wahrscheinlich keine Geduld für seine Frau aufbringen und keinen Spaß am sexuellen Vorspiel haben, denn Sex interessiert ihn nur, weil er ihm ein Wohlgefühl verschafft.

Dennoch kann er, auch wenn er so veranlagt ist, sein Verhalten ändern, wenn er seine Sexualpartnerin wirklich liebt. Er muß allerdings wissen, was seiner Frau gefällt und was sie von ihm erwartet, und sie wird vielleicht viel Geduld brauchen, bis er gelernt hat, sexuell so auf sie einzugehen, wie sie sich das wünscht.

Im anderen Extrem kann der gehetzte, übereifrige Erstgeborene Sex als Wettbewerb betrachten. Wenn das der Fall ist, wird er so unter Leistungsdruck geraten, daß Sex für ihn eher Schwerstarbeit als Genuß sein wird.

6. Als Elternteil

Ein besonderes Problem bei der Elternschaft ist, daß jeder sich mit dem Kind, das dem eigenen Konstellationstyp entspricht, übermäßig identifiziert. So wird sich ein Erstgeborener übermäßig mit seinem ältesten Kind identifizieren, und das führt in den meisten Fällen dazu, daß er das Erstgeborene bevorzugt. Es kann aber auch bedeuten, daß ein Erstgeborener mit seinem ältesten Kind besonders streng sein wird. Das kommt daher, daß er sich selbst in den Einstellungen und Verhaltensweisen dieses

Kindes wiedererkennt, und es ist nicht leicht, jemanden dieselben dummen Fehler machen zu sehen, die wir selbst machten, als wir noch Kinder waren.

Sie müssen nämlich wissen, daß wir die Fehler, die wir selbst haben, an anderen am wenigsten tolerieren können.

Erstgeborene sind als Eltern gewöhnlich sehr streng, und das ist gut so, solange sie es nicht übertreiben.

Wenn der Erstgeborene in einer Familie aufwuchs, in der er immer nur der Schönste, Größte und Beste sein und pausenlos Leistung erbringen mußte, wird er seine Kinder wahrscheinlich genauso behandeln. Das kann durchaus gut sein, aber nur, wenn er es nicht übertreibt und mit seinen Kindern zufrieden ist, solange sie sich nur bemüht haben, egal, wie das Ergebnis aussehen mag. Aber es kann sehr schlecht sein, wenn er sich bei seinen Kindern nie mit einem zweiten oder auch dritten Platz zufriedengeben kann.

Solche Eltern, die fast immer Erstgeborene sind, bringen ihre Kinder in einen Teufelskreis aus Niederlagen und Frustrationen und erziehen sie so, daß sie ihre Fähigkeiten nie ganz ausschöpfen können, weil sie immer Angst vor Niederlagen haben. Erstgeborene sind oft unverbesserliche Nörgler, die ihrem ältesten Kind deutlich vermitteln, daß es ihren Ansprüchen nicht genügt.

Wenn Sie mit einem Erstgeborenen verheiratet sind und Kinder haben, werden Sie, was die Disziplin anbelangt, höchstwahrscheinlich mäßigend eingreifen müssen. Sie werden Ihren Partner auch immer wieder bitten müssen, mehr Geduld mit den Kindern zu haben, und daran erinnern, daß Kinder kleine Menschen sind, die im Leben letztlich ihre eigenen Entscheidungen werden treffen müssen.

Wer weiß? Vielleicht wird dieser Erstgeborene, der Ihr Ehemann ist, eines Tages mit den Kindern im Gras liegen, die Wolken beobachten und die Gedanken wandern lassen, wohin sie wollen.

7. Bei Streß

Was wissen wir über das Erstgeborene?

Wir haben festgestellt, daß es pünktlich, ordentlich, dickköpfig und launisch ist, daß es keine Überraschungen liebt usw. Klingt das nach jemandem, der sich stressen läßt?

Darauf können Sie eine Wette abschließen. Das Erstgeborene neigt dazu, die Dinge zu ernst zu nehmen und das, wofür es verantwortlich ist, nicht gerade leicht zu nehmen.

Ich habe den Streß in diese Liste aufgenommen, weil heutzutage immer deutlicher wird, welch negative Kraft Streß im Leben eines Menschen darstellen kann. Angestauter Streß kann tödlich sein, und Erstgeborene sind besonders prädestiniert für Streß.

Wenn Sie nicht glauben, daß Streß eine der „Abteilungen" der Ehe ist, waren Sie entweder noch nie verheiratet, oder Sie sollten mir Ihr Geheimnis verraten!

Mit Streß kann man umgehen, und das übereifrige Erstgeborene sollte das auf jeden Fall lernen. Wenn ihm das nicht gelingt, sollte es immer schön ordentlich seine Versicherungen bezahlen und seine Gebete aufsagen, denn es ist auf dem Weg zum Herzinfarkt oder Gehirnschlag.

Ich will Ihnen hier nicht sagen, wie Sie mit Streß umgehen können. Zu diesem Thema gibt es Dutzende ausgezeichneter Bücher. Was ich hier nur sagen will, ist, daß Streß für ein Erstgeborenes ein größeres Problem darstellen kann, und daß sein Ehegatte ihm einen unschätzbaren Dienst erweist, wenn er ihm hilft, damit umzugehen.

8. Mit Religion und Philosophie

Das Erstgeborene ist von Natur aus konservativ, und das trifft auch für den Bereich der Religion zu.

Wenn Vater und Mutter gottesfürchtige Leute waren, die in ihrem ganzen Leben keinen Sonntagsgottesdienst verpaßten, dann wird ihre erstgeborene Tochter es ihnen wahrscheinlich gleichtun. Und wenn Sonnyboys Eltern Reformierte Druiden waren, die im Januar nackt auf Chicagos Straßen tanzten, wird er wahrscheinlich dasselbe tun.

Es liegt nicht in der Natur des Erstgeborenen, die religiösen Überzeugungen seiner Eltern in Frage zu stellen, und das meine ich, wenn ich sage, daß es „konservativ" ist. Wenn seine Eltern ihm sagten, daß es einen Gott gibt, der es sehr liebt, dann wird es wahrscheinlich keine Probleme haben, selbst daran zu glauben. Wenn die Eltern hingegen Skeptiker waren, die nie so ganz herausfinden konnten, woran sie eigentlich glauben sollten, dann wird ihr ältestes Kind wahrscheinlich sein Leben in derselben Ungewißheit verbringen, egal wie sehr es sich wünscht, zu einer abschließenden Schlußfolgerung über den Sinn des Lebens zu gelangen.

Teil III

Für mittlere Geschwister

Das anpassungsfähige mittlere Kind: Zuviel der Kompromisse?

Okay, Sie mittleren Kinder, ich weiß, daß Sie schon die Seiten der einzelnen Kapitel dieses Buchs gezählt haben. Sie wissen, wie viele Seiten ich den Erstgeborenen eingeräumt und wie viele ich den Letztgeborenen gewidmet habe, und Sie haben schon bemerkt, daß beide mehr bekommen haben als Sie.

Aber das überrascht Sie nicht wirklich, oder? Schließlich gibt es von Ihnen die wenigsten Fotos im Familienalbum, und Ihre Mutter hat manchmal Mühe, sich an Ihren Namen zu erinnern.
Aber das heißt nicht, daß Sie weniger wichtig sind.
Was ich den Erst- bzw. Letztgeborenen gesagt habe, trifft auf das mittlere Kind genauso zu, denn es stellt eine Variante des einen oder anderen dar.

Bevor ich anfange, mich über die mittleren Kinder auszulassen, will ich ohne Umschweife gestehen, daß dieser Teil des Buches am schwierigsten zu schreiben ist.
Warum? Weil zu sagen, wie mittlere Kinder sich verhalten werden, wenn es ums Heiraten geht, ungefähr genauso ist, als wenn man Gelatine an die Wand nageln wollte. Es gibt einfach so viele Varianten der Persönlichkeit des mittleren Kindes, daß es äußerst schwierig ist, hieb- und stichfeste Aussagen über diesen Konstellationstyp zu treffen.
Einige mittlere Kinder sind fast so wie Erstgeborene, andere wiederum schlagen mehr den Letztgeborenen nach. So erklärt es

sich auch, daß eine Ehe zwischen zwei mittleren Kindern grandios funktionieren kann, solange die beiden sich von ihrer Persönlichkeit her ergänzen.

Doch ein Problem ist mir in der Beziehung zweier mittlerer Kinder immer wieder untergekommen, und das ist die Tendenz, vor lauter Kompromißbereitschaft das Leben aus ihrer Beziehung hinauszukomplimentieren. Nichts ist falsch oder ungesund an der Bereitschaft, sich zugunsten des geliebten Menschen etwas zurückzunehmen. Doch bei mittleren Kindern besteht das Problem, daß sie unter Umständen mit einem Lebensstil enden, den keines von beiden will, einfach weil sie nicht in der Lage sind, klar und unmißverständlich zu äußern, was sie wollen.

Nehmen wir ein Beispiel. Es ist Samstag abend, und Herr und Frau Jones, die beide mittlere Kinder sind, wollen groß ausgehen. Sie wissen noch nicht, wohin sie gehen sollen, aber sie haben den Babysitter schon bestellt, Geld in der Tasche und freuen sich auf einen heiteren, unterhaltsamen Abend.

Mit unserem versteckten Zaubermikrophon können wir ihr Gespräch belauschen. Unser tolles Mikrophon kann uns auch sagen, was die Menschen wirklich denken, unabhängig von dem, was sie sagen, und diese Information drucken wir in Klammern:

Herr Jones: „Wozu hättest du heute abend denn Lust, Schatz? Möchtest du einen Film sehen oder lieber tanzen gehen?" *(Ich hoffe, du willst nicht tanzen gehen. Ich denke immer, jeder beobachtet mich, und komme mir dabei so unbeholfen vor.)*

Frau Jones: „Mir wäre beides recht. Entscheide du." *(Ich würde liebend gern tanzen gehen, aber wie ich dich kenne, hättest du keine große Lust dazu.)*

Herr Jones: „Mir ist es wirklich auch egal. Aber du würdest doch bestimmt lieber tanzen gehen, oder?" *(Bitte sag jetzt, daß du nichts dagegen hättest, wenn wir zum Essen gehen und danach ins Kino!)*

Frau Jones: „Nein, mir ist es wirklich ganz egal, was wir machen. Ich möchte mich nur ein wenig amüsieren." *(Natürlich würde ich lieber tanzen gehen, aber ich habe keine Lust, den ganzen Abend dein grimmiges Gesicht zu sehen. Aber wenn du mich schon wieder in einen Clint-Eastwood-Film schleppst, schreie ich!)*

Herr Jones: „Wenn du gerne tanzen gehen möchtest, habe ich wirklich überhaupt nichts dagegen." *(Wie kann man nur so blöd sein! Wann werde ich es endlich lernen, meine Klappe zu halten?)*

Frau Jones: „Ehrlich, Schatz, mir liegt wirklich nicht soviel daran." *(Was red ich denn da! Jetzt hat er mir mehrmals hintereinander den Vorschlag gemacht, tanzen zu gehen, und das will ich doch eigentlich. Warum kann ich es dann nicht sagen?)*

Herr Jones: „Im Cineplex läuft der neue Meryl-Streep-Film." *(Mann! Der neue Clint Eastwood sieht verdammt spannend aus!)*

Frau Jones: „Ja super!" *(Mist, das hab ich versiebt. Wahrscheinlich war das meine letzte Chance, tanzen zu gehen. Naja, wenigstens muß ich mir nicht wieder so einen blöden Clint-Eastwood-Film anschauen.)*

Ich glaube, Sie wissen jetzt so ungefähr, wie das gemeinsame Leben von zwei mittleren Kindern aussieht, ob sie nun verheiratet sind oder nur eine feste Beziehung haben. Die Mittleren sind Meister im Verhandeln und Kompromisseschließen. Das Problem ist nur, daß sie oft so gut im Verhandeln sind, weil sie Angst davor haben, zu sagen, was sie wirklich denken. Sie möchten nichts tun, was das Boot ins Wanken bringen könnte. Alles, was sie wollen, ist eine glatte Segelpartie, und wenn sie das kleinste bißchen Sturm am Horizont aufziehen sehen, gehen sie in Deckung.

Das Problem von Herrn und Frau Jones in unserem Beispiel ist, daß keiner von beiden dem anderen sagt, was er wirklich möchte. Das Ergebnis ist, daß sie Kompromisse eingehen, aber dadurch tun sie schließlich etwas, das keiner von beiden wirklich will, und so ist keiner richtig zufrieden (ohne Meryl Streep beleidigen zu wollen). Und nachdem sie nicht in der Lage sind, dem anderen ihre wahren Gefühle einzugestehen, wenn es ums Tanzen oder den neuesten Clint-Eastwood-Streifen geht, werden sie mit Sicherheit auch in anderen Bereichen ihre wahren Gefühle voreinander verbergen.

Wenn man zwei mittlere Kinder zusammensteckt, wird man keine explosive Mischung bekommen, so wie dies bei zwei Erstgeborenen der Fall wäre. Das ist in der Tat nicht die schlechteste

Verbindung. Aber wenn zwei Menschen, die ihr ganzes Leben lang nur Kompromisse geschlossen und ihre wahren Gefühle unter den Teppich gekehrt haben, plötzlich feststellen, daß sie es leid sind, nie das zu bekommen, was sie wirklich wollen, dann sind die Probleme da.

Es stimmt, daß das eine Eigenschaft ist, die der Mittlere früh erworben hat, aber er fühlt sich nicht wohl damit, und schließlich entwickelt er immer mehr Groll gegenüber dem Partner, obwohl der vielleicht gar nichts dafür kann.

Nehmen wir an, daß Susan, ihr Mann und die Kinder seit fünf Jahren die Ferien immer in den Bergen verbringen. Sie schlafen in Zelten, braten Fisch über dem offenen Feuer und leben wie richtige Pfadfinder.

Susan hat Camping schon immer gehaßt, und jeden Tag Regenbogenforelle zu essen, versetzt sie auch nicht gerade in Begeisterung. Aber sie macht gute Miene zum bösen Spiel und tut so, als würde ihr das alles einen Riesenspaß machen, nur weil sie weiß, daß Ralph, ihr Mann, es gerne mag.

Ralph hingegen, der auch ein mittleres Kind ist, macht das Campen Spaß und er ist ein passionierter Angler, aber er ist es irgendwie leid, jedes Jahr dasselbe zu machen. Wenn es nach ihm ginge, würde er mit den Kindern lieber einmal nach Disneyland oder vielleicht an den Strand fahren. Er sagt aber nie etwas, weil er weiß, wieviel diese Fahrten ins Gebirge seiner Frau bedeuten.

In diesem Jahr, als sie ihren Urlaub planen, kann Susan all ihre aufgestauten Emotionen nicht mehr zurückhalten, und sie explodiert. Der bloße Gedanke, auch nur noch eine Nacht in diesem blöden Zelt verbringen zu müssen, macht sie rasend.

„Warum müssen wir denn immer in die Berge fahren? Ich hasse die Berge! Ich hasse die Mücken, den Dreck, den stinkigen Fisch, und dich hasse ich auch!" Das letzte meint sie nicht so, aber jetzt ist es heraus, und sie kann es nicht mehr ungeschehen machen.

„Was redest du denn da? Ich dachte immer, du liebst die Berge!" Ralph traut seinen Ohren nicht.

„Das zeigt, wie gut du mich kennst! Weil du keine Minute an mich denkst! Du gehst einfach davon aus, daß mir alles gefällt, was dir gefällt!"

„Das ist nicht fair! Immer opfere ich mich für dich auf! Wie kommst du denn darauf, daß ich so scharf darauf bin, zwei Wochen lang in einem Zelt zu schlafen?"

Jetzt geht der Streit erst so richtig los, und glauben Sie mir, da werden noch die Fetzen fliegen, bevor alles ausgestanden ist. Entzündet hat er sich an der Frage, wo die Familie ihren Urlaub verbringen soll, aber im weiteren Verlauf wird wahrscheinlich der ganze Groll, der sich in all den Jahren angesammelt hat, bis ins kleinste ausgewalzt werden.

Um des Kompromisses und des lieben Friedens willen haben Susan und Ralph zugesehen, wie sich dieser ganze Groll und noch anderer Müll in ihrem Leben anhäufte, und jetzt, wo die Dämme, die alles zurückgehalten haben, gebrochen sind, wird es gefährlich.

Dies ist eines der Hauptprobleme bei mittleren Kindern. Sie lassen Probleme, die zunächst geringfügig sind, immer größer werden, bis sie schließlich erdrückend wirken. Was einst ein kleines Unbehagen war, ist jetzt ein Grand Canyon der Verbitterung, und es ist unmöglich, über so eine Kluft eine Brücke zu bauen.

Hatten Sie jemals Löwenzahn in Ihrem Vorgarten? Die Wahrscheinlichkeit ist groß, denn dieses freche Unkraut ist überall, und wenn man ihm einen Zentimeter gibt, nimmt es gleich eine ganze Meile.

Sobald ich sehe, daß schon wieder so ein kleines Goldköpfchen aus dem Rasen lugt, bin ich mit meiner Schaufel draußen, um es auszugraben, bevor es seine Brüder und Schwestern herbeiruft. Ich weiß, was passieren würde, wenn ich dieses erste Löwenzähnchen übersehen würde, und Sie wissen es auch. Innerhalb weniger Wochen wäre mein ganzer Rasen gelb überwuchert.

Ich hätte mit diesem ersten Pflänzchen im Nu kurzen Prozeß machen können. Aber da ich nun so lange zugesehen habe, wird es mich Stunden mühsamer Arbeit kosten, meinen Rasen wieder einigermaßen in Ordnung zu bringen.

Stellen Sie sich meinen – oder noch besser Ihren – Rasen von Löwenzahn überwuchert vor, und Sie sehen, wie weit es zwei mittlere Kinder mit ihrer Beziehung kommen lassen. Wenn sie sich ärgern, packen sie die Sache nicht gleich an, um sie wieder aus der Welt zu schaffen, und wenn es etwas gibt, das sich schneller als Löwenzahn ausbreitet, dann ist es innerer Groll.

Es muß nicht die Frage sein, wo die Ferien verbracht werden sollen, die einem Paar Probleme macht. Immerhin besteht die Möglichkeit, daß Susan zumindest nach dem dritten oder vierten Jahr in der Lage gewesen wäre, für die nächsten Ferien einen anderen Vorschlag zu machen. Aber die Probleme, die sich bei aus zwei mittleren Kindern bestehenden Paaren aufstauen, sind meist so banal. Vergessen Sie nicht, daß auch eine nukleare Explosion mit der Spaltung eines einzigen Atoms beginnt!

Im Rückblick auf das, was bei Susan und Ralph passierte, muß man sich fragen, ob es denn wirklich Ralphs Schuld war, daß die Familie all die Jahre immer wieder Camping-Urlaub machte, wo Susan das doch gar nicht wollte. Ehrlich gesagt hätte Susan allen Grund, auf sich genauso wütend zu sein wie auf ihren Mann. Wenn sie ihm vor fünf Jahren gesagt hätte, daß sie sich auch etwas Schöneres vorstellen könnte, als Campen zu gehen, und beim ersten Mal nicht so getan hätte, als wenn es ihr großen Spaß machte, dann hätte sie die letzten fünf Sommer nicht damit verbringen müssen, Stechmücken totzuschlagen und den Fischgeruch von ihren Händen abzuschrubben.

Andererseits ist es auch nicht nur Susans Schuld. Zum einen hätte ihr Ralph auf jeden Fall offener sagen sollen, was er denkt, zum Beispiel: „Liebling, ich weiß, daß du wirklich gern zelten gehst, aber ich denke, daß es auch schön wäre, wenn wir in diesem Jahr einmal etwas anderes machen würden." Zum anderen hätte er aufmerksamer sein sollen, um festzustellen, wie es seiner Frau wirklich geht. Bestimmt hat sie ihm während all dieser Jahre auf unterschiedliche Art signalisiert, daß ihre „Begeisterung" fürs Campen nur gespielt war, und er hätte in der Lage sein müssen, diese Signale wahrzunehmen.

Männer im allgemeinen müssen lernen, die Gedanken ihrer Partnerin zu lesen, und das um so mehr, wenn die Partnerin ein mittleres Kind ist.

Ich kann schon den Protest so manchen Mannes hören: „Was erzählen Sie denn da? Warum sollte ich lernen, ihre Gedanken zu lesen? Sie sollte lieber lernen, meine zu lesen."

Naja, die Wahrheit ist, daß sie wahrscheinlich schon ganz gut darin ist, Ihre Gedanken zu lesen. Im allgemeinen sind Frauen viel sensibler, was zwischenmenschliche Beziehungen anbelangt. Sie können besser „zwischen den Zeilen lesen", und sie nehmen die subtilen Signale der Körpersprache und der Gestik besser wahr.

Männer neigen eher dazu, die Dinge so zu nehmen, wie sie sich darstellen. Wir erkennen nicht immer die feinen Anspielungen in dem, was andere sagen, und wir sind nicht so sehr daran interessiert, hinter die Fassade zu schauen, um herauszufinden, was andere Leute wirklich wollen.

Frauen sind im allgemeinen stärker beziehungsorientiert und machen sich mehr Gedanken darüber, was andere wirklich denken.

Betrachten wir wieder ein Ehepaar aus zwei mittleren Kindern. Nehmen wir an, der Mann kommt an einem Freitag abend von der Arbeit nach Hause und stellt fest, daß die Kinder alle aus dem Haus sind, um die Nacht bei Freunden zu verbringen. Vielleicht ist seine Frau auch gerade von der Arbeit gekommen und inspiziert gerade den Kühlschrank, um zu sehen, was sie zum Abendessen machen könnte.

Der Göttergatte hat jedoch eine Eingebung und spricht die drei magischen Wörter aus, die jede Frau so gerne hört: „Laß uns ausgehen."

Sie schaut ihn an, als wenn er wirklich der weiße Ritter wäre, für den sie ihn hielt, bis sie herausfand, daß er schnarcht und das Waschbecken mit Haaren verziert.

Bis der Mann zum Wagen kommt, wartet seine Frau dort schon seit etlichen Minuten auf ihn, denn er ist gegangen, während sie geflogen ist.

„Also... wohin möchtest du gerne gehen?"

Sie wissen schon, wie die Antwort lauten wird, oder?

„Och, das ist mir wirklich egal. Mir ist alles recht."

Die Bilder, die ihr durch den Kopf gehen, haben mit gemütlichen, kleinen französischen Restaurants oder Steakhäusern zu tun. Auf jeden Fall kein Lokal, das kein gutes Weinsortiment hat. Aber ihr Mann liegt nicht ganz auf derselben Wellenlänge. Wenn er vom Ausgehen spricht, dann denkt er an ein Lokal, wo es etwas zu essen gibt. Punkt. Atmosphäre oder fehlende Atmosphäre, das kommt ihm gar nicht in den Sinn.

„Hast du wirklich nichts Bestimmtes im Sinn?" fragt er.

„Nein. Du entscheidest."

Und der brave Ehemann, der nie gelernt hat, ihre Gedanken zu lesen, denkt: *Also, nachdem es ihr egal zu sein scheint und die Kinder nicht im Haus sind, sollten wir vielleicht nur schnell einen Happen essen gehen.*

„Okay, Schätzchen, wie wäre es denn mit Mickey D's Golden Arches?"

Sie schaut ihn an und sagt: „McDonald's?", und ihre Augen sprühen Funken, als hätte er ihr vorgeschlagen, wilde Beeren und Nüsse zu essen, und nicht Hamburger und Fritten. Hoffentlich ist er clever genug zu wissen, daß es ihr egal ist, wohin sie gehen, solange es ein Lokal ist, das einen Cuisinier beschäftigt. Aber wenn er immer noch so sensibel wie ein Hackstock für ihre wahren Gefühle ist und sie wirklich zu Mickey D schleppt, dann kann man den Nachbarn nur raten, heute abend zu Hause zu bleiben, denn dann wird es ein Feuerwerk geben!

Ich entwickle dieses Szenario hin und wieder auf meinen Seminaren, und das Lachen meiner Zuhörer verrät mir, daß die meisten Ehepaare Vergleichbares schon erlebt haben. Und es überrascht mich nie, daß diejenigen, die am lautesten und am längsten lachen, die mittleren Kinder sind.

Wie gut kommunizieren Sie mit Ihrem Partner?

In der Zeitschrift *Redbook* (Redbook Magazine ist eine amerikanische Frauenzeitschrift mit Rezepten, Kurzgeschichten, Mode, Make-up, Diät etc.) erschien einmal ein Test, der dazu dienen sollte herauszufinden, welche Kommunikationsschwierigkeiten zwischen Mann und Frau bestehen können. Ich fand den Test ausgezeichnet, und um Ihnen zu helfen festzustellen, welche Probleme möglicherweise in Ihrer Ehe – oder in Ihrer Beziehung – vorhanden sind und wie Sie sie überwinden können, drucke ich hier eine verkürzte und leicht veränderte Form dieses Tests ab.[1]

Zunächst die Fragen für die Damen:

1. Ihr Geburtstag rückt näher. Der Mann in Ihrem Leben vergißt ihn oft, also
A. warten Sie ab, ob er diesmal daran denkt
B. ergehen Sie sich in Andeutungen
C. erinnern Sie ihn daran

2. Wenn Sie ein Problem mit Ihrem Mann oder Freund haben, mit wem sprechen Sie zuerst darüber?
A. mit niemandem
B. mit einer Freundin oder engen Verwandten
C. mit ihm

3. Ihr Partner hat Ihre Gefühle wirklich verletzt. Also
A. sagen Sie es ihm
B. zeigen Sie ihm eine Zeitlang die kalte Schulter
C. schlagen Sie zurück

4. Wenn Ihnen etwas schrecklich Peinliches passiert wäre, würden Sie es ihm erzählen?
A. nein
B. vielleicht
C. wahrscheinlich

5. Fußball langweilt Sie zu Tode, aber Ihr Partner kann stundenlang darüber reden. Was tun Sie, wenn das Thema aufkommt?
A. ihm erklären, wie sehr Sie das langweilt, und ihn bitten, über etwas anderes zu sprechen
B. selbst so schnell wie möglich das Thema wechseln
C. sich bemühen, etwas Interesse zu zeigen

6. Sie hatten mittags ein erfolgloses Vorstellungsgespräch und sind verzweifelt. Ihr Mann kommt von der Arbeit nach Hause und sieht niedergeschlagen aus. Was tun Sie?
A. warten, bis er in besserer Stimmung ist, und ihm dann alles erzählen

B. ihm sagen, daß Sie die Stelle nicht bekommen haben, aber Ihre Gefühle verbergen

C. ihm die Sache brühwarm erzählen, noch bevor er den Mantel ausgezogen hat

7. Zum zweiten Mal in diesem Monat hat Ihr Mann den Wagen fast ohne einen Tropfen Benzin stehen lassen. Was tun Sie?

A. den Tank leer lassen und sehen, wie er reagiert

B. den Tank leer lassen, es ihm aber sagen, so daß er Zeit zum Tanken einplanen kann

C. den Tank auffüllen, ihm aber sagen, daß Sie verärgert sind

Und jetzt die Fragen für die Herren:

1. Wenn Ihre Partnerin schlechter Laune ist, was tun Sie dann?

A. fragen, ob sie ihre Tage bekommt

B. sie in Ruhe lassen, bis es ihr wieder besser geht

C. fragen, was los ist

2. Sie beklagt sich, daß Sie ihr nicht oft genug sagen, daß Sie sie lieben. Sie antworten:

A. „Das ist dein Problem, nicht meines."

B. „Du weißt doch, daß ich dich liebe. Warum willst du es immer wieder hören?"

C. „Ich liebe dich über alles. Manchmal vergesse ich nur, es dir zu sagen."

3. Beim Abendessen mit den Kindern erwähnt Ihre Frau, daß sie später allein mit Ihnen sprechen möchte. Sie sagen:

A. „Wie wär's mit zehn Uhr?"

B. „Okay, wann immer du willst."

C. „Tut mir leid, heute ist doch mein Kegelabend."

4. Wie oft bleiben Sie im Streit mit Ihrer Frau oder Freundin der Sieger?

A. fast immer

B. fast nie

C. Ich versuche, nicht in Kategorien von Gewinnen und Verlieren zu denken

5. Ihre Partnerin möchte mit Ihnen über Schwierigkeiten in der Arbeit sprechen. Was tun Sie?
A. ihr klarmachen, daß Sie Ihre eigenen Probleme haben
B. Ratschläge erteilen
C. zuhören und versuchen, ihr Unterstützung zu geben

6. Zum zweiten Mal in diesem Monat stellen Sie fest, daß Ihre Frau den Wagen nicht aufgetankt hat. Sie sind verärgert und
A. tanken selber, und sagen ihr dann, wie sehr Sie das geärgert hat
B. lassen den Tank leer, sagen es ihr aber, damit sie Zeit zum Tanken einplanen kann
C. lassen den Tank leer, um zu sehen, wie sie reagiert

7. Sie haben Lust auf Liebe, aber als Sie sie berühren, gähnt sie nur. Sie
A. fühlen sich abgewiesen, drehen sich auf die andere Seite und schlafen ein
B. fragen sie, warum sie keine Lust hat
C. kuscheln sich an sie und halten sie in den Armen, bis Sie beide einschlafen

Um herauszufinden, wie Sie sich geschlagen haben, vergeben Sie die Punkte wie folgt: Bei den Fragen eins, zwei, vier, fünf und sieben geben Sie sich einen Punkt für jedes A, zwei Punkte für jedes B und drei Punkte für jedes C. Bei den Fragen drei und sechs geben Sie sich drei Punkte für jedes A, zwei für jedes B und einen Punkt für jedes C.
Zunächst die Damen:
7-11 Punkte: Sie werden sich etwas mehr um die Kommunikation bemühen müssen, wenn Sie zufriedener mit der Beziehung sein wollen. Sie müssen versuchen, sich zu äußern, ohne dabei auf Verteidigungskurs zu gehen – äußern Sie öfter, was Sie denken und fühlen, und seien Sie sparsamer mit Anschuldigungen über das Verhalten Ihres Partners. Wenn Sie ihn für Ihre Proble-

me verantwortlich machen, werden Sie mit Sicherheit die Kommunikation zwischen Ihnen beiden abschneiden.

12-17 Punkte: Sie schlagen sich ganz gut, aber es gibt ein paar empfindliche Punkte in Ihrer Persönlichkeit, die kommunikationshinderlich sind. Sie sollten Ihrem Partner nicht nur zuhören, sondern ihm auch Feedback geben, um sicherzugehen, daß Sie ihn richtig verstehen.

18-21 Punkte: Sie und Ihr Partner scheinen recht gut zu kommunizieren. Aber vergessen Sie nicht – es gibt immer Raum für Verbesserungen.

Und jetzt für die Herren:

7-11 Punkte: Denken Sie daran: Ihre Gefühle vor der Frau Ihres Lebens zu verbergen, ist einer der schnellsten Wege, eine Beziehung zu ruinieren. Sie müssen lernen, ihr zuzuhören und mit ihr zu sprechen, sonst könnte Ihre Ehe in einer Explosion des Schweigens in die Luft gehen!

12-17 Punkte: Sie schlagen sich ganz gut, aber Sie sollten sich vor Augen halten, daß Ihre Partnerin Ihre Unterstützung und Ermutigung viel mehr braucht als Ihre „praktischen Ratschläge". Bemühen Sie sich mehr darum, zu versuchen, die Dinge vom Standpunkt Ihrer Frau aus zu sehen, und Ihre Beziehung wird sich verbessern.

18-21 Punkte: Sie kommunizieren recht gut mit Ihrer Partnerin, aber wie oben erwähnt, gibt es immer Raum für Verbesserungen.

Probleme im Schlafzimmer

Das Sexualleben ist ein anderes Problemfeld bei zwei mittleren Kindern, die sich in einer Ehe wiederfinden. Sie sagen sich nicht so leicht, was sie mögen und was sie nicht mögen, wenn es ums Ehebett geht. Und sie haben auch Probleme damit, ehrlich zu sein, was ihr Bedürfnis nach Intimität anbelangt.

Nehmen wir zum Beispiel Joe und Jodi, zwei mittlere Kinder, die am Freitag nacht miteinander im Bett liegen. Sie haben gerade das Licht gelöscht, und im Haus ist alles ruhig. Joe langt zu seiner Frau hinüber und tätschelt ihr die Hand. „Gute Nacht, Liebling."

Jodi drückt seine Hand und kuschelt sich an ihn. Er denkt: *Will sie es sich nur gemütlich machen, will sie mir sagen, daß sie mich liebt, oder hat sie etwas anderes im Sinn?*

Er tätschelt ihr noch einmal die Hand. „Wie geht es dir denn, Schatz?"

„Gut", kommt die Antwort. „Und dir?"

„Auch gut."

Es folgt eine Schweigeminute, weil jeder wartet, ob der andere noch etwas sagen will.

Joe räuspert sich. „Also, ich dachte gerade... weißt du... aber wenn du müde bist... naja, vielleicht..." Es ist schon komisch. Sie sind seit zehn Jahren verheiratet, und er bringt es immer noch nicht fertig, seiner Frau geradeheraus zu sagen, daß er mit ihr schlafen möchte.

Jodi sagt: „Nein, ich bin wirklich nicht müde. Ich fühle mich wohl. Und du?"

Ihr Mann antwortet: „Naja, ich hätte nichts dagegen... wir könnten ja noch ein bißchen... wenn es dir auch so geht."

Sie haben ihre Unterhaltung um elf Uhr begonnen, aber bis sie sich entschließen, ob sie sich lieben sollen oder nicht, ist es wahrscheinlich längst nach Mitternacht. Vielleicht schlafen sie mitten in ihrem Gespräch ein und kommen gar nie so weit.

Ich übertreibe natürlich, aber es ist wichtig für ein Ehepaar, sich über Sex zu verständigen.

Es ist wichtig, daß Frauen ihren Männern zu erkennen geben, wann sie „in der Stimmung" sind, wann sie zu müde sind usw., und das gleiche gilt für die Männer.

Manchmal kommt es vor, daß Paare, die über alles in der Welt miteinander reden können, größte Schwierigkeiten haben, den sexuellen Aspekt ihrer Beziehung zu diskutieren.

Ich schlage solchen Paaren immer vor, sich kleine Zettel zu schreiben.

Die Frau könnte ihrem Mann beim Abendessen einen Zettel unter den Teller schieben, auf dem steht: *Ich bin heute romantisch aufgelegt. Wir sehen uns um halb elf im Schlafzimmer.* Oder der Mann könnte seiner Frau einen Zettel zustecken mit der Aufschrift: *Du bist heute abend so schön, daß es mir den Atem verschlägt. Wie wäre es nachher mit einem kleinen Rendezvous?*

Egal, wie schwer es Ihnen fällt, Ihre Lust auf Ihren Partner zu äußern, aufschreiben können Sie es auf jeden Fall.

Natürlich sollte der Mann, der erwartet, daß seine Frau Lust hat, sich nachher mit ihm im Schlafzimmer zu treffen, auch schon während des Abends aufmerksam für ihre Bedürfnisse sein. Er kann sie nicht den ganzen Abend links liegen lassen und dann von ihr erwarten, daß sie sich in Paulina Passionata verwandelt, sobald er das Licht löscht.

Umgekehrt gilt das ganz genauso, und so kann die Frau, die den ganzen Abend lang an ihrem Mann herumnörgelt, nicht erwarten, daß er sie küssen und in seine Arme schließen wird, sobald sie miteinander im Bett liegen.

Aber mir geht es hier nicht so sehr darum, mittleren Kindern zu helfen, ihr Sexualleben zu verbessern, sondern vielmehr darum, ihnen zu zeigen, daß sie lernen müssen, ehrlich und offen miteinander zu kommunizieren. Wenn Sie Ihre wahren Gefühle vor Ihrem Partner verbergen, heißt das nicht, daß Sie selbstlos und gebend sind, denn wenn er Sie liebt, will er vor allen Dingen, daß Sie wirklich glücklich sind. Ihm zu verwehren, Sie glücklich zu machen, indem Sie ihm vorenthalten, was Sie wirklich wollen, ist wirklich in höchstem Maße egoistisch.

Das Zauberwort heißt Kommunikation

Wenn Sie ein mittleres Kind sind, das mit einem anderen mittleren Kind verheiratet ist, werden Sie wahrscheinlich Ihre Kommunikation miteinander verbessern müssen, ob nun im Schlafzimmer oder in irgendeinem anderen Bereich Ihrer Beziehung. Sie können dies tun, indem Sie die folgenden simplen Prinzipien beachten.

1. Reden Sie miteinander
Vereinbaren Sie, täglich eine halbe Stunde miteinander zu reden, bevor Sie zu Bett gehen.
Worüber sollen Sie reden? Das ist ganz und gar Ihnen überlassen. Worauf es ankommt, ist, daß Sie miteinander kommunizieren.

Sie können Probleme ansprechen, wenn Sie wollen, oder sich einfach erzählen, was am Tag so passiert ist.

Scheuen Sie sich nicht, über die banalsten Dinge zu reden, die an dem Tag vorgefallen sind, und seien Sie bereit, dem anderen zuzuhören, wenn er von seinem Tag erzählt. Wenn Sie einander von den kleinen Ereignissen erzählen, wie sie sich jeden Tag zutragen, werden Sie einander besser kennenlernen, und sie verbessern Ihre Kommunikationsfähigkeit.

Weiß Ihre Frau überhaupt, was Sie tagsüber in der Arbeit machen? Weiß sie, wie Sie von den Leuten denken, mit denen Sie zusammenarbeiten – kennt Sie die kleinen Ärgernisse, die Ihnen in die Quere kommen, oder die schönen Dinge, die Ihnen die Stimmung aufheitern?

Weiß Ihr Mann, was Sie tagsüber machen, wenn er nicht da ist? Erzählen Sie einander davon. Liebe heißt, daß es wichtig ist, diese Kleinigkeiten zu erfahren.

Was die Kunst der Gesprächsführung anbelangt, bin ich fest davon überzeugt, daß das Beste, was Sie tun können, ist, über den anderen zu reden – zeigen Sie Interesse für den anderen, und er wird Sie für einen brillanten Gesprächspartner halten. Es ist auch hilfreich, Interesse für die Dinge zu zeigen, die ihn interessieren.

Ist er zum Beispiel ein Fußballnarr? Warum werfen Sie nicht ab und zu einem Blick auf die Sportseite der Zeitung, um das eine oder andere zu erfahren, das gerade im Fußball passiert? Er wird angenehm überrascht sein, daß Sie sich die Zeit genommen haben, sich über etwas zu informieren, das ihn so brennend interessiert.

Nimmt sie starken Anteil an irgendeinem Lokalereignis, das Sie nicht interessiert? Lesen Sie etwas darüber, und entwickeln Sie Interesse dafür. Zeigen Sie ihr, daß Sie ihre Interessen ernst nehmen, und Ihre Beziehung wird davon profitieren.

2. Sagen Sie etwas über Ihre Beziehung

Es gibt eine Regel, und die lautet, daß jeder von Ihnen versuchen muß, wenigstens einen Kommentar – positiv oder negativ – über Ihre Beziehung abzugeben.

Zum Beispiel: „Liebling, als wir heute nach dem Abendessen noch am Tisch saßen und du meine Hand gestreichelt hast, fand ich das sehr schön. Manchmal zeigen mir diese kleinen Dinge, die du tust, daß du mich liebst, und ich wollte dir nur sagen, daß mir das gut gefällt."

Oder: „Weißt du, heute morgen bist du aus dem Haus gegangen, ohne mir einen Abschiedskuß zu geben. Das war irgendwie blöde für mich, denn es ist mir wichtig. Der Tag fängt für mich erst gut an, wenn du mir zeigst, daß du mich liebst."

Vielleicht wollen Sie dem anderen auch nur sagen, daß Sie ihn immer noch lieben, zum Beispiel: „Schätzchen, ich liebe dich und bin so froh, dich zu haben." Es braucht keine lange, detaillierte Diskussion der Beziehung zu sein, aber es muß etwas sein, das zum Ausdruck bringt, wie es Ihnen in der Beziehung gerade geht.

3. Wenn Sie es nicht sagen können, schreiben Sie es auf

Vielleicht fällt es Ihnen zunächst schwer, offen über Ihre Beziehung zu reden. Dann sollten Sie diese kleinen Gespräche durch kleine Notizen ersetzen.

Es sollte Ihnen beiden wichtig sein, den Gesprächsfaden nicht abreißen zu lassen, und deshalb sollten Sie aufschreiben, was Sie nicht direkt aussprechen können. Diese Botschaften sollten aber keine Schläge unter die Gürtellinie sein. Es besteht kein Grund, eklig zu werden. Wenn es ein Problem gibt, dann sollten Sie es so klar und so einfühlsam wie möglich sagen, und so wenig bedrohlich wie möglich.

4. Übertreiben Sie es nicht

Es ist zu beobachten, daß einige mittlere Geschwister von einem Extrem ins andere fallen. Zuerst fällt es ihnen schwer, ihre Gefühle überhaupt zu äußern. Doch dann, sobald sie einmal herausgefunden haben, daß es in Ordnung ist, eine Meinung zu haben, fangen sie an, zu allem und jedem eine Meinung zu haben. Und was für eine! Manchmal holen sie zu einem wahren Rundumschlag aus! Sie wollen nämlich nachholen, was sie in all den Jahren verpaßt haben, in denen sie aus Angst vor Konfrontation nicht wagten, ihre wahre Meinung zu sagen. Wenn es so weit kommt, müssen Sie sie bremsen und sagen: „Du kannst ruhig sagen, was du denkst, aber bitte nicht so brutal."

Die verschiedenen Typen unter den mittleren Geschwistern

Ich habe oben schon erwähnt, daß es schwer zu beschreiben ist, wie die „typische" Beziehung zwischen zwei mittleren Kindern aussieht. Zum Teil liegt das daran, daß es fast so viele Typen von mittleren Kindern gibt wie Sterne am Himmel.

Das kommt daher, daß es so unterschiedliche Familienkonstellationen gibt. Nehmen wir eine Familie mit acht Kindern. Es ist möglich, wenn auch nicht wirklich wahrscheinlich, daß die Kinder, die an zweiter bis siebter Stelle geboren wurden, alle dem Typ des mittleren Kindes entsprechen. Gleichzeitig hätte jedes einzelne völlig unterschiedliche Einflüsse erfahren. Das zweite Kind wäre sehr stark von der Persönlichkeit des ersten beeinflußt worden, das dritte gleichermaßen von der des ersten und des zweiten und so fort.

Und dann gibt es mittlere Jungen, die nur Brüder hatten, mittlere Mädchen, die nur Schwestern hatten, aber auch mittlere Kinder, die nur andersgeschlechtliche Geschwister hatten.

Verschiedene Untersuchungen haben ergeben, daß diejenigen Ehen die größten Erfolgsaussichten haben, in denen beide Partner andersgeschlechtliche Geschwister hatten, und das trifft auch auf Ehen zu, in denen beide Partner mittlere Kinder sind. Denn wenn dies der Fall ist, sind beide Partner daran gewöhnt, von Personen des anderen Geschlechts umgeben zu sein. Er und sie haben gelernt, daß die Geschlechtsunterschiede nicht nur auf die Anatomie beschränkt sind, und beide sind in der Lage, die Verhaltensweisen und psychischen Bedürfnisse des anderen Geschlechts besser zu verstehen.

Wenn Ihr Mann oder Ihre Frau ein mittleres Kind ist, und Sie ihn oder sie besser verstehen wollen, sollten Sie sich einmal die Geschwister ganz genau ansehen, insbesondere die älteren. Denken Sie aber daran, daß ein Mädchen, das als zweites Kind nach einem Jungen zur Welt kam, möglicherweise die Eigenschaften einer Erstgeborenen entwickelt anstelle derer eines mittleren Kindes, obwohl es höchstwahrscheinlich eine Mischung aus beiden sein wird. Dasselbe gilt natürlich für einen Jungen, der das zweite Kind der Familie nach einer älteren Schwester ist.

Erinnern Sie sich an das, was wir weiter oben schon gesagt haben, daß nämlich ein mittleres Kind sich oft in krassem Gegensatz zum ersten entwickelt, um Konflikten und direktem Wettbewerb aus dem Weg zu gehen. Wenn das erste Kind zum Beispiel ein As in der Schule ist, dem keine Aufgabe zu schwer sein kann, wird das mittlere wahrscheinlich die Schule schleifen lassen und sich statt dessen in Sport, Musik oder Clownerie hervortun. Wenn es das Gefühl hat, mit dem Erstgeborenen nicht auf einer Ebene konkurrieren zu können, wird es seinen eigenen Weg zum „Erfolg" finden, und wenn der auch nur darin bestehen sollte, der Beste im Schlechtesten zu sein. (Denn dann ist es zumindest zu etwas gut.)

All diese Faktoren spielen bei der Persönlichkeitsbildung des mittleren Kindes eine Rolle, weshalb es so große Unterschiede zwischen den einzelnen Ehen gibt, in denen beide Partner mittlere Geschwister sind.

Lassen Sie uns einen Blick auf die verschiedenen Ehekonstellationen werfen:

Frau: zweites Kind – Mann: zweites Kind

Wie es in so einer Ehe aussieht und wie gut sie hält, hängt in hohem Maße davon ab, ob die beiden hier zur Diskussion stehenden Zweitgeborenen viele Eigenschaften eines Erstgeborenen besitzen. Man könnte es bei diesem Paartyp mit zwei willensstarken, wettbewerbsorientierten Menschen zu tun haben, oder mit zwei zurückhaltenden Charakteren, die immer einen Schritt zurücktreten, um dem anderen die Verantwortung zu überlassen. In beiden Fällen sind Kommunikationsbereitschaft und Kompromißfähigkeit gefragt.

Frau: zweites Kind – Mann: spätergeborenes Kind

Die Frau kann als Zweitgeborene die Energie und Entschlußkraft haben, die normalerweise für Erstgeborene charakteristisch sind. Ihr Mann kann sie zur Verzweiflung treiben, denn aufgrund seiner Geschwisterposition ist er es gewohnt, im Schatten zu stehen, und fühlt sich dort recht wohl. Sie kann aber auch ganz froh darüber sein, daß ihr Mann sie normalerweise das letzte Wort haben läßt. Ich kann nicht mit Bestimmtheit sagen, daß es daran liegt, aber jedenfalls ist festzustellen, daß Männer mit mehreren älteren Geschwistern relativ gesehen eine niedrigere Scheidungsrate haben als andere Konstellationstypen.

Mann: zweites (oder späteres) Kind mit älterer Schwester (älteren Schwestern) – Frau: spätergeborenes Kind
Das ist eine recht gute Verbindung. Der Mann wird wahrscheinlich ehrgeiziger sein und eher dazu bereit, die Rolle des Familienoberhaupts zu übernehmen, während die Frau in dieser Konstellation gerne dazu bereit ist, ihn genau das tun zu lassen. Bei diesem Paartyp wird man es kaum mit zwei Rechthabern zu tun haben, aber auch nicht mit zwei Leuten, die total davor zurückschrecken, Verantwortung zu übernehmen und Farbe zu bekennen.

Frau: spätergeborenes Kind – Mann: spätergeborenes Kind
Beide Partner in so einer Ehe werden wahrscheinlich eine gute Portion Selbstbehauptungstraining brauchen. Keiner von beiden wird großes Interesse daran haben, Verantwortung zu übernehmen, und beide werden sich scheuen, ihre eigene Meinung zu äußern. Das größte Problem bei diesem Paartyp besteht darin, eine funktionstüchtige Kommunikation herzustellen und zu entscheiden, wer welche Aufgaben in der Familie übernehmen wird.

Ich muß feststellen, daß wir gerade nur ansatzweise ergründet haben, welche Eigenschaften typisch für das mittlere Kind sind, und wie diese Eigenschaften sich in einer Liebesbeziehung ausmachen. Aber bleiben Sie dran, denn als nächstes werden wir einen genaueren Blick darauf werfen, wonach das mittlere Kind Ausschau halten sollte, wenn es um eine dauerhafte Beziehung geht, und dann werde ich, genau wie ich es bei den Erstgeborenen getan habe, den mittleren Kindern ein paar handfeste Ratschläge geben, wie sie zum Detektiv in Sachen Liebe werden können.

Paar-Kombinationen aus mittleren Kindern und Ihre Charakteristika

Frau zweites Kind   PLUS   Mann zweites Kind

Beide könnten willensstarke, wettbewerbsorientierte Menschen sein oder zurückhaltende Charaktere, die dem anderen die Verantwortung überlassen.

Frau zweites Kind   PLUS   Mann spätergeborenes Kind

Die Frau könnte energisch und entschlossen sein, während ihr Mann lieber im Schatten steht.

Mann spätergeborenes Kind mit   PLUS   Frau spätergeborenes Kind
älterer Schwester

Der Mann ist wahrscheinlich ehrgeiziger und eher dazu bereit, die Rolle des Familienoberhaupts zu übernehmen. Die Frau fühlt sich wohl dabei, scheut aber nicht davor zurück, Verantwortung zu übernehmen oder ihre Meinung zu äußern.

Frau spätergeborenes Kind   PLUS   Mann spätergeborenes Kind

Wahrscheinlich wird keiner von beiden daran interessiert sein, Verantwortung zu übernehmen, und beide werden sich scheuen, ihre eigene Meinung zu äußern.

Übungen für mittlere Kinder

1. Üben Sie, ehrlich und prägnant auszudrücken, was Sie denken.

2. Schreiben Sie jeden Abend all die Dinge auf, die Sie getan haben, aber nicht tun mußten und wirklich nicht tun wollten. Achten Sie darauf, daß diese Liste jeden Tag etwas kürzer wird.

3. Befassen Sie sich damit, sich selbst kennenzulernen. Fragen Sie sich, was Sie wirklich von bestimmten Dingen halten und wie stark Ihre Einstellungen zum Leben von den Erwartungen, Vorlieben und Abneigungen anderer geprägt sind.

4. Fragen Sie sich, wie viele der Kompromisse, die Sie eingehen, eigentlich unnötig sind.

5. Stellen Sie eine Liste mit den Persönlichkeitsmerkmalen auf, die Sie für andere attraktiv machen.

6. Können Sie einige Punkte nennen, wie Sie versuchten, als Kind in der Familie Ihr eigenes Terrain abzustecken? Versuchten Sie zum Beispiel, wenn Ihr älterer Bruder in Mathe und Basketball brillierte, in Physik und Fußball herauszustechen?

7. Suchen Sie aus den alten Fotoalben der Familie die Bilder heraus, auf denen Sie ohne die anderen zu sehen sind. Die drei oder vier Fotos, die Sie finden, können Sie sich dann rahmen und an die Wand hängen.

Das mittlere Kind nimmt sich einen Partner

Es ist nicht leicht, in der Mitte zu sein.
Sind Sie schon einmal auf ein wunderschönes Gedicht gestoßen,
das Sie wirklich in der Seele berührte? Vielleicht haben Sie es
ein oder zweimal gelesen, um all die schönen Worte in sich ein-
sinken zu lassen, und dann nachgesehen, wer es denn geschrie-
ben hat.

Aber da stand nur „unbekannter Dichter".
Die Wahrscheinlichkeit, daß der Dichter ein mittleres Kind war,
ist groß, und wie die meisten Mittleren fand er nie Lob oder
Anerkennung, was immer er auch tat!
Ich mache natürlich nur Spaß, aber es scheint das Los der mittleren Kinder zu sein, im Schatten zu stehen, verloren im Nie-
mandsland der Anonymität. Das ist allerdings nicht immer das
Schlechteste, denn mittlere Kinder bekommen nicht soviel Druck
von ihren Eltern wie die Erst- und Letztgeborenen.
Das älteste Kind steht unter Druck, ganz einfach, weil es das
älteste ist und man von ihm erwartet, daß es den jüngeren
Geschwistern ein Vorbild ist. Das jüngste Kind steht unter Druck,
weil es das letzte ist und man von ihm erwartet, daß es den älteren Geschwistern in nichts nachsteht. Auch die Einzelkinder, die
ja ältestes und jüngstes Kind in einem sind, stehen unter Druck,
ganz einfach, weil sie mehr auffallen, da sie im Familienzoo eine
einzigartige Stellung einnehmen.
Aber während diese Kinder am stärksten unter Druck stehen,
bekommen sie auch die meiste Aufmerksamkeit und Anerkennung.

Welche drei Wörter hört das mittlere Kind am häufigsten, während es heranwächst?

„Wie schön, Schatz."

Zum Beispiel:

„Mutti, ich habe lauter Einser."

„Wie schön, Schatz."

„Vati, ich habe die Hauptrolle in unserem Theaterstück bekommen."

„Wie schön, George." (George Bush ist ein mittleres Kind.)

„He, Mom und Dad, ich bin gerade zum Präsidenten der Vereinigten Staaten gewählt worden!"

„Wie schön, Schatz."

Die meisten mittleren Kinder sind Seelenverwandte von Rodney Dangerfield (Rodney Dangerfield ist ein Komödiant, der ständig sagt, daß man ihm keinen Respekt entgegenbringt). Sie bekommen einfach keinen Respekt! Und so scheint es auch zu sein, wenn es um die Ehe geht. Im Zusammenhang mit Erst- und Letztgeborenen haben wir so einiges über die Ehe gesagt. Aber wie ist es um das mittlere Kind bestellt?

Wir haben schon gesehen, daß die Ehe von zwei mittleren Kindern leicht in Schwierigkeiten kommen kann, weil sie zu kompromiß- und verhandlungsorientiert sind und dazu neigen, ihre wahren Gefühle für sich zu behalten.

Es stimmt zwar, daß in einer erfolgreichen Ehe jeder der Partner immer wieder bereit sein muß, Kompromisse einzugehen, zu verhandeln und seine eigenen Bedürfnisse zurückzustellen, um den anderen zufriedenzustellen. Wenn man aber zwei mittlere Kinder zusammensteckt, kann es leicht passieren, daß sie vor lauter Kompromißbereitschaft das Leben aus ihrer Beziehung hinausverhandeln.

Was können wir aus all dem schließen? Wenn die Kombination aus Erst- und Letztgeborenem sich am besten für eine Ehe eignet, und wenn die Verbindung von zwei mittleren Kindern nicht die beste auf der Welt ist, dann gibt es keinen Platz für die Mittleren, oder?

Die Wahrheit ist, daß Sie den Statistiken zufolge als mittleres Kind mit größerer Wahrscheinlichkeit eine glückliche Ehe führen werden als Ihr älteres oder jüngeres Geschwister.

Ich habe oben schon erwähnt, daß fünfzig Prozent der Ehen in den Vereinigten Staaten mit Scheidung enden. Allerdings haben verschiedene Studien nachgewiesen, daß die Scheidungsrate bei Paaren, wo zumindest einer der Partner ein mittleres Kind ist, viel niedriger ist als bei anderen Paaren. Alles in allem bleiben mittlere Kinder also meist verheiratet, wenn sie einmal verheiratet sind. Zweifellos ist das auf die Fähigkeit des mittleren Kindes, zu verhandeln und Kompromisse zu schließen, zurückzuführen.

Sie sehen also, daß das mittlere Kind im Vergleich zu den anderen Konstellationstypen Monogamie und Treue am größten schreibt.

Wenn Sie also jemanden suchen, der zuverlässig und treu ist, dann können Sie nichts Besseres tun, als nach einem mittleren Kind Ausschau zu halten. (Natürlich sollten Sie dabei nicht vergessen, daß dies zwar das Ergebnis der Untersuchungen war, Ihnen aber niemand garantieren kann, daß alle mittleren Kinder treu sind, genausowenig, wie man behaupten könnte, daß alle Erstgeborenen oder Einzelkinder zu Seitensprüngen neigen. Wie jemand sich in seinem Sexualleben verhält, hängt nicht nur von seinem Platz in der Geschwisterreihe ab, sondern auch von seiner Erziehung und den Moralvorstellungen, die seine Eltern ihm vermittelt haben. Dennoch: Suchen Sie sich ein mittleres Kind, das in einer sehr moralischen Familie aufgewachsen ist, und Sie haben einen Kandidaten für die Heiligsprechung an Ihrer Seite!)

Die zwei Stämme von mittleren Kindern

Grob gesehen lassen sich die mittleren Kinder in zwei Hauptgruppen einteilen, die wir zum Zwecke unserer Diskussion als „frühe mittlere Kinder" und „spätere mittlere Kinder" bezeichnen wollen.

Man könnte meinen, daß ein frühes mittleres Kind dem Erstgeborenen sehr ähnlich wäre, und ein späteres mittleres Kind viele Eigenschaften des Letztgeborenen besäße – aber dem ist nicht zwangsläufig so. Das Gegenteil könnte sogar der Wahrheit näher kommen.

Das frühe mittlere Kind steht dem Erstgeborenen vielleicht zu nahe, um viele seiner Persönlichkeitsmerkmale anzunehmen. Es reagiert mit größerer Wahrscheinlichkeit auf seinen älteren Bruder oder seine ältere Schwester, indem es einen ganz anderen Lebensstil wählt. Das spätere mittlere Kind hingegen ist einen Schritt weiter vom Erstgeborenen entfernt und steht wahrscheinlich stärker unter dem Einfluß des frühen mittleren Kindes.

Nehmen wir an, daß die Johnsons vier Kinder haben, vier Mädchen. Die Älteste ist eine ausgezeichnete Schülerin, die kaum ein Zeugnis nach Hause bringt, in dem nicht lauter Einser stehen. Außerdem ist sie eine hervorragende Musikerin.

Die Zweite, das frühe mittlere Kind also, hat schnell gelernt, daß sie mit ihrer Schwester schulisch und musikalisch nicht konkurrieren kann, also versucht sie, sich Aufmerksamkeit zu verschaffen, indem sie eine tolle Sportlerin wird. Sie ist die beste Fußball- und Softballspielerin weit und breit, aber in der Schule kommt sie nur gerade so mit.

Bis die dritte Tochter in die erste Klasse kommt, ist ihre älteste Schwester schon in der sechsten, sie fühlt sich also nicht mehr so dem direkten Vergleich ausgesetzt wie ihre Vorgängerin. Es kann also leicht sein, daß die dritte Tochter eine genauso eifrige Schülerin wird wie die erste. Es ist durchaus möglich, daß sie der Ältesten in vieler Hinsicht nachschlägt. Es stimmt nämlich nicht, daß ein Kind, je weiter unten es in der Geschwisterreihe steht, sich immer weiter vom Typ des Erstgeborenen entfernt und dem des Letztgeborenen immer ähnlicher wird.

Wenn ich von frühen mittleren Kindern rede, meine ich damit hauptsächlich die zweiten, obwohl man in sehr großen Familien auch noch später geborene mit einbeziehen könnte.

Es ist ziemlich einfach, die Persönlichkeitsmerkmale zu verstehen, die ein frühes mittleres Kind aufgrund seiner Geschwisterposition entwickelt hat. Im Grunde brauchen Sie nur einen Blick auf das erstgeborene Kind zu werfen und dann ein paar Augenblicke lang Papi und Mami zu betrachten, um eine ziemlich gute Vorstellung davon zu bekommen, wie dieses mittlere Kind sich verhalten wird und warum.

Wem das spätere mittlere Kind nachschlägt, ist nicht so leicht auszumachen. Das liegt daran, daß so viele Einflüsse auf es einwirken. Jedes seiner älteren Geschwister hat in irgendeiner Weise auf es eingewirkt, obwohl man im allgemeinen davon ausgehen kann, daß das unmittelbar vorangehende Kind den größten Einfluß gehabt hat.

Nehmen wir zum Beispiel an, daß ein Mittlerer hauptsächlich von seinem älteren Bruder beeinflußt wurde, der so kompromißlos und ehrgeizig ist, daß Donald Trump im Vergleich dazu faul erscheint. Wie Wasser, das den Weg des geringsten Widerstands nimmt, wird er unkompliziert, locker und wahrscheinlich ziemlich weltfremd sein.

Als Ehefrau eignet sich für ihn am besten eine energische Erstgeborene. Er braucht jemanden, der ihm hin und wieder den Kopf zurechtrückt, damit er erkennt, daß man nicht durchs Leben kommt, wenn man nicht wenigstens ab und zu ein wenig Ehrgeiz an den Tag legt. Sollte er eine lebenslustige Letztgeborene heiraten, sind die Probleme schon vorprogrammiert. Ihre Ehe wird so ähnlich verlaufen wie die von zwei Letztgeborenen, die gut gelaunt aufs Armenhaus zusteuern.

Wenn sein Bruder jedoch ein Gefalltyp war, der gar nicht genug tun konnte, um die Zustimmung anderer zu erwerben, dann wird der Mittlere eher aggressiv und kühn sein, also die Sorte Mensch, die eher nimmt als gibt, und jemand, der keinen Tanzboden braucht, um anderen auf die Zehen zu treten.

Wenn so jemand eine kompromißlose Erstgeborene heiratet, kommt eine Beziehung dabei heraus, die an eine Dauervorstellung vom *Kampf der Giganten* erinnert.

Was er als Ergänzung braucht, ist die lebenslustige Einstellung des Letztgeborenen.

Wir wollen jetzt einige der Charakteristika betrachten, die „typisch" für mittlere Kinder zu sein scheinen, und untersuchen, welche Bedeutung sie für eine eventuelle Ehe haben. Wir haben schon des öfteren erwähnt, daß mittlere Kinder gut zum Verhandeln und Kompromisseschließen geeignet sind. Aber lassen Sie uns nun einige ihrer anderen Wesenszüge betrachten, wobei man nicht vergessen sollte, daß nicht jeder all diese Eigenschaften besitzt (manche sind ja auch diametral entgegengesetzt).

Mittlere Kinder
1. lassen ihre Persönlichkeit von anderen bestimmen
2. fühlen sich von ihren Geschwistern eingeklemmt und eingezwängt
3. leiden unter dem Syndrom des „Sandwich-Kindes"
4. fühlen sich anderen unterlegen
5. sind ausgesprochen loyal
6. sind wettbewerbsorientiert

Zugegebenermaßen erscheinen manche dieser Eigenschaften als
positiv und andere als negativ, aber ich möchte sie als neutral
betrachten, und fast alle können sich positiv auf eine Liebesbeziehung auswirken.
Wir wollen sie nacheinander betrachten.

1. Sie lassen Ihre Persönlichkeit von anderen bestimmen
Ich möchte nicht immer wieder in dieselbe Kerbe schlagen, aber
es stimmt wirklich, daß sich sehr viele mittlere Kinder anonym
vorkommen. Nicht nur, daß andere nicht wüßten, wer sie sind
und was sie wollen, sie scheinen es selbst nicht zu wissen.
Das mittlere Kind hat meist Unmengen von Freunden, und das ist
gut so. Aber andererseits steht es eher als andere unter Gruppenzwang. Es definiert sich über die Einstellungen und die Persönlichkeit seiner Freunde.
Einer meiner Bekannten konnte nicht verstehen, daß seine mittlere Tochter im Teenyalter zum begeisterten Punk wurde. Sie zog
nur noch schwarze Kleidung an, rasierte sich den Kopf entsprechend, schrieb Gedichte über Tod und Zerstörung und benahm
sich im allgemeinen so, als ob sie nur auf Urlaub von ihrem Hei-
matplaneten Pluto auf Erden sei. Mochte das Mädchen Punkmu-
sik? Nein. Dachte es, daß schwarz ihm gut steht? Nein. Dachte es
wirklich nur noch ans Sterben? Nein. Aber es ließ seine Persönlichkeit in all diesen Punkten von einer Gruppe von Punkerfreun-
den definieren. Als mittleres Kind war dieses Mädchen besonders anfällig für Gruppenzwang. Und ein mittleres Kind, das
nicht genau weiß, wer es ist, wird seine Persönlichkeit aller
Wahrscheinlichkeit nach von seinem späteren Lebenspartner formen lassen.

In den sechziger Jahren hatte die Rockgruppe *American Breed* einen Hit mit dem Titel „Bend Me, Shape Me". Der Refrain lautete: „Bend me, shape me any way you want me. Long as you love me, it's all right" („Biege mich, forme mich, so wie du willst. Solange du mich liebst, ist es in Ordnung.")

Dieser Song könnte die Hymne des mittleren Kindes sein, das nicht genau weiß, wer es ist und was es sich vom Leben erwartet. So ein mittleres Kind ist die ideale „Beute" für einen kompromißlosen Erstgeborenen, der keine Minute zögern würde, um einem anderen zu sagen, wie er sein Leben führen soll. Damit will ich nicht sagen, daß so ein mittleres Kind nicht einen zielstrebigen Erstgeborenen heiraten sollte, doch bevor es dies tut, sollte es sich selbst erst einmal kennenlernen und herausfinden, wer es ist.

Ich weiß, daß eine der schwierigsten Sachen auf der Welt ist, sich ein zutreffendes Bild von sich selbst zu machen, aber man sollte wissen, wer man ist, und das kann man so herausfinden:

- Machen Sie eine Liste mit Ihren Stärken und Schwächen.
- Schreiben Sie die zehn Dinge auf, die Sie im Leben am liebsten tun würden.
- Überlegen Sie sich, was Ihnen wirklich Spaß macht und was Ihnen überhaupt keinen Spaß macht.
- Schreiben Sie die Namen Ihrer fünf engsten Freunde auf und überlegen Sie, warum Sie sich zu ihnen hingezogen fühlen.
- Betrachten Sie Ihre Familie einmal ganz genau, um zu sehen, wie Sie sich dort einfügen: Welche Erwartungshaltung haben die anderen Familienmitglieder Ihnen gegenüber? (Darauf komme ich gleich noch zurück.)
- Vertiefen Sie sich eine Zeitlang in Ihre eigenen Gedanken, fern vom Einfluß anderer.

Die meisten von uns haben ein recht positives Bild von sich selbst. Wir sehen uns als zuvorkommende, gütige, freigebige Menschen, und wir sind uns ziemlich sicher, daß die meisten Leute uns mögen. Selbst die meisten Leute, die ein zu geringes Selbstwertgefühl haben, wissen, daß sie ganz tief in ihrem Inneren gute Menschen sind. Sie fühlen sich vielleicht in gewisser

Hinsicht inkompetent und unfähig, dennoch zweifeln sie nicht daran, daß sie von Natur aus gut sind.

Es ist jedoch wichtig, ein realistisches Bild von sich selbst zu haben, besonders, wenn man ans Heiraten denkt. Sie sollten nicht nur wissen, worauf sich Ihr künftiger Lebenspartner einstellen muß, es wäre auch gar nicht so schlecht zu wissen, was für ein Typ von Mensch Sie am glücklichsten machen wird.

Es ist nicht ganz einfach, Abstand von sich zu nehmen und zu sagen: „Ich muß feststellen, daß ich das Leben zu ernst nehme. Ich sollte etwas langsamer machen und mich ab und zu mal amüsieren."

Genausowenig wird sich jemand, der nur für den Augenblick lebt, die Zeit nehmen, sein Leben zu analysieren und zu dem Schluß kommen: „So kann ich nicht weiterleben. Ich muß etwas aus mir machen, bevor es zu spät ist."

Aber wenn Sie wirklich eine erfolgreiche Ehe – und ich gehe so weit zu sagen: ein erfolgreiches Leben – haben wollen, dann müssen Sie einfach einmal Inventur mit sich selbst machen.

Wenn Sie ein mittleres Kind sind, nehmen Sie sich die Zeit, über die Kräfte nachzudenken, die Sie geformt und zu dem Menschen gemacht haben, der Sie heute sind, und das heißt in erster Linie über Ihre Familie.

Sehen Sie sich Ihre Eltern einmal gründlich an, wobei Sie den gegengeschlechtlichen Elternteil am genauesten unter die Lupe nehmen sollten. Stellen Sie sich Fragen wie:

- Welche Lebenseinstellung versuchten meine Eltern mir zu vermitteln?
- Gab mir mein Vater (meine Mutter) Unterstützung und Hilfe, oder fand er (sie) an allem, was ich tat, etwas auszusetzen?
- Welchen Charakterzug meines Vaters (meiner Mutter) möchte ich am liebsten auch haben?
- Welchen Charakterzug möchte ich auf keinen Fall haben?
- Was sind die wichtigsten Dinge, die ich von meinen Eltern gelernt habe?
- Worin bin ich meinem Vater (meiner Mutter) am ähnlichsten?
- Worin bin ich meinem Vater (meiner Mutter) am wenigsten ähnlich?

Sobald Sie eine derartige Bestandsaufnahme mit Ihren Eltern gemacht haben, tun Sie dasselbe mit Ihren älteren Geschwistern. Dabei werden Sie nicht nur Dinge über Ihre Geschwister entdecken, die Ihnen noch nie aufgefallen waren, sondern auch so einiges über sich selbst lernen.

Aber ich will es noch einmal sagen: Der Schlüssel zu einem besseren Verständnis Ihres Partners und dadurch zu einer glücklicheren Ehe ist, zunächst einmal sich selbst zu verstehen.

Ich erinnere mich an eine Frau, die eine verblüffende Entdeckung über sich selbst machte, während sie ihrer fünfjährigen Tochter beim Spielen zusah. Eines Tages ging sie in das Zimmer ihrer Tochter, um ein paar Sachen in den Schrank zu räumen, die sie gerade aus dem Trockner genommen hatte. Die Tochter spielte gerade mit ihrer Puppe, die sie zum Füttern in ihr Stühlchen gesetzt hatte.

„Wie oft muß ich dir noch sagen, daß du dein Frühstück essen sollst. Jetzt aber ein bißchen plötzlich!" Sie sagte das mit so einem ernsten, drohenden Unterton in der Stimme, daß Mutti unwillkürlich lachen mußte. Aber ihr blieb das Lachen im Halse stecken, als ihre Tochter nicht aufhörte, mit der Puppe zu schimpfen: „Du bist ein böses kleines Mädchen. Mach nur so weiter, und es setzt was. Willst du, daß ich dir den Hintern versohle?"

An den folgenden Tagen paßte Mutti immer genau auf, wenn das kleine Mädchen mit der Puppe spielte, und es bot sich ihr das immer gleiche Bild: Klein Nicole sprach nur mit erhobenem Zeigefinger zu ihrer Puppe, sagte ihr, was für ein böses Kind sie sei und drohte ihr Schläge an. Woher hatte Nicole das nur? Es gab nur eine Möglichkeit: von ihrer Mutter.

Bittere Tränen stiegen in Muttis Augen auf, als sie erkannte, daß sie ihre kleine Tochter fast genauso behandelte wie diese ihre Puppe. Vorher war ihr das nie zum Bewußtsein gekommen, aber Nicole gab nur die überkritische, nörglerische Art weiter, die sie von ihren eigenen Eltern übernommen hatte. Jetzt schimpfte sie nur mit ihrer Puppe, aber ihre Mutter war klug genug zu erkennen, daß sie in ein paar Jahren ihre eigene Tochter ganz genauso behandeln würde.

Mutti erkannte auch, daß sie ihren Mann fast genauso schlecht behandelte wie ihre Tochter. Es war schrecklich, auf solche Art einen Spiegel vorgehalten zu bekommen, und sie schloß sich im Schlafzimmer ein und weinte fast eine Stunde lang. Aber sie faßte auch den Entschluß, sich künftig erst einmal auf die Zunge zu beißen und nachzudenken, bevor sie etwas sagte, und es nicht gleich wütend herauszuschleudern.

Zur Verteidigung der Mutter muß ich sagen, daß sie nur das Muster, das ihre Eltern geformt hatten, fortführte.

Diese Frau mußte nicht nur sich selbst verzeihen, wie sie ihre Tochter behandelt hatte, und den Entschluß fassen, das Mädchen nicht mehr so zu behandeln, sie mußte auch die Beziehung mit ihrer eigenen Mutter betrachten und auch dort verzeihen.

Während meiner zwanzigjährigen Praxis, in der ich im stillen Kämmerlein saß und Hunderte, wenn nicht Tausende von Leben zu ordnen versuchte, hat mich immer wieder erstaunt, daß so viele von uns in einer Umgebung aufgewachsen sind, die alles andere als gesund und normal war. Es kann also leicht sein, daß Ihnen so einiges widerfahren ist und Sie so einige psychische Beulen und Kratzer abbekommen haben. Wenn man das erkennt, geht heutzutage die Tendenz dazu, wütend zu werden und diese Wut auf die Eltern abzuladen, die mit sehr wenig Ausbildung und Sachverstand versucht haben, die schwierige Aufgabe der Elternschaft so gut zu bewältigen, wie sie konnten. Der Schlüssel zu Glück und Wohlbefinden liegt jedoch nicht darin, auf Ma und Pa herumzuhacken, sondern darin, ihnen zu verzeihen und sein eigenes Leben in die Hand zu nehmen.

Schauen Sie sich Ihre Eltern einmal genau an, und es kann leicht sein, daß Sie in einen Spiegel schauen – wie unscharf oder verzerrt das Spiegelbild auch sein mag. Das heißt nicht, daß Sie dazu verdammt sind, in die Fußstapfen Ihrer Eltern zu treten, und Sie nichts daran ändern können. Aber es kann sein, daß Sie, ohne sich dessen bewußt zu sein, zum Teil dieselben Fehler wiederholen, die Ihre Eltern gemacht haben, und der erste Schritt zu einer erfolgreichen Veränderung besteht darin, zu erkennen, daß sich etwas ändern muß.

Ein Freund erzählte mir einmal von einem schockierenden Erlebnis der Selbsterkenntnis, das er hatte, als er an einem heißen Julinachmittag mit seinen Kindern im Schwimmbad war. Er ging mit seinen Kindern zu einem Stand, um Eis zu kaufen. Dort trug sich, wie er erzählte, folgendes zu: „Mein Blick fiel auf einen dicken Kerl in Badehose. Mein erster Gedanke war: Junge, dem würde eine Abmagerungskur nicht schaden, und dann kam mir ein schrecklicher Gedanke. Ich ging ein paar Schritte zurück, und tatsächlich: Was ich gesehen hatte, war mein eigenes Spiegelbild im Fenster des Eisstandes."

Ein unangenehmes Erlebnis! Aber es gelang meinem Freund, diesem peinlichen Zwischenfall etwas Positives abzugewinnen. Nachdem er sein Bestes getan hatte, für den Rest des Tages den Bauch einzuziehen, ging er nach Hause, entschlossen, beim Essen vernünftiger zu sein und ein regelmäßiges Training zu beginnen – was er beides bitter nötig hatte.

Was für ein Mensch sind Sie mittleres Kind also? Niemand kann diese Frage besser beantworten als Sie selbst. Aber Sie müssen einmal einen langen, ehrlichen Blick in den Spiegel werfen. Vielleicht sehen Sie dort eine nörglerische Frau, mit der zusammenzusein kein Vergnügen ist, aber wenn es das ist, was Sie sehen, dann seien Sie dankbar, daß Sie etwas über sich gelernt haben und daran arbeiten können, es zu verändern. Vielleicht sehen Sie einen dicken Mops in Badehose, aber auch dann können Sie etwas ändern.

2. Sie fühlen sich von Ihren Geschwistern eingeklemmt und eingezwängt

Es ist nicht schwer zu verstehen, warum sich das mittlere Kind eingeklemmt vorkommt. Es ist immer von anderen umgeben, zu Hause, in der Schule, wo immer es hingeht. In gewisser Weise wird es immer mit seinen Geschwistern verglichen, und es kann nie einfach „es selbst" sein.

Was passiert, wenn das mittlere Kind, das sich in frühen Jahren immer eingezwängt fühlte, erwachsen wird? Es hat das Gefühl, daß es nie ein Individuum sein durfte. Es war immer nur ein Rädchen im Familiengetriebe, war immer ziemlich anonym, bekam nie die Aufmerksamkeit, die das Älteste oder Jüngste erfuhr, durfte nie richtig glänzen. Sie können sicher sein, daß es sich als Erwachsener gegen die Rolle auflehnen wird, in der es die ganze Zeit steckte. So kann ein Freigeist aus ihm werden, der die Tradition mißachtet und alles anders machen will. Das kann sehr gut sein, wenn es die richtigen Kanäle für seine rebellische Art findet. Es kann kreativ und spontan sein, und das ist sicher nicht verkehrt.

Aber es kann zu Problemen kommen, wenn es jemanden heiratet, der sich genauso verhält, egal, ob das auch ein mittleres Kind ist oder ein Letztgeborenes.

Das freigeistige mittlere Kind wird das nicht gerne hören, aber sein idealer Partner ist jemand, der es ein wenig zügelt. Im allgemeinen wäre das ein Erstgeborenes, das weiß, daß es ganz ohne Regeln und Vorschriften nicht geht, oder zumindest, daß es unangenehme Konsequenzen hat, wenn man diese Regeln und Vorschriften ignoriert.

Das mittlere Kind, das sich an seinem Platz in der Familie eingezwängt fühlte, wird wahrscheinlich gegen jede Art von äußerem Druck allergisch sein. Aber wenn der 31. Mai herannaht, täte er besser daran, den Druck, der vom Finanzamt kommt, nicht zu ignorieren. Was Sie brauchen, wenn Sie erkennen, daß Sie eines dieser freigeistigen mittleren Kinder sind, ist jemand, der sanften Druck auf Sie ausübt und sein Bestes tut, Sie auf dem Pfad der Tugend zu halten.

Ich weiß, daß das ein extremes Beispiel ist, aber kürzlich traf ich eine Frau, die eine sehr schmerzhafte Entdeckung gemacht hatte. Genauer gesagt, nicht sie machte diese Entdeckung, sondern das Finanzamt. Demnach hatte ihr Mann in den letzten zehn Jahren nicht einen Cent Einkommensteuer gezahlt. Warum nicht? Er hatte keine Erklärung dafür, denn er hätte die Steuer leicht jedes Jahr abführen können. Aber zusammen mit dem Bußgeld und den Zinsen hatte er jetzt eine Steuerschuld von fast hunderttausend Dollar, und das würde nicht so leicht aufzubringen sein.

Ich habe auch keine Erklärung für sein Verhalten, außer, daß er ein mittleres Kind ist und jegliche Art von Autorität und Druck verabscheut. Was für ein Pech, daß er seinen Protest auf diese Weise zeigen mußte! Jetzt bereut seine Frau, sich nicht stärker um die Dinge gekümmert und ihn veranlaßt zu haben, das zu tun, was von ihm erwartet wird.

3. Sie leiden unter dem Syndrom des „Sandwich-Kindes"

Das mittlere Kind, das darunter leidet, daß es anscheinend von niemandem so richtig beachtet wurde, ist ein „Sandwich-Kind". Wie die meisten mittleren Geschwister mag es eine große Freundesschar haben, aber die meisten dieser Beziehungen werden oberflächlich sein. Es vertraut anderen nicht ausreichend, um sich ihnen wirklich zu öffnen. Vielleicht ist es ihm gar nicht bewußt, aber tief in seinem Inneren hat es die Einstellung: „Niemand interessiert sich wirklich für mich, also muß ich alleine zurechtkommen." Jemand, der unter dem Syndrom des „Sandwich-Kindes" leidet, wird sich nicht gerne in die Karten schauen lassen. Er wird alles für sich behalten und nicht einmal dann um Hilfe bitten, wenn schon jeder weiß, daß er Hilfe braucht.

Deshalb ist so ein Mittlerer am besten beraten in einer Beziehung mit einem offenen, fröhlichen Menschen. Eine lebenslustige Letztgeborene könnte ihn aus seinem Schneckenhaus locken. Sie müßte aber Geduld mit ihm haben und verstehen, daß sein Widerwillen, seine innersten, intimsten Gedanken mit ihr zu teilen, ganz und gar nichts mit ihr zu tun hat. Es ist nur das Ergebnis seiner Position in der Geschwisterreihe und seiner Erziehung. Die Fähigkeit, ein Geheimnis für sich zu behalten, ist ein bewundernswerter Charakterzug, der dem mittleren Kind in so mancher Lebenslage von Vorteil sein kann. Jeder Mann und jede Frau sollten dankbar sein, einen Ehepartner zu haben, der nicht das Bedürfnis hat, Geheimnisse auszuplaudern.

Gleichzeitig wird seine Veranlagung, egal in welcher Situation nicht um Hilfe zu bitten, mit Sicherheit zu Problemen führen. Ich weiß, daß viele typisch männliche Eigenschaften Frauen zum Wahnsinn treiben können. Eine der ärgerlichsten ist, daß Männer um alles auf der Welt nicht nach dem Weg fragen wollen.

Sie sagt: „Liebling, du siehst doch, daß wir uns verfahren haben. Warum hältst du nicht an der Tankstelle da und fragst, wie wir fahren müssen?"
Er sagt: „Ach was, das ist doch absolut überflüssig. Ich weiß, daß es hier irgendwo sein muß."

„Aber wir sind jetzt schon zum sechsten Mal an dieser Stelle, und wenn wir so weitermachen, werden wir nie rechtzeitig ankommen."

„Nein, wirklich, ich werde es schon finden."

Wahrscheinlich wird dieses kleine Drama damit enden, daß der Mann seinen Stolz überwinden, an der Tankstelle anhalten und fragen muß, wie sie fahren müssen, um an ihr Ziel zu gelangen. Nur wird es wahrscheinlich auch so sein, daß er sich aufregt und immer noch behauptet, daß er den Weg auch ohne fremde Hilfe gefunden hätte.

Solches Verhalten kann recht typisch sein für einen Mittleren, der als „Sandwich-Kind" groß wurde.

Es gibt natürlich nichts dagegen zu sagen, wenn Sie unabhängig und selbständig sein wollen. Das Problem ist nur, daß Sie erkennen müssen, wann die Zeit gekommen ist zuzugeben, daß Sie Hilfe brauchen.

Wie können Sie das Negative, das das Syndrom des „Sandwich-Kindes" mit sich bringt, überwinden?

- Fassen Sie den bewußten Entschluß, sich Ihrem Partner zu öffnen, und erkennen Sie an, daß Liebe manchmal verletzlich macht.

- Trainieren Sie, andere um Hilfe zu bitten. Leihen Sie sich den Rechen des Nachbarn aus, fragen Sie nach dem Weg, wenn Sie sich wieder einmal in einer unbekannten Gegend zurechtfinden müssen, und so weiter. Wenn Sie lernen, in solch einfachen Situationen um Hilfe zu bitten, wird es Ihnen eher gelingen, es auch in viel schwierigeren Situationen zu tun.

- Vergessen Sie nicht, daß Ihr Partner Sie um Ihrer selbst willen liebt und nicht trotz Ihrer selbst. Sie sind keine anonyme, gesichtslose Person, und es gibt Menschen, denen Sie sehr wichtig sind.

4. Sie fühlen sich anderen unterlegen

Dies ist der Fall bei mittleren Kindern mit einem gleichgeschlechtlichen älteren Geschwister, das ein wahres Wunderkind war. Sie lernen sehr früh im Leben, daß sie dem großen Bruder oder der großen Schwester einfach nicht das Wasser reichen können.

Natürlich ist das Unsinn, denn das mittlere Kind hat seine eigenen Stärken.

Aber wenn Sie ein mittleres Kind sind, das von Minderwertigkeitskomplexen geplagt ist, dann brauchen Sie die Hilfe und Partnerschaft von jemandem, der stark und selbstsicher ist und an Sie genauso glaubt wie an sich selbst. Das läuft wahrscheinlich auf ein Erstgeborenes hinaus, aber es sollte keines sein, das zu sehr in Richtung Kommandierer oder Gefalltyp tendiert.

Jemand, der durch und durch Kommandierer ist, würde wahrscheinlich damit enden, Sie zu dominieren, weil Sie ohnehin zu der Annahme neigen, daß alle anderen fähiger sind als Sie. Ein Gefalltyp hingegen würde sich Ihrem Gefühl der Unzulänglichkeit anschließen, und Ihre Ehe würde vermutlich zu einem einzigen Jammertal.

Doch ein starkes, selbstbewußtes, zielorientiertes Erstgeborenes entspräche wahrscheinlich genau dem, was der Doktor Ihnen verordnet. So jemanden zu finden, der wirklich an Sie glaubt, wäre der erste Schritt auf Ihrem Weg, an sich selbst zu glauben.

Was Sie auf keinen Fall brauchen, wenn Sie sich in dieser Beschreibung wiedererkennen, ist jemand, der Spaß daran hat, Sie zu kritisieren und auf Ihnen herumzuhacken.

Wenn derjenige, mit dem Sie ausgehen, gerne Witze auf Ihre Kosten macht oder Sie andauernd heruntermacht – selbst wenn es nur zum Spaß geschieht, dann ist er der letzte auf der Welt, den Sie brauchen, und Sie sollten ihm den Laufpaß geben.

5. Sie sind ausgesprochen loyal

Nein, nein, es ist nichts daran falsch, loyal zu sein. Das ist etwas, das sich jeder von seinem Partner wünscht.

Das mittlere Kind ist in der Regel loyal gegenüber seinen Freunden, seiner Firma, seiner Kirche, seinem Partner.

Darin unterscheidet er sich in gewisser Weise vom Erstgeborenen, das im allgemeinen die Traditionen seiner Eltern aufrechterhält. Das mittlere Kind neigt eher dazu, seine eigenen Überzeugungen und Traditionen zu finden. Es will nach seinen eigenen Maßstäben leben, aber sobald es einmal seine eigenen Beziehungen und Muster etabliert hat, hält es verläßlich daran fest.

Wie wir schon gesagt haben, kann das mittlere Kind, das sich eingezwängt fühlte, zu einem ziemlich rebellischen und freidenkerischen Menschen werden. Aber selbst in seiner Rebellion entwickelt sich oft eine Zugehörigkeit zu neuen Gruppen, Formen und Strukturen.

6. Sie sind wettbewerbsorientiert

Das mittlere Kind kann sehr stark wettbewerbsorientiert sein, weil es eine „Ich werd's euch schon zeigen"-Haltung entwickelt hat.

Zum Beispiel wollte Ruth, als sie ein Kind war, vielleicht mit ihrer großen Schwester eine Radtour machen, aber Mutti sagte nein, weil sie noch zu klein war.

Sie könnte nun auf diese Situation reagieren, indem sie sich der großen Schwester unterlegen fühlt, weil sie nicht alles machen kann, was diese schon kann. Sie könnte aber auch sagen: „Ich werd's euch schon zeigen", das Dreirad aus der Garage holen und ihr eigenes Abenteuer starten.

Wenn sie sich für letzteres entschied, fing sie sich unter Umständen eine Tracht Prügel ein. Aber das würde sie nur darin bestärken, allen zu beweisen, daß sie auch alles tun kann, was diese können. Das solchermaßen wettbewerbsorientierte mittlere Kind braucht keinen Partner, der die Ehe als Wettbewerb betrachtet. Da seine Veranlagung eher der eines Erstgeborenen entspricht, wäre es mit einem „lockeren" Letztgeborenen besser bedient, der die Führung in der Ehe lieber dem Partner überläßt.

Wir haben jetzt einige Persönlichkeitsmerkmale des mittleren Kindes ergründet und darüber gesprochen, welche Art von Mensch es heiraten sollte, wenn es gewisse dieser Merkmale aufweist – doch wie soll es diesen Menschen finden? Lesen Sie als nächstes ein paar nützliche Ratschläge für das mittlere Kind, das ein guter Detektiv in Sachen Liebe sein will.

Ratschläge für das mittlere Kind als Detektiv in Sachen Liebe

Es war eine düstere, stürmische Nacht.

Die bildhübsche, unschuldige Miss Mittendrin ließ ihren Blick über den Raum mit potentiellen Verdachtspersonen schweifen.

Da war Frank Erstgeboren, der aussah, als sei er gerade dem Gentleman's Quarterly *(Gentleman's Quarterly ist ein Magazin für Männer mit Männermode, Zeitungsartikeln, Karriereberichten etc.) entstiegen. Ja, er könnte es sein.*

Doch sie konnte auch Mark Mittendrin nicht ausschließen. Er sah aus wie einer, der den Mund halten kann.

Und wie stand es um Larry Letztgeboren? Er sah so aus, als wenn ihn nichts auf der Welt etwas anginge, doch man konnte nie wissen, was sich hinter diesem breiten Grinsen und dem unbekümmerten Lachen verbarg!

Miss Mittendrin mußte schmunzeln, als sie daran dachte, was sie in der Liebesdetektei Leman schon alles gelernt hatte.

Es würde ihr ein Vergnügen sein!

Naja, vielleicht bin ich doch kein Mickey Spillane. Als Krimiautor werde ich es wohl nie weit bringen.

Aber noch bevor Sie mit diesem Kapitel fertig sind, werde ich Sie zu einem erstklassigen Detektiv in Sachen Liebe gemacht haben, ob Sie nun ein mittleres Kind sind, das auf Partnersuche ist, oder jemand mit einer anderen Geschwisterposition, der sich für ein mittleres Kind interessiert.

Ich könnte noch zweihundert Seiten oder mehr darüber schreiben, welche unterschiedlichen Arten von mittleren Kindern es gibt, was aus ihnen wird und wen sie heiraten sollten. Denken Sie nur an die vielen möglichen Kinderkombinationen innerhalb einer Familie, und Sie werden sehen, was für eine unmögliche Aufgabe es wäre, alle Varianten abzudecken. Wir könnten über das vierte von sechs Kindern sprechen, das gleichzeitig die zweite Tochter ist, über den ersten Sohn, der das dritte von sieben Kindern ist, und so fort. Sie sehen, wie kompliziert das werden würde. Aber lassen Sie uns, bevor wir weitergehen, einen kurzen Blick auf ein paar Beispiele von mittleren Geschwisterpositionen werfen.

- Ein mittlerer Bruder von Brüdern wird, was seine Rolle in der Familie anbelangt, etwas verwirrt oder unsicher sein, und er wird sich in der Gegenwart von Mädchen oder Frauen eher unwohl fühlen, weil es in seiner unmittelbaren Umgebung keine weiblichen Wesen gab. Wahrscheinlich wird er am besten mit einer freidenkerischen Letztgeborenen zusammenpassen, die das Leben liebt, in der Beziehung in gewisser Weise die Führung übernimmt und ihm so helfen kann, seine Scheu gegenüber Frauen zu überwinden.

- Eine mittlere Schwester von Schwestern wird ebenfalls unsicher über ihre Rollenerwartung in der Familie sein und sich in der Gegenwart von Jungen oder Männern eher unwohl fühlen. Es gibt keine feste Regel, wer am besten zu so einer Frau paßt, aber auch sie wird wahrscheinlich ganz gut mit einem Letztgeborenen fahren. Wenn ihre Persönlichkeit allerdings eher der einer Letztgeborenen entspricht, wird sie die Unterstützung und Stärke brauchen, die ihr ein Erstgeborener geben könnte.

- Ein mittlerer Bruder von Schwestern wird von anderen Männern wahrscheinlich als verhätschelt und verwöhnt angesehen werden, und er wird im allgemeinen die Gesellschaft von Frauen vorziehen, denn das ist, was er von zu Hause kennt. Wenn es zutrifft, daß seine Schwestern ihn verwöhnten, dann wird er sich wahrscheinlich eher wie ein Letztgeborener als wie ein Erstgeborener verhalten. In den meisten Fällen wird dieser Typ des mittleren Kindes keine Probleme haben, mit

Frauen umzugehen. Bestimmt versteht er die Frauen und kann sich in sie hineinfühlen. Die ideale Partnerin für ihn wäre eine Erstgeborene mit jüngeren Brüdern oder eine Letztgeborene mit älteren Brüdern.

- Eine mittlere Schwester von Brüdern würde Ihnen wahrscheinlich sagen, daß sie Männer lieber mag als Frauen. Als einziges Mädchen wird sie wahrscheinlich mehr Eigenschaften einer Erstgeborenen als einer Letztgeborenen aufweisen (da sie wahrscheinlich nicht in direkter Konkurrenz zu ihrem älteren Bruder stand), weshalb ein Letztgeborener sehr gut zu ihr passen würde. Allerdings kann es passieren, daß sie sich ihren Brüdern immer mehr verbunden fühlt als ihrem Mann.
- Eine Schwester von älteren Schwestern und jüngeren Brüdern wird wahrscheinlich dazu neigen, sich Frauen im allgemeinen unterzuordnen und Männern gegenüber mütterlich und beschützend zu sein. Für sie wäre ein Letztgeborener, der sich nicht an ihrer mütterlichen Art stört, der ideale Partner. Interessanterweise wird sie sich in einer Situation, in der mehrere Leute beiderlei Geschlechts anwesend sind, eher unwohl fühlen, wohingegen sie in einer Gruppe, die entweder nur aus Frauen oder nur aus Männern besteht, keine Probleme hätte.
- Ein Bruder von älteren Schwestern und jüngeren Brüdern wird es wahrscheinlich leichter finden, mit Männern auf einer Ebene zu kommunizieren. Frauen gegenüber wird er sich vielleicht etwas unwohl oder eingeschüchtert fühlen, je nachdem, welche Einstellung er zu seiner älteren Schwester (oder seinen älteren Schwestern) hatte. Er wird gut zu einer Erstgeborenen passen, die eher zum Kommandierer als zum Gefalltyp neigt, denn in dieser Situation fühlt er sich am wohlsten.
- Eine Schwester von älteren Brüdern und jüngeren Schwestern wird von ihrem Partner erwarten, daß er die Führung in der Ehe oder Beziehung übernimmt, weshalb ein zielorientierter Erstgeborener am besten zu ihr passen wird.
- Ein Bruder von älteren Brüdern und jüngeren Schwestern wird wiederum eine Kombination von Eigenschaften des Erst- und des Letztgeborenen aufweisen, doch wenn es um eine Liebesbeziehung geht, wird er sich wahrscheinlich mit

einer Letztgeborenen am wohlsten fühlen, da er sich Frauen gegenüber schon immer als großer Bruder verstand.

Dies sind nur einige der zahlreichen Kombinationen, die für das mittlere Kind auf Partnersuche in Frage kommen.

Während ich nicht einfach behaupten kann, daß jedes mittlere Kind sich mit einem Erstgeborenen oder einem Letztgeborenen zusammentun sollte, so kann ich doch zumindest sagen, daß es einige ganz bestimmte Eigenschaften gibt, die ein mittleres Kind in einem Partner suchen sollte. Diese Eigenschaften sind bei jedem Partner wünschenswert, egal, welche Position in der Geschwisterreihe man einnimmt, doch das mittlere Kind sollte ganz besonders darauf achten.

Das mittlere Kind muß sicher sein, daß:

1. die Person, an der es interessiert ist, verläßlich und treu sein wird

2. die Person, an der es interessiert ist, aufrichtig ist

3. es diese Beziehung auch wirklich will

4. sein Partner es respektiert und umgekehrt.

Schauen wir uns die einzelnen Punkte etwas näher an.

1. Das mittlere Kind muß sicher sein, daß die Person, an der es interessiert ist, verläßlich, treu und aufrichtig sein wird

Wie wir gesehen haben, ist das mittlere Kind diskret und verschwiegen. Wenn Sie ihm ein Geheimnis anvertrauen, wird es dieses hüten. Wenn Sie einen loyalen Freund suchen, sind Sie bei dem mittleren Kind an der richtigen Adresse. So verhält sich also das mittlere Kind in Liebe und Freundschaft, und genau dieses Verhalten braucht es auch von denen, die es liebt. Verrat oder Untreue jeglicher Art können jeden sehr verletzen, aber für das mittlere Kind sind sie absolut vernichtend.

Jede Frau hat das Recht, Treue von ihrem Mann zu erwarten, und jeder Mann hat das Recht, dasselbe von seiner Frau zu erwarten. Das Treuegelöbnis bei der Trauung ist keine Option, es ist eine unabdingbare Verpflichtung.

Ich kann mir nicht vorstellen, daß ein Mann zu seiner Frau, einem mittleren Kind, sagt: „Tut mir leid, daß ich dich betrogen habe, Harriet, aber schließlich bin ich ein lebenslustiger Letztgeborener, also ist es nur natürlich für mich. Ich schätze, du mußt einfach lernen, damit zu leben."

Jeder Mann, der auch nur erwägen würde, so etwas zu sagen, sollte gezwungen werden, sich auf einen Chollakaktus zu setzen. (Und wer wie ich im wüstenreichen Südwesten der USA lebt, weiß, daß das verdammt unangenehm wäre!)

Ich habe schon verschiedene Männer sagen hören, daß es für die männlichen Vertreter unserer Gattung doch nur „natürlich" ist, sich im Revier ein bißchen umzusehen, und daß es für einen Mann schwieriger ist, einer Frau treu zu bleiben, als umgekehrt. Das ist natürlich ein ganz großer Blödsinn.

Einmal unterhielt ich mich mit einem verheirateten Berufssoldaten, der damit prahlte, daß er sich praktisch schon um die ganze Welt „herumgevögelt" hätte. Ich hörte ihm eine Weile zu und sagte dann: „Und was würden Sie tun, wenn Sie herausfänden, daß Ihre Frau mit anderen Männern ins Bett ging, während Sie weg wären?"

Es war, als wenn sich plötzlich eine schwarze Wolke über sein Gesicht legte.

Sein selbstgefälliges Grinsen war verschwunden, und er schaute mich völlig fassungslos an, als wollte er sagen: *Na, so etwas würde sie doch nie tun!* Fast unmittelbar darauf kam Zorn und Wut in seinen Blick. Der bloße Gedanke, daß seine Frau sich sexuell mit einem anderen Mann einlassen könnte, war ihm fast schon unerträglich.

„Ich würde ihn umbringen", sagte er. „Egal, wer es wäre, ich würde ihn umbringen. Da müßte ich nicht erst lange nachdenken."

Wahrscheinlich sagte er mir die Wahrheit. Ich werde wohl nie verstehen, warum manche Männer glauben, daß es in Ordnung ist, wenn sie jederzeit, jedenorts und mit „jederfrau" ihrem biologischen Drang folgen, daß es aber nicht in Ordnung ist, wenn Frauen dasselbe tun. Diese überkommene doppelte Moral hätte schon vor Jahren ausgedient haben müssen. Aber glauben Sie bitte nicht, daß ich damit sagen will, daß es für eine Frau genauso akzeptabel ist, ihren Mann zu betrügen, wie umgekehrt. Was ich meine, ist, daß es für keinen der beiden akzeptabel ist, den Partner zu betrügen.

Ich bin aber auch nicht der Ansicht, daß ein Ehemann oder eine Ehefrau, die einen Fehler gemacht haben, sofort auf die Straße gesetzt werden sollten. Ich glaube an Vergeben und Vergessen, aber ich glaube nicht, daß gewohnheitsmäßiges und permanentes Fehlverhalten in diesem Bereich toleriert werden sollte. Des weiteren glaube ich, daß jemand, der Ihnen in kleinem Maßstab untreu ist, während Sie noch miteinander ausgehen – vielleicht flirtet er vor Ihren Augen mit anderen Frauen und behauptet, daß das doch nur ein harmloser Spaß sei, wahrscheinlich später in gravierenderer Weise untreu sein wird.

Mann und Frau haben gleichermaßen einen Anspruch darauf, daß ihr Partner das Ehegelübde ernst nimmt. Jeder Mann und jede Frau, die anscheinend nicht treu sein können, sollten sich entweder ändern oder ihre Sachen packen.

Ich habe bereits erwähnt, daß ein mittleres Kind Geheimnisse für sich behalten kann und das gleiche von anderen erwartet. Wenn es Ihnen ein Geheimnis anvertraut, sollten Sie peinlichst darauf bedacht sein, es nicht auszuplaudern – selbst wenn es etwas ganz Harmloses ist und ihm kein Schaden entstünde, wenn andere davon erführen.

Vergessen Sie auch nicht, daß mittlere Geschwister Monogamie größer schreiben als alle anderen. Sie nehmen ihre Versprechen ernst. Wenn Joe zu Mary sagt, daß sie für ihn die Einzige ist, wird er nicht am nächsten Abend Wange an Wange mit Veronica tanzen. Entsprechend wird er von Mary erwarten, daß sie ihn genauso behandelt. In seinen Beziehungen ist kein Platz für romantische Eskapaden. Deshalb ist es für ein mittleres Kind wahrscheinlich besonders schwer, seinem Partner einen Seitensprung zu verzeihen.

Und wenn Sie ein mittleres Kind sind und herausfinden, daß Ihr Ehepartner oder die Person, mit der Sie regelmäßig zusammmen waren, Sie permanent belogen und hintergangen hat, ist das für Sie nicht der Moment, „Verständnis" zu zeigen. Statt dessen ist es Zeit, zu sagen: „Ich habe es satt, belogen zu werden, und erwarte, daß du mir von jetzt an die Wahrheit sagst." Wenn Sie danach immer noch feststellen, daß Sie nicht die Wahrheit erfahren, ist es wahrscheinlich Zeit, die Konsequenzen zu ziehen.

Nein, ich spreche nicht davon, daß Sie sich ein Schießgewehr kaufen oder einen dieser fürchterlichen Chollakakteen in seiner Unterwäsche verstecken sollten. Ich meine, daß Sie sagen sollten: „Es tut mir leid, aber ich kann diese Verlogenheit nicht länger ertragen. Ich gehe für ein paar Tage weg, damit wir beide in Ruhe über unsere Beziehung nachdenken können."

Damit riskieren Sie unter Umständen Ihre Beziehung, aber eine Beziehung voller Lügen und Unehrlichkeit ist sowieso nicht viel wert.

2. Das mittlere Kind muß sicher sein, daß es diese Beziehung auch wirklich will

Das mittlere Kind wird manchmal aufgrund seiner großen Kompromißbereitschaft durch den starken Willen des anderen in eine Beziehung hineingezogen. Wenn man eine Mittlere fragt, ob sie diesen Mann denn wirklich liebt, wird sie vielleicht sagen: „Ja, klar... ich glaube schon."

Wenn Sie weiter nachfragen, wird sie möglicherweise zugeben, daß sie von ihren Gefühlen nicht gerade überwältigt ist, aber er liebt sie, also arrangiert sie sich damit. Manchmal kann das mittlere Kind durch Umstände und Gegebenheiten, die nichts mit Liebe zu tun haben, in einer Beziehung gehalten werden.

Ich denke da beispielsweise an Judy, die Tom heiratete, kurz nachdem beide ihren Highschool-Abschluß gemacht hatten, wofür sie von vielen ihrer Klassenkameradinnen sehr beneidet wurde. Tom war ein ausgezeichneter Athlet, ein großer, gutaussehender junger Mann, für den so manches Mädchen schwärmte. Doch leider wollte die, die er haben wollte, Judi nämlich, ihn eigentlich nicht.

Sie begannen in der Abschlußklasse fest miteinander zu gehen, doch Judy brauchte nicht lange, um festzustellen, daß er egoistisch und unreif war. Der einzige Grund, weshalb sie eingewilligt hatte, mit ihm zu gehen, war, daß die anderen Mädchen ihn alle haben wollten, und es ihr schmeichelte, daß er sich für sie interessierte. Als sie die Beziehung beenden wollte, flehte er sie an, es sich noch einmal zu überlegen. Sie nannte ihm verschiedene Gelegenheiten, bei denen er rücksichtslos und grob gewesen war, und er versprach, sich zu ändern, wenn sie ihm nur noch einmal eine Chance gäbe. Sie gab nach.

Ein paar Wochen gingen ins Land, und als sie sah, daß er sich nicht wirklich bemühte, sich zu ändern, versuchte sie noch einmal die Beziehung zu beenden. Diesmal rief er sie an und sagte ihr, daß er sich umbringen werde, weil ohne sie sein Leben keinen Sinn mehr hätte. Erschrocken flehte sie ihn an, sich nicht das Leben zu nehmen, und versprach ihm, seine Freundin zu bleiben, wenn er nur aufhörte, solche Dinge zu sagen.

Und so ging es in ihrer Beziehung weiter. Sie mochte und respektierte ihn nicht wirklich, und ganz bestimmt liebte sie ihn nicht, doch sie hatte Angst, daß er sich etwas antun würde, wenn sie ihn verließe. Noch als sie schon die Hochzeitseinladungen verschickten, fragte sie sich, wie sie in so eine fürchterliche Falle hatte geraten können, aber sie hatte keine Ahnung, wie sie daraus entkommen sollte. Sie hoffte auf ein Wunder, und ertappte sich sogar dabei, wie sie sich wünschte, daß Tom vom Blitz erschlagen oder von einem Güterzug überrollt würde. Doch danach hatte sie immer furchtbare Schuldgefühle, weil sie zu solchen Gedanken fähig war, und sie wußte, daß sie es nicht ertragen könnte, wenn ihre Handlungen ihn dazu brächten, sich etwas anzutun.

Als ich sie kennenlernte, war sie schon fast zehn Jahre mit ihm verheiratet, und sie fühlte sich immer noch in einer Falle gefangen und wußte nicht, was sie tun sollte. Sie hatte bemerkt, daß seine Strategie, wenn er seinen Kopf durchsetzen wollte, immer darin bestand, sich herunterzumachen oder zu drohen, sich etwas anzutun, und sie gab dann immer nach.

Was Judi anbelangt, so standen ihr zwei Optionen offen. Entweder konnte sie ihren Mann dazu bringen, (gemeinsam mit ihr) eine Therapie zu machen, und sehen, ob er zu einer Verhaltensänderung zu bewegen wäre. Oder sie konnte sich von ihm trennen und nicht weiter auf seine Drohungen hören.

Es war zu spät für sie, das zu tun, was sie von Anfang an hätte tun sollen, nämlich, sich nicht gegen ihren Willen in eine Beziehung hineinmanövrieren zu lassen.

3. Das mittlere Kind muß wissen, daß sein Partner es respektiert und es ihn respektiert

Wenn ein Mann und eine Frau einander nicht respektieren, werden sie das Leben niemals gemeinsam bestehen können. Diese Feststellung trifft auf alle zu, unabhängig von der Rasse, der Religion und der Position in der Geschwisterreihe.

Aber der gute, alte *Respekt* ist besonders wichtig für mittlere Kinder.

Weil mittlere Kinder oft ziemlich anonyme Mitglieder ihrer Familie sind, neigen sie zu der Annahme, daß niemand sie wirklich respektiert. Das mittlere Kind könnte das Gefühl haben, daß das älteste den ganzen Respekt bekommt und das jüngste die ganze Zärtlichkeit, und für es selber bleibt nur das „Wie schön, Schatz." (Und um dieses „Wie schön, Schatz" richtig hinzukriegen, müssen Sie es so emotionslos, unbeteiligt und desinteressiert wie möglich aussprechen, so, als ob da gar nichts Schönes wäre.)

„Schau, Mutti, ich habe gerade den Nobelpreis gewonnen!"

„Wie schön, Leon, aber dein Bruder hat gerade seinen eigenen Schlüssel zum Firmenklo bekommen."

„He, Vati, ich habe eine eigene Fernsehsendung bekommen."

„Wirklich? Weißt du, daß deine Schwester letzte Woche in der Kirche ein Solo gesungen hat?"

„Mutti, Vati, ich bin gerade zum Generaldirektor von IBM ernannt worden."

„Wie schön. Du, wir haben heuer ganz tolle Tomaten in unserem Garten!"

Muttis und Vatis wollen ihr mittleres Kind eigentlich gar nicht so behandeln, aber genau das tun sie! Deswegen ist es für das mittlere Kind so extrem wichtig, von seinem Partner geschätzt und respektiert zu werden.

Übertreiben Sie es aber nicht. Sie sollen Ihrem Mann nicht schmeicheln, aber wenn Sie seinen Geist und seine Intelligenz schätzen, sagen Sie es ihm.

Wenn Sie Ihre Frau dafür bewundern, wie gut sie ein schwieriges Thema versteht, sagen Sie es ihr.

Wenn ihre Schönheit Ihnen heute den Atem nimmt, finden Sie die Worte, es ihr zu sagen.

Wenn Sie stolz darauf sind, mit ihm zusammenzusein, lassen Sie es ihn wissen.

Respekt ist wichtig für ein mittleres Kind. Es will respektiert werden und will seinen Partner respektieren können.

Lassen Sie mich ein paar Worte über Respekt im allgemeinen zwischen zwei Menschen, die eine Beziehung haben, sagen.

Traurigerweise sind manche Menschen mit einer verzerrten Sicht von der Beziehung zwischen Männern und Frauen groß geworden, und es fällt ihnen schwer, einen Vertreter des anderen Geschlechts zu respektieren.

Fragen Sie den Mann, der immer auf Eroberungen aus ist. Alles, was er sucht, ist ein wenig sexueller Kitzel, und es ist ihm egal, wer seine Partnerin ist. Es könnte die beste Freundin seiner Frau sein oder die Frau seines besten Freundes. Ihm ist das völlig gleich, sobald sich die Gelegenheit bietet, ergreift er sie. Er ist mit der Einstellung groß geworden, daß Frauen nichts anderes sind als Spielzeug, nach Gebrauch wieder in die Ecke zu stellen.

Es gibt verschiedene Gründe dafür, wie es zu einer solchen Einstellung kommt. Vielleicht hat er als junger Mann beobachtet, wie sein Vater sich seiner Mutter gegenüber als Herr aufspielte, und er hat die Einstellung seines Vaters gegenüber Frauen übernommen. Oder er hatte eine sehr dominante Mutter und will sich jetzt rächen, indem er versucht, alle Frauen, mit denen er zu tun hat, zu beherrschen. Wie dem auch sei, ein Schürzenjäger hat keinen Respekt vor Frauen.

Oder er respektiert gewisse weibliche „Qualitäten", na gut, aber da will ich allen Damen einen handfesten Ratschlag geben: Glauben Sie nie einem Mann, der sagt, daß er Sie respektiert, wenn er gerade versucht, Sie ins Bett zu kriegen!

Im Lauf der Jahre habe ich viele Frauen beraten, die einen Mann geheiratet hatten, von dem sie von vornherein wußten, daß er gern nach Frauen schielte. Sie dachten, daß das ein Ende haben würde, sobald sie ihn erst einmal mit Brief und Siegel hätten. Aber so funktioniert das meist nicht.

Wenn Sie ihn, während er schon mit Ihnen verlobt ist, dabei ertappen, wie er mit anderen Frauen liebäugelt oder flirtet, sollten Sie über die Beziehung noch einmal gut nachdenken. Ich rede nicht davon, daß er einer schönen Frau nachschaut, die den

Raum betritt. Fast jeder normale Mann tut das, aber zwischen „schauen" und „schöne Augen machen" ist ein großer Unterschied!

Zwei Fragen, die sich eine Frau in bezug auf ihren Mann stellen muß, sind: „Respektiert er mich?" und „Respektiert er Frauen im allgemeinen?"

Aber glauben Sie nicht, daß alle Probleme in diesem Bereich auf seiten der Männer liegen. Auf jeden Schürzenheld, auf jeden Mann, der glaubt, daß Frauen weniger wert sind, nur weil sie keinen Pimmel haben, kommt eine Frau, die keinen Respekt vor Männern hat.

Insbesondere gibt es Frauen, die ziemlich früh im Leben lernen, daß sie sehr leicht die Herrschaft über Herz und Seele eines Mannes gewinnen können. Sie ziehen eine Spur von gebrochenen Herzen nach sich, die von Timbuktu bis Tokyo reicht, und machen sich keine großen Gedanken darüber.

Solche Frauen sind meist „Feuer-und-Eis"-Typen, die sich von einer Minute zur anderen von einer brennenden Flamme in einen Eisblock verwandeln können. Wie oft mußte ich schon hören: „Als wir miteinander gingen, überschüttete sie mich geradezu mit Liebe und Zärtlichkeit. Und dann war sie plötzlich ganz anders. Ich weiß nicht, was passiert ist."

Was passiert ist, ist eigentlich ganz einfach. Sobald sie den Fisch am Haken hatte, wurde die Sache für sie uninteressant. Alles, was sie interessierte, war – wie bei ihrem männlichen Gegenstück – das Erobern.

„He, Mary Ellen, ich weiß wirklich nicht, ob ich dir glauben kann, wenn du mir sagst, wie sehr du mich liebst. Schließlich hast du in den letzten beiden Jahren schon siebenunddreißig Herzen gebrochen."

„Oh, ich weiß, aber mit dir ist es anders, Ralph. So wie mit dir ist es mir noch bei keinem gegangen."

Armer Ralph. Er sollte an das denken, was George Santayana (George Santayana ist ein Historiker, der berühmt für sein Zitat ist, das lautet: „Jeder, der die Geschichte vergißt, ist dazu verdammt, sie noch einmal zu durchleben!") gesagt hat. Er steht kurz davor, Nummer achtunddreißig in der Reihe der gebrochenen Herzen zu sein, und sollte so schnell wie möglich das Weite suchen.

Wie Sie sehen, kann eine Ehe ohne gegenseitigen Respekt nicht funktionieren, und jede andere Art von Beziehung genauso wenig.

Egal, wie kompromißbereit er oder sie ist, das mittlere Kind darf sich keinesfalls mit jemandem zufrieden geben, den es nicht respektiert oder der es nicht respektiert.

Was wir vom mittleren Kind lernen können

Wir können alle von der Bereitschaft und Entschlossenheit des mittleren Kindes lernen, „es zu schaffen". Deshalb ist seine Ehe in der Lage, Hindernisse zu überstehen, die für andere Beziehungen das Aus bedeutet hätten. Diese Einstellung sollten alle Paare haben: „Was auch immer geschieht, gemeinsam werden wir es schaffen."

Liebende können viel voneinander lernen, wenn sie sich einen Abenteuergeist bewahren, die Bereitschaft, neue Wege im Leben auszuprobieren, und vor allen Dingen, wenn sie alles, was sie tun, im Geist der Liebe tun. Es ist so, wie die Beatles vor fünfundzwanzig Jahren sangen: „You can work it out!" („Du kannst es schaffen!")

Wahrscheinlich kennen Sie die alte Redensart „Wie man in den Wald hineinruft, so schallt es zurück", und das stimmt wirklich. Der Grund, weshalb einige Sprichwörter sich über so viele Jahre halten, ist nämlich, daß sie getestet und erprobt und für richtig befunden wurden.

Mir wurde einmal die Geschichte einer Frau erzählt, die gerade in eine Kleinstadt gezogen war. Sie war sehr verärgert über den schlechten Service, den sie in der Apotheke dort bekam. Der Apotheker war langsam, er verlangte zuviel und war unfreundlich. Später erzählte sie einer ihrer neuen Freundinnen, wie schlecht sie in dieser Apotheke bedient worden war.

„Ich hätte gute Lust, hinzugehen und ihm einmal so richtig die Meinung zu sagen", sagte sie in bezug auf den Apotheker, der gleichzeitig der Besitzer dieses kleinen Ladens war. „Wenn es nicht die einzige Apotheke in der Stadt wäre, würde ich nie wieder dorthin gehen!"

Ihre Freundin sagte: „Ich kenne ihn ziemlich gut. Warum läßt du nicht mich einmal mit ihm reden?"

Ein paar Tage später mußte die neu zugezogene Frau wieder in die kleine Apotheke gehen. Diesmal war alles ganz anders. Der Apotheker war schnell und freundlich und hatte ihr Rezept im Handumdrehen bearbeitet.

Sie war erfreut und verwundert über diesen plötzlichen Gesinnungswandel, und sobald sie nach Hause kam, rief sie ihre Freundin an und bedankte sich bei ihr. „Ich nehme an, du hast ihm gesagt, wie verärgert ich war, stimmt's?"

„Naja, ...ich habe ein Wörtchen für dich eingelegt."

„Und du hast ihm bestimmt gesagt, daß er mich nie wiedersieht, wenn er mich das nächste Mal nicht besser bedient, oder?"

„Eigentlich nicht. Ich habe ihm gesagt, daß dir sein Geschäft wirklich gefällt, und daß du sehr zufrieden mit dem guten Service warst."

„*Was* hast du ihm gesagt??"

„Reg dich nicht auf. Es hatte doch den gewünschten Effekt, oder?"

Das hatte es. Es ist erstaunlich, was man bei sich und anderen bewirken kann, wenn man im Geist der Liebe handelt.

Das mittlere Kind in einer Beziehung

Wie wir es bereits mit dem Erstgeborenen getan haben, werden wir jetzt einen Blick darauf werfen, wie das mittlere Kind sich vermutlich in den verschiedenen „Abteilungen" einer Ehe oder Beziehung verhalten wird.

1. Bei der Arbeit

Dank seiner Position in der Geschwisterreihe kann das mittlere Kind gut mit anderen Menschen umgehen, und das dürfte ihm in seinem Beruf von Nutzen sein. Es ist wahrscheinlich in der Lage, sowohl mit seinen Vorgesetzten als auch mit seinen Untergebenen gut zurechtzukommen. Es ist auch fähig, sein Verhandlungs-geschick sehr nutzbringend einzubringen, und eignet sich aus diesem Grunde besonders gut zu einem mittleren Manager. Aber damit ist für das mittlere Kind nicht das Ende der Karriereleiter erreicht. Weil er oder sie sich so gut aufs Verhandeln und Kompromisse-Schließen versteht und weiß, daß man geben muß, um nehmen zu können, kann ein mittleres Kind es in der Geschäfts-welt sehr weit bringen.

Das mittlere Kind ist nur selten ein Workaholic, aber das heißt nicht, daß es seinen Beruf auf die leichte Schulter nimmt. Es wird, wenn nötig, bis spät in die Nacht arbeiten, aber im allge-meinen hat es eine ausgewogene Lebenseinstellung, die nicht erlaubt, daß es die ganze Zeit auf Kosten der Familie in der Arbeit verbringt. Weil das mittlere Kind auf Menschen hin orien-tiert ist, sind ihm seine zwischenmenschlichen Beziehungen genauso wichtig wie seine Karriere.

2. In der Freizeit

Das mittlere Kind ist im allgemeinen nicht der Typ von Mensch, der sich am Wochenende hoch in die Berge verzieht, um mit sei-nen Gedanken allein zu sein.

Es mag schon einmal so eine Bergwanderung machen, aber dann können Sie sicher sein, daß es mehrere Freunde mitnehmen wird. Wahrscheinlicher werden Sie das mittlere Kind bei der Versamm-lung irgendeiner Vereinigung finden. Wenn es einer bestimmten Gruppe angehört, zum Beispiel den Rotariern, wird es sich dort wahrscheinlich als sehr aktiv und loyal erweisen. Bis zu einem gewissen Grad wird es sich wahrscheinlich über die Zugehörig-keit zu dieser Gruppe definieren, da es sich in der Familie immer in gewissem Maße anonym vorkam.

Wenn Sie mit einer mittleren Schwester verheiratet sind, wird sie wahrscheinlich Spaß daran haben, Gäste einzuladen und zu Gesellschaften und Parties zu gehen. Der Nachteil daran ist, daß ihr Terminkalender, was die Freizeit anbelangt, vermutlich voller sein wird, als es ihr selber guttut, und deshalb kann ihr Soziale-ben zur Last für sie werden. Ein mittleres Kind wird sich zum Beispiel manchmal fragen, wo das Wochenende denn hingekom-men ist, und könnte an einem Montagmorgen seufzen: „Wie gut, daß das Wochenende vorbei ist, jetzt habe ich endlich wieder meine Ruhe."

3. Im Umgang mit Geld
In Geldangelegenheiten kann das mittlere Kind ein sehr geschicktes Händchen haben.

Es ist nicht so ehrgeizig und zielorientiert, wie es die erstgeborene Schwester oder der erstgeborene Bruder unter Umständen sind, aber es gibt das Geld auch nicht so ungezügelt und unkontrolliert aus, wie ein Letztgeborenes das möglicherweise tut. Im allgemeinen wird sich das mittlere Kind finanzielle Ziele setzen, die vernünftig und erreichbar sind. Es lebt nicht für das Geld. Es ist ihm egal, ob es jemals reich wird, solange es nur „sein Auskommen" hat.

Das mittlere Kind ist nicht knickerig und ist bereit, für sich und andere Geld auszugeben. Es ist die Sorte Mensch, die Ihnen auch noch das sprichwörtliche Hemd am Leibe geben würde – und vielleicht sein reales Hemd noch dazu. Andererseits behält es den Überblick und gehört nicht zu den Leuten, die tief in Schulden geraten. Mittlere Kinder geben nicht gerne Geld aus, das sie nicht wirklich haben.

4. In seinen sozialen Kontakten
Wir haben schon über dieses Thema gesprochen, als wir uns damit beschäftigten, wie das mittlere Kind wahrscheinlich seine Freizeit verbringt.

Fragen Sie ein mittleres Kind, wie viele Freunde es hat, und es wird wahrscheinlich fünf Minuten lang einen Namen nach dem anderen aufzählen, und später wird ihm einfallen, daß es immer noch nicht jeden genannt hat, den es als „engen" Freund betrachtet. In Wahrheit allerdings sind die meisten dieser Freunde nichts als oberflächliche Bekannte. Der Grund dafür ist, daß das mittlere Kind leicht neue Leute kennenlernt und sich mit ihnen anfreundet. Aber weil es so verschlossen ist und seine innersten Gedanken und Gefühle nicht so leicht mit jemand anderem teilt, kennt es all diese Freunde wahrscheinlich nicht sehr gut.

Man könnte ein mittleres Kind auf einer Party in ein angeregtes Gespräch mit ein oder zwei Leuten vertieft sehen und daraus schließen, daß sie die besten Freunde sind. Doch wenn man näher hinzutritt, um zu hören, was sie sagen, dann wird man feststellen, daß sie über Sport oder Filme oder etwas ähnlich Oberflächliches reden. Möglicherweise diskutieren sie sogar darüber, wie man die Welt verbessern könnte, doch auch hier wird das mittlere Kind wahrscheinlich nichts von seinen innersten Gedanken preisgeben.

Manche betrachten seine mangelnde „Offenheit" vielleicht als kalt oder unhöflich, aber es ist lediglich das natürliche Ergebnis seiner Position in der Geschwisterreihe.

Wenn Sie mit einem mittleren Kind verheiratet sind, werden Sie sich wahrscheinlich mitten in einem Strudel von Bekannten befinden. Sie werden auch wissen, daß Ihr Partner sehr freundlich und extrovertiert sein kann – aber erwarten Sie nicht von ihm, daß er bereit ist, mit Ihnen auf Anhieb alles zu „teilen". Er kann allerdings lernen, sich zu öffnen, nur wird das viel liebevolle Geduld von seiten des anderen erfordern.

5. Im Schlafzimmer

Das mittlere Kind kann als Liebhaber oder Geliebte ausgezeichnet sein. Er oder sie wird auf die Wünsche und Gefühle des Partners Rücksicht nehmen, aber dabei nicht so weit gehen, die eigenen Bedürfnisse zu vernachlässigen. Anders ausgedrückt, versteht er oder sie sich auf das Geben und Nehmen, das notwendig ist, um Sex in Liebe zu verwandeln.

Das einzige Problem, das im Zusammenhang mit der Sexualität auftreten kann, ist, daß das mittlere Kind vielleicht Schwierigkeiten hat, seinem Partner zu sagen, was es wirklich will und mag. Das ist ein weiterer Bereich, in dem das mittlere Kind vielleicht ein wenig zu diskret und zurückhaltend ist.

So könnte ein Mann sich beispielsweise scheuen, es seiner Frau zu sagen, wenn er Lust hat, mit ihr zu schlafen, weil er ihr nicht den Eindruck vermitteln möchte, sie zu bedrängen, und nichts tun möchte, das sie nicht will – denn was wäre, wenn sie keine Lust hätte? Er wartet vielleicht verzweifelt darauf, daß seine Partnerin den ersten Schritt tut, gibt ihr aber durch nichts zu erkennen, daß es ihm so geht. Aus diesem Grund braucht das mittlere Kind einen Partner, der geduldig, liebevoll und aufmerksam ist. Aber sobald Sie und Ihr in der Mitte der Geschwisterreihe geborener Partner einmal die Vorlieben, Abneigungen und geheimen Leidenschaften des anderen kennengelernt haben, werden Sie sich im Bett prächtig verstehen.

6. Als Elternteil

Sie erinnern sich, daß ich weiter oben gesagt habe, daß Eltern dazu neigen, sich mit dem Kind zu identifizieren, das den gleichen Platz in der Geschwisterfolge einnimmt wie sie.

Darüber hinaus sind Eltern, die selbst ein mittleres Kind sind, im allgemeinen eher fähig, sich in die Lage ihres Kindes zu versetzen, als andere Eltern. Zum Beispiel: „Naja, du hast mir zwar nicht gefolgt, aber nachdem ich nun mit dir über das, was du getan hast, gesprochen habe, sehe ich, daß du dir über die Regeln nicht so ganz im klaren warst – also sollst du diesmal ohne Strafe davonkommen." Das mittlere Kind ist in der Elternrolle also eher kompromißbereit und greift nicht sofort streng durch.

Es ist gut, wenn man sich in die Lage des Kindes versetzen kann, und es ist heilsam für die Eltern-Kind-Beziehung, wenn man fähig ist, einem Kind einzugestehen, daß man einen Fehler gemacht hat und es einem leid tut. Aber wenn man nicht an seinen eigenen Prinzipien festhalten kann, wenn es ums Gehorchen geht, ist das schlecht, denn Kinder müssen wissen, was die Regeln sind und welche Bestrafung sie bekommen werden, wenn sie diese Regeln nicht befolgen. Wenn der Vater oder die Mutter an einem Tag über etwas sehr böse ist und am nächsten Tag über die gleiche Sache nur lachen kann, wird das Kind nie wissen, wie es sich verhalten soll, und es wird immer wieder die Grenzen testen, um zu sehen, wie weit es gehen kann.

Eltern müssen konsequent und gerecht sein, was die Erziehung ihrer Kinder anbelangt. Wenn Sie mit einem mittleren Geschwister verheiratet sind, sollten Sie eine feste Übereinkunft über Ihre Erziehungsmethoden treffen und auch dabei bleiben.

Eine alte Weisheit lautet, daß Kinder eine Ehe kitten können. Aber ich sage Ihnen, daß Kinder auch eine gute Ehe auseinanderreißen können. Besonders, wenn die Eltern sich in ihren Erziehungsmethoden nicht einig sind. Und wenn Sie glauben, daß Sie keine Probleme bei der Kindererziehung haben werden, können wir uns in ein paar Jahren ja noch einmal sprechen.

7. Bei Streß

Mittlere Kinder sind nicht so ängstlich und besorgt wie ihre älteren Geschwister. Zum Teil liegt das daran, daß ihre Eltern weniger ängstlich und besorgt waren, als sie durch die verschiedenen Etappen ihrer Entwicklung gingen.

Zum Beispiel wird der erste Schultag des Erstgeborenen Mama und Papa wahrscheinlich an den Rand eines Nervenzusammenbruchs bringen. Wird er zurechtkommen? Wird er sich mit den anderen Kindern verstehen? Wird der Lehrer nett zu ihm sein? Was, wenn er das Geld für seine Pausenmilch verliert? Und so weiter. Bis aber das mittlere Kind in die Schule kommt, ist das keine große Angelegenheit mehr. Wenn das Erstgeborene seine erste Mittelohrentzündung oder sein erstes Fieber bekommt, werden die Eltern nahezu panisch. Doch wenn dem zweiten Kind dasselbe passiert, wissen sie genau, was sie zu tun haben.

Des weiteren stellen Mami und Papi viel höhere Anforderungen an das Erstgeborene als an ihr zweites Kind. Deshalb ist es nicht so gehetzt, so zielorientiert oder so leicht gestreßt wie sein älteres Geschwister.

Die Kompromißfähigkeit des mittleren Kindes kommt ihm hierbei zugute. Es erkennt, daß Geben und Nehmen ganz normal zum Leben dazugehören, und es macht sich nicht verrückt, wenn nicht alles so geht, wie es sich das vorgestellt hat.

Ein besonderes Problem hat das mittlere Kind allerdings, und das ist, daß es nicht gerne um Hilfe bittet oder zugibt, daß es Hilfe braucht. Wenn das Erstgeborene nicht mehr zu Rande kommt, wird es sich wahrscheinlich an einen kompetenten Therapeuten wenden. Das mittlere Kind hingegen wird leugnen, daß es überhaupt ein Problem hat.

Mit anderen Worten: Das mittlere Kind ist längst nicht so streßanfällig wie sein älteres Geschwister, doch wenn ihm einmal alles zuviel wird, wird es das Problem unter Umständen riesengroß werden lassen, bevor es sich endlich damit befaßt.

8. Mit Religion und Philosophie

Wenn Sie ein mittleres Kind heiraten wollen, dann wird das wahrscheinlich jemand sein, der ganz genau definierte philosophische und religiöse Überzeugungen hat. Diese Anschauungen müssen allerdings nicht notwendigerweise dieselben sein, die seine Eltern hatten, und das mittlere Kind ist nicht die Art von Mensch, der seine Glaubensüberzeugungen mit anderen teilen muß.

Wenn der Mensch, der zu Ihnen kommt und mit Ihnen über seine Religion sprechen will, ein mittleres Kind ist, können Sie sicher sein, daß er sehr tief empfindet. Es braucht schon sehr viel Leidenschaft, bis er seine natürliche Neigung, seine tiefsten Anschauungen und Überzeugungen für sich zu behalten, überwindet. Das mittlere Kind ist eher jemand, der sagt: „Ich finde, daß Religion eine sehr persönliche Angelegenheit ist." Politiker und Prominente, die öffentlich über ihre Glaubensüberzeugungen reden, werden ihm suspekt sein, und er wird die Redlichkeit ihrer Motive in Frage stellen.

Mittlere Kinder hassen es, wenn andere für sie entscheiden. Sie wollen die Dinge selbst in die Hand nehmen.

Eine strenggläubige jüdische Familie war höchst erstaunt, als ihr mittlerer Sohn aus dem College nach Hause kam und ihnen eröffnete, daß er zum Christentum übergetreten war. Sie konnten nicht verstehen, wie er etwas tun konnte, das sie als Verrat an ihrem Erbe ansahen. Es war nicht leicht, aber nach einer Weile waren die Eltern in der Lage, den neuen Glauben ihres Sohnes zu akzeptieren – nicht für sich selbst, aber als Ausdruck der Absicht des Sohnes, seinen eigenen Platz in der Welt zu finden.

Der leidenschaftliche Konvertierte – sei es nun vom Juden zum Christen, vom Christen zum Juden oder vom Methodisten zum Lutheraner – ist aller Wahrscheinlichkeit nach ein mittleres Kind. Was er damit sagt, ist nämlich: „Ich gebe mich nicht damit zufrieden, ein anonymes Gesicht zu sein, das in der Masse untergeht. Ich bin einzigartig und werde meinen eigenen Weg im Leben gehen."

Was macht eine Ehe beständig?

Psychology Today interviewte 351 Paare, die fünfzehn oder mehr Jahre verheiratet waren, um herauszufinden, warum ihre Ehe so lange gehalten hatte.[1] Von den 351 befragten Paaren gaben 300 an, daß sie glücklich verheiratet seien, 19, daß sie unglücklich seien, aber aus anderen Gründen zusammenblieben, und in 32 Fällen sagte nur einer der Partner, daß er in der Ehe nicht glücklich sei.

Den Paaren wurden verschiedenste Gründe vorgelegt, warum eine Ehe hält, aus denen sie die auswählen sollten, die am besten auf sie zutrafen. Hier sind die Hauptgründe, die genannt wurden. Ich gebe sie kommentarlos wieder, aber es ist schon interessant zu sehen, wie ähnlich die von Frauen und Männern genannten Gründe sind. Zunächst die Antworten der Frauen, dann die der Männer:

FRAUEN
1. Mein Mann ist mein bester Freund.
2. Ich schätze meinen Mann als Mensch.
3. Eine Ehe ist eine Verpflichtung auf Dauer.
4. Die Ehe ist heilig.
5. Wir haben die gleichen Ziele.
6. Mein Mann ist interessanter geworden.
7. Ich will eine glückliche Beziehung.
8. Wir lachen viel miteinander.
9. Wir haben dieselbe Lebensphilosophie.
10. Wir stimmen darin überein, wie und wie oft wir intim miteinander sind.

MÄNNER
1. Meine Frau ist mein bester Freund.
2. Ich schätze meine Frau als Mensch.
3. Eine Ehe ist eine Verpflichtung auf Dauer.
4. Die Ehe ist heilig.
5. Wir haben die gleichen Ziele.
6. Meine Frau ist interessanter geworden.
7. Ich will eine glückliche Beziehung.

8. Eine stabile Beziehung ist die Grundlage gesellschaftlicher Stabilität.

9. Wir lachen viel miteinander.

10. Ich bin stolz auf meine Frau.

Teil IV

Für Letztgeborene

Das lockere Leben der Letztgeborenen: Gut gelaunt ins Verderben

Okay, Letztgeborene, bevor ich weitermache, will ich Ihnen sagen, daß Sie mir nichts vormachen können.
Ich weiß genau, daß Sie erst hier zu lesen anfangen, aber das ist in Ordnung, denn ich würde von einem Letztgeborenen gar nichts anderes erwarten. Und wer weiß? Vielleicht finden Sie ja im nächsten Sommer die Gelegenheit, das ganze Buch zu lesen.

In diesem Kapitel werden wir betrachten, was passiert, wenn zwei Letztgeborene sich ineinander verlieben. Im nächsten Kapitel werden wir sehen, wer am allerbesten zum Letztgeborenen paßt. Und schließlich werden wir, genauso, wie wir das beim Erstgeborenen und beim mittleren Kind getan haben, das Ganze abrunden mit ein paar besonderen Ratschlägen für Letztgeborene, die sich als Detektiv in Sachen Liebe betätigen wollen.

Ich möchte hier noch einmal sagen, daß ich mit den Letztgeborenen vielleicht etwas streng ins Gericht gehe, aber das liegt nur daran, daß ich selbst einer bin. Also wenn Sie ein Letztgeborener sind, dann denken Sie daran, daß ich hier zu mir genauso spreche wie zu Ihnen.

Ich hatte übrigens gerade ein ziemlich peinliches Erlebnis, das mich daran erinnerte, wie wir Letztgeborenen uns manchmal auf Spiel und Spaß konzentrieren und dabei übersehen, daß es auch noch wichtigere Dinge gibt.

Sie müssen wissen, daß es mir sehr wichtig ist, ein guter Vater zu sein. Ich glaube, daß ich in fast jeder Hinsicht eine Eins oder sogar eine Eins mit Stern verdient hätte. Meiner Meinung nach ist ein guter Vater oder eine gute Mutter zu sein das Wichtigste, das jemand je erreichen kann, und ich nehme die Sache sehr ernst. Das wollte ich nur gesagt haben, bevor ich jetzt die Geschichte erzähle.

Meine Frau fuhr kürzlich für zwei Tage nach Phoenix. Sie hatte einen kleinen Tapetenwechsel nötig und nahm unsere Tochter Holly mit. Die zwei wollten ein paar Einkäufe machen, ein, zwei Kinofilme sehen und sich eine schöne Zeit machen. Ich blieb also zu Hause in Tucson zurück mit Kevin, Krissy und der zweieinhalbjährigen Hannah.

Nach der ersten Nacht fanden die beiden älteren Zuflucht bei Freunden und ließen Hannah und mich allein. Sande rief am ersten Abend an und war ungefähr so rührend wie ein Polizeibeamter bei der Vernehmung auf dem Revier. Wie kamen wir zurecht? Was machten die Kinder? Und so weiter und so fort. Ich versicherte ihr, daß alles in Ordnung sei und ich die Dinge voll im Griff hätte, sie bräuchte sich also keine Sorgen zu machen.

Am zweiten Abend rief sie mich wieder an und fragte, wie unser Tag denn gelaufen sei. Ich erzählte ihr, was wir alles Schönes gemacht hatten, welche Geschichten ich vorgelesen hatte, welche Spiele gespielt usw. Dann fragte sie: „Was hast du ihr denn zu Mittag gegeben?" Plötzlich herrschte tiefes Schweigen an meinem Ende der Leitung.

Zu Mittag? Äh... Ich wußte, daß ich etwas vergessen hatte.

Ich hatte vergessen, meiner Tochter etwas zu essen zu geben.

Naja, ich hatte ihr etwas zum Frühstück gegeben – ein Ei und Toastbrot –, und ich hatte ihr ein Fläschchen gemacht, als ich sie ins Bett brachte, aber sonst hatte sie den ganzen Tag nichts gegessen.

Der Tag war furchtbar hektisch gewesen, und da hatte ich es irgendwie vergessen.

Sande und ich mußten ganz schön lachen. Sie weiß, daß wir „Babys" manchmal einfach etwas vergessen. Und ich bin wieder einmal sehr dankbar für meine Frau, die als Erstgeborene nie die Übersicht verliert.

Bevor wir weitergehen, will ich Ihnen gleich sagen, daß eine Ehe zwischen zwei Letztgeborenen normalerweise eine ganz schön wilde Fahrt wird. Wenn es Ihnen in der Achterbahn leicht schlecht wird, sollten Sie dieses Kapitel vielleicht ganz überspringen!

Welche Problemfelder ergeben sich in einer Beziehung zwischen Letztgeborenen?

1. Sie leben nach dem Motto „Bestellt wird jetzt, bezahlt wird später" unbekümmert in den Tag hinein.
2. Sie lassen sich gerne verhätscheln und verwöhnen.
3. Sie machen zick, wenn sie zack machen sollten.
4. Sie sehnen sich beide danach, im Rampenlicht zu stehen.
5. Sie sind oft eifersüchtig auf ihre älteren Geschwister.

Ich würde sagen, daß ihre Neigung, unbekümmert in den Tag hineinzuleben, eines ihrer größten Probleme ist. Denn wenn zwei Letztgeborene zu wählen haben zwischen Vergnügen und Verantwortung, kann man fast sicher sein, daß sie sich für das Vergnügen entscheiden. Sie sind nicht die Art von Leuten, die sich über die möglichen Folgen übermäßig Gedanken machen. Ihre Einstellung ist: „Was sollen wir uns über ungelegte Eier den Kopf zerbrechen?"

Ein Letztgeborenes ist ein wunderbarer Ausgleich für ein immerernstes Erstgeborenes. Das Letztgeborene zeigt dem Erstgeborenen, daß das Leben nicht immer todernst ist, und daß es in Ordnung ist, ab und zu einmal ein wenig zu lachen. Das Erstgeborene andererseits wird dem Letztgeborenen helfen, sich auch verantwortlich zu zeigen, indem es ihm klarmacht, daß das Leben bisweilen tatsächlich ernst ist und entsprechend damit umgegangen werden muß. Insofern bilden die beiden ein gutes Team und entwickeln eine ausgeglichenere Lebenseinstellung.

Steckt man hingegen zwei Letztgeborene zusammen, dann werden sie sich gegenseitig in ihrer unbekümmerten Art nur noch bestärken. Sie könnten gerade einen Schaufensterbummel machen, und die Frau entdeckt ein schickes, neues Messingbett in einer Auslage.

Sie sagt: „Sieht das nicht toll aus? Das würde sich wirklich gut in unserem Schlafzimmer ausmachen."

Der Mann antwortet: „Du hast recht. Komm, das holen wir uns." Das Ding mag ein Vermögen kosten, und die beiden können es sich vielleicht gar nicht leisten, aber sie werden es sich nicht mehr aus dem Kopf schlagen.

Dann gehen sie in ein Kaufhaus, und er sieht einen Anzug, der ihm gefällt. Er hat eigentlich schon genug Anzüge, aber was soll's, es könnte nicht schaden, noch einen zu haben, und seine lebenslustige Frau wird die letzte sein, die ihm sagt, daß er ihn nicht braucht. Dann kommen sie in die Abteilung für Küchengeräte, und da steht diese neuartige Kombination aus Küchenmaschine und Kaffeemaschine. Und so geht es weiter mit dem Geldausgeben.

Wäre aber einer von beiden kein Letztgeborenes, dann hätten sie sich wahrscheinlich gar nie in diesen Kaufrausch hineingesteigert. Der Mann hätte vielleicht gesagt: „Ja, das Messingbett sieht wirklich toll aus, nur schade, daß wir es uns jetzt noch nicht leisten können." Oder die Frau hätte ihrem Mann gesagt: „Das ist ein sehr schöner Anzug, Schatz, aber du hast doch schon etliche Anzüge im Schrank hängen. Ich glaube nicht, daß du schon wieder einen neuen brauchst."

Die letztgeborene Frau wäre wahrscheinlich nicht über das negative Gerede ihres Mannes begeistert gewesen und hätte nur ungern auf ihn gehört. Der letztgeborene Mann wiederum hätte sich wahrscheinlich geärgert, weil seine Frau ihn diesen neuen Anzug nicht kaufen „läßt", aber ihre vernünftigere Lebenseinstellung wäre ihm sehr zugute gekommen.

1. Sie leben nach dem Motto „Bestellt wird jetzt, bezahlt wird später" unbekümmert in den Tag hinein

Ich hatte einmal ein typisches Paar von Letztgeborenen in Therapie, Ted und Alice. Ihre Unfähigkeit, für die Zukunft zu planen, brachte ihre Beziehung ganz schön ins Schleudern.

Es begann alles damit, daß die beiden das Angebot hatten, eines der schönsten Häuser in der Gegend zu kaufen. Der Besitzer war von seiner Firma in einen anderen Bundesstaat versetzt worden und wollte nun schnellstens verkaufen. Deshalb bot er das Haus für fünfzehntausend Dollar unter Wert an. Er verlangte nur fünftausend Dollar, um seine Hypothek tilgen zu können, was bedeutete, daß jeder, der das Haus kaufte, zehntausend Dollar einsparte. Ein weiterer Punkt, der diesen Kauf besonders attraktiv für Ted und Alice machte, war, daß aufgrund der Direktübernahme vom Vorbesitzer keine Bonitätsprüfung erforderlich war.

Sie wußten beide, daß ihre Bonität wohl kaum ausgereicht hätte, denn in der Vergangenheit hatten sie immer wieder finanzielle Schwierigkeiten gehabt. Ted und Alice waren schon immer Letztgeborene durch und durch gewesen. Sobald sie etwas sahen, das ihnen gefiel, kauften sie es. Sie schienen noch nie davon gehört zu haben, daß man auf etwas sparen könnte, oder daß man sich etwas zurücklegen lassen könnte, um es erst mit nach Hause zu nehmen, wenn man dafür bezahlt hatte. Wenn sie etwas wollten, egal was, wollten sie es sofort haben. Das Ergebnis waren bis ans Limit oder sogar darüber hinaus ausgereizte Kredite, Anrufe von Inkassobüros und Kreditsperrungen.

Diesmal hingegen sollte alles anders sein. Dieses Haus war so groß und geräumig, genau das, wovon sie immer geträumt hatten. Die Sache hatte nur einen kleinen Haken, und das war, daß sie die Raten nicht wirklich bezahlen konnten. Sicherlich nur eine Kleinigkeit, die sie übersehen hatten. Kein Grund, schlaflose Nächte zu verbringen.

In der Mittagspause hatte ein Arbeitskollege Ted sogar einmal darauf angesprochen:

„Hast du denn keine Angst wegen der hohen Belastung?"

„Nein, gar nicht."

„Ich weiß nicht, Ted. Das ist ein Haufen Geld, und wenn du nicht viel mehr verdienst als ich..."

„Ich habe da keine Bedenken."

Und damit war das Gespräch beendet.

Nachdem Ted und Alice in ihr neues Haus gezogen waren, hatten sie überhaupt keine Schwierigkeiten, die Zahlungen zu leisten – zwei Monate lang. Im dritten Monat saßen sie in einer Zwickmühle. Wenn sie die Hypothek bezahlten, würde das Geld nicht mehr für die Telefon- und die Stromrechnung reichen. Sie beschlossen, die Telefonrechnung stehen zu lassen, weil ihnen Strom zu haben wichtiger erschien als Telefon. Sie dachten, daß sie die Telefonrechnung im nächsten Monat begleichen könnten, obwohl keiner wußte, wie dies geschehen sollte.

Bis dahin hatten beide ihren Lebensstil nicht verändert. Ted ging fünfmal in der Woche zum Mittagessen, und ihm kam nicht einmal der Gedanke, daß er sich von zu Hause etwas mitnehmen könnte. Und Alice hielt an ihrer Gewohnheit fest, einmal in der Woche mit ihren Freundinnen zum Dinner zu gehen. Und selbst als diese vorschlugen, etwas kürzer zu treten und in nicht ganz so teure Restaurants zu gehen, wollte sie nichts davon wissen. Sie sagte, daß sie keine Lust hätte, ihren Abend mit den Freundinnen über Hamburgern und Fritten zu verbringen.

Als die Tochter eines Nachbarn heiratete, überreichten Ted und Alice ein teures Silberbesteck als Hochzeitsgeschenk.

„Wir wollten uns nicht lumpen lassen", sagte Alice. „Schließlich kennen wir die Leute seit Ewigkeiten, da konnten wir nicht mit ein paar Handtüchern oder so etwas ankommen." Meine Antwort als Psychologe lautet: „Warum nicht?" – denn man kann nur das tun, was man sich leisten kann. Meine Antwort als Letztgeborener ist verständnisvolle Zustimmung, denn ich selbst muß mich, wenn's ums Geld geht, auch immer am Riemen reißen. Zum Glück bin ich mit einer Erstgeborenen verheiratet, und Sande bringt mich immer rechtzeitig zur Vernunft, bevor ich zu tief in den Treibsand gerate. Ted und Alice hingegen schienen einander noch tiefer in selbigen hinabzuziehen, anstatt zu versuchen, sich gegenseitig herauszuziehen.

Richtig schlimm wurde es im vierten Monat im neuen Haus; es war November und Zeit, die ersten Weihnachtsgeschenke einzukaufen. Sie befanden sich in einer ausweglosen Situation, denn sie konnten nicht die Hypothek bezahlen und Weihnachtsgeschenke für Freunde und Verwandte kaufen. Das Telefon war längst abgestellt worden, sie hatten sich von Freunden Geld leihen müssen, damit die Trinkwasserversorgung wieder angestellt wurde, und sie bekamen schon unangenehme Briefe von der Elektrizitätsgesellschaft.

Sie beschlossen, daß das einzige, was ihnen übrig blieb, war, die Hypothek sausen zu lassen. Wenn sie das täten, könnten sie die Nachzahlung für den Strom leisten und die Telefonrechnung bezahlen, und sie hätten noch genug Geld, um den Kindern ein schönes Weihnachtsfest zu bereiten.

Und es wurde ein rauschendes Fest!

Leider schienen sie aus ihren Fehlern nicht zu lernen. Sie planten überhaupt nicht langfristig. Statt dessen hatten sie die Einstellung, für den Tag zu leben, und sie waren immer nur damit befaßt, dort zu löschen, wo es gerade am meisten brannte. Sie setzten sich nie hin, um einen Plan aufzustellen, der ihnen geholfen hätte, Probleme in der Zukunft zu vermeiden.

Jetzt sitzen sie so tief in der Tinte, daß keiner von beiden weiß, was als nächstes passieren wird. Sie wirken jetzt ganz verändert. Sie sind so ernst und gedämpft, daß man glauben könnte, ein Paar von Super-Erstgeborenen vor sich zu haben. Aber ihre Letztgeborenenmentalität ist so fest in ihnen verankert, daß ich mich frage, ob sie nicht bei der ersten Gelegenheit wieder anfangen werden, das Geld zum Fenster hinauszuwerfen.

Die Geschichte, die ich Ihnen hier erzählt habe, habe ich aus dem zusammengesetzt, was die beiden mir erzählt haben. Aber wenn ich Ihnen die Geschichte wiedergeben würde, so wie Alice sie mir dargestellt hat, würden Sie sehen, daß Ted an dem Ganzen schuld ist. Folgt man hingegen Teds Darstellung, liegt die ganze Schuld bei seiner Frau.

Das ist ein anderes Kennzeichen von Letztgeborenen. Sie sind Meister darin, einem anderen den Schwarzen Peter zuzuschieben und die Verantwortung abzuwälzen.

Jetzt sagt bestimmt ein Letztgeborener unter meinen Lesern: „He, Leman, Sie riskieren eine dicke Lippe! Wie können Sie es wagen, so über die Letztgeborenen herzuziehen?" Ich darf noch einmal daran erinnern, daß ich selbst ein Letztgeborener bin, also weiß ich, wovon ich rede!

Ich werde Sie nicht zu mir hereinbitten, damit Sie meine Kreditkartenrechnungen sehen können. Das wäre mir zu peinlich. Aber ich bin sehr dankbar, mit einer vernünftigen Erstgeborenen verheiratet zu sein, die aufpaßt, daß ich nicht zuviel Blödsinn mache. Ich will gar nicht daran denken, in was für einer Lage ich wäre, wenn ich mir selbst überlassen wäre, oder wenn ich eine Frau hätte, die mich in meiner Tendenz zur Verantwortungslosigkeit noch unterstützen würde.

Aber bitte vergessen Sie nicht, daß wir Letztgeborenen auch ein paar gute Eigenschaften haben. Die Wahrheit ist, daß die Nesthäkchen eine ganze Reihe großartiger Charakterzüge haben. Aber diese Eigenschaften kommen nicht so recht zum Zuge, wenn zwei Letztgeborene zusammen sind. Das kommt daher, daß sie ihre Schwächen gegenseitig eher noch verstärken. Und vergessen Sie bitte auch nicht, daß ich in diesem Kapitel über die besonderen Probleme spreche, die auftreten können, wenn sich zwei Letztgeborene zusammentun.

Eine Beziehung zwischen zwei Menschen mit derselben Position in der Geschwisterreihe kann so ähnlich sein wie eine Überdosis eines Medikaments. Was ich damit sagen will, ist, daß die meisten Medikamente unangenehme Nebenwirkungen haben. Wenn man von irgendeinem Medikament mehr einnimmt, als einem verschrieben wurde, wird dies nicht seine Heilkraft verstärken, sondern die Nebenwirkungen. Nehmen Sie also ein absolut großartiges Letztgeborenes, dessen einziges Laster ist, das Geld zum Fenster hinauszuwerfen, und stecken Sie es mit einem finanziell verantwortungsbewußten Erstgeborenen zusammen, und es gibt überhaupt kein Problem. Aber nehmen Sie zwei absolut großartige Letztgeborene, die beide gern das Geld zum Fenster hinauswerfen, und stecken Sie die beiden zusammen, und die Katastrophe ist perfekt!

2. Sie lassen sich gerne verhätscheln und verwöhnen

Haben Sie schon einmal jemanden kennengelernt, der nichts selbst tun konnte? Nicht, daß er nicht die Fähigkeit dazu gehabt hätte – er fühlte sich einfach nicht danach. Vielleicht haben Sie über ihn gelacht und gesagt: „Er hätte als Prinz geboren werden sollen, denn er hätte bestimmt nichts dagegen, sich vorne und hinten bedienen zu lassen."

Wahrscheinlich haben Sie genickt, als ich Sie fragte, ob Sie so jemanden kennen. Fast jeder kennt so einen Menschen.

Wenn Sie einen kleinen Prinzen oder eine kleine Prinzessin kennen, ist das wahrscheinlich ein jüngstes Kind. Das kommt vor allem daher, weil die Eltern ihre Jüngsten immer noch ein Baby sein lassen, wo die anderen Kinder sich schon längst „altersgemäß" verhalten mußten.

Als das Jüngste geboren wurde, wurden die anderen Kinder der Familie plötzlich als kleine Erwachsene angesehen, ob sie es nun waren oder nicht. Mamis (und Papis) ganze Aufmerksamkeit galt nur noch dem kleinen Mortimer, und in den meisten Fällen mußten die anderen dann sehen, wie sie zurechtkamen.

„Mutti, was gibt es zum Frühstück?" fragt der sechsjährige Maximilian.

„Schätzchen, im Regal sind Cornflakes, und die Milch ist im Kühlschrank. Du bist doch jetzt schon ein großer Junge, also hole es dir selbst."

Mutti will nicht gemein zu Max sein, aber sie hat mit Mortimer alle Hände voll zu tun und kann sich nicht mehr so wie früher um die anderen kümmern. Leider werden die Eltern im Lauf der Jahre höchstwahrscheinlich nicht aufhören, Mortimer zu verhätscheln. Nicht, daß sie ihn mehr lieben als die anderen, aber aus ihrer Perspektive bleibt er ewig das Baby, das besondere Hilfe braucht, und die anderen werden immer als die Großen angesehen, die sich schon selber kümmern können. Dadurch gewöhnt sich Mortimer daran, von anderen bedient zu werden.

Aber nicht nur Mutti und Vati erwecken in ihm die Vorstellung, daß er es verdient, bedient zu werden. Auch seine älteren Geschwister tragen dazu bei.

Was passiert, wenn Mortimer durstig ist?

„Mutti, Mortimer hat Durst."

„Mutti, Mortimer hat Hunger."

„Vati, Mortimer muß mal."

Ich habe Fälle von letztgeborenen Kindern gesehen, die in ihrer sprachlichen Entwicklung retardiert waren, weil ihre älteren Geschwister alles für sie sagten. Warum sollte das Kind sich die Mühe machen zu sprechen, wenn es auch so ging? Manche Eltern kamen tiefbesorgt zu mir, weil offensichtlich etwas mit der geistigen Entwicklung ihres Jüngsten nicht stimmte; er fing einfach nicht zu sprechen an. Eine nähere Untersuchung erbrachte, daß das Kind sogar hochintelligent war. Natürlich würde es nichts tun, das seine Geschwister in ihrer fürsorglichen Art bremsen würde – also auch nicht selber sprechen!

Ist da ein frecher Kerl, der Klein Mortimer immer ärgert? Das wird er nicht lange tun, denn der große Bruder wird sich um ihn kümmern.

Gibt es etwas in der Schule, womit Mort nicht so recht klarkommt? Bestimmt wird sich die große Schwester seiner annehmen und ihm zeigen, wie es gemacht wird. Und höchstwahrscheinlich wird sie es sogar selber für ihn tun.

So geht es im Leben eines Letztgeborenen.

Leider wird dieses Leben nicht immer so weitergehen, es sei denn, man ist wirklich ein Prinz oder eine Prinzessin. Doch früher oder später steht man allein in der Welt, und da sind keine großen Brüder oder Schwestern oder fürsorglichen Eltern, die alles für einen tun. Dann muß man anfangen, selber für sich zu sorgen.

Eine Frau, die so aufgewachsen ist, wird wahrscheinlich von ihrem Mann erwarten, daß er sie immerzu verwöhnt. Wenn ihr Mann auch ein Letztgeborenes ist, wird er allerdings wahrscheinlich von seiner Frau erwarten, daß sie ihn so behandelt, wie es seine Mutter immer tat.

Was dabei herauskommt, sind zwei wütende und enttäuschte Leute, die nicht verstehen, wie ihr Ehepartner nur so selbstsüchtig sein kann. Beide haben nämlich nicht erkannt, daß die Ehe eine gleichberechtigte Beziehung ist, in der jeder sein Bestes tun muß, um den anderen glücklich zu machen. Er hat keine Frau gesucht, sondern eine Dienstmagd. Sie hat keinen Mann gesucht, sondern einen Papi. Wenn beide nicht erkennen, daß man aus einer Beziehung nur bekommt, was man hineinsteckt, steuert ihre Ehe auf eine Katastrophe zu. Ein solcher Ehemann hat mir einmal gesagt: „Ich weiß, daß ich egoistisch bin, aber es war mein ganzes Leben lang so, und jetzt fällt es mir schwer, mich zu ändern."

Meine Antwort darauf war, daß er sich lieber ändern sollte, und zwar schnell, wenn er seine Ehe retten wollte. Zum Glück tat er es. Unglücklicherweise neigen Letztgeborene dazu, zu sagen: „Ich werde mich ändern, wenn du dich änderst." Und so gehen die beiden Letztgeborenen durchs Leben und ändern nie etwas!

3. Sie machen zick, wenn sie zack machen sollten

Ich wuchs in Williamsville, New York auf und verbrachte als Kind ziemlich viel Zeit auf dem Wasser mit Bootfahren oder Fischen. Als Junge war ich sehr gerne auf dem Wasser, und auch heute liebe ich es noch.

Aber ich werde nie vergessen, wie ich zum ersten Mal auf einen See hinausruderte. Ich behauptete, daß ich mich mit Ruderbooten auskenne. (Das ist auch typisch für Letztgeborene. Wir glauben, daß wir alles schon können.) Ich war ganz schön entsetzt, als ich feststellte, daß ich dieses kleine Boot um alles in der Welt nicht auf Kurs bringen konnte. Ich wußte sehr gut, daß ich alles tat, um geradeaus zu fahren, aber das Boot fuhr einfach nicht geradeaus. Während der ersten Viertelstunde drehte es sich hartnäckig im Kreis. Als ich endlich aus dem Drehwurm heraus war, fuhr es einmal nach links, dann wieder nach rechts, dann wieder nach links – sehr zu meiner Verwunderung und zur Belustigung derer, die mir vom Ufer aus bei meinem ersten Versuch als „Schiffs-käpt'n" zusahen.

Zwei Letztgeborene gehen manchmal durchs Leben, als säßen sie in diesem kleinen Boot. Sie haben vielleicht ein bestimmtes Ziel vor Augen, aber wenn man ihnen zusieht, wird man nie herausfinden, wohin sie steuern. Letztgeborene gehören nicht zu den Leuten, die einem festen Kurs folgen, und genauso unwahrscheinlich ist es, daß sie bis zum bitteren Ende durchhalten.

Wenn Joe Letztgeboren mit einer Frau verheiratet ist, die sein Wesen versteht, ihm wohlwollend gegenübersteht, sein Ego ein wenig massiert und ihn anspornt weiterzumachen, dann ist alles in Ordnung. Aber lassen Sie ihn mit einer Frau zusammenleben, die seine impulsive Art teilt oder wie er von dem einen Deal träumt, der das große Geld bringen soll, und sie kommen wahrscheinlich beide in Schwierigkeiten.

Zum Beispiel hatte er einen schlechten Tag in der Arbeit.

„Liebling", sagt er, als er am Abend nach Hause kommt, „ich habe die Nase voll von diesem blöden Job. Mein Chef ist ein Idiot, er sieht überhaupt nicht, was ich leiste, und ich verschwende dort nur mein Talent. Ich werde kündigen." Und genau das tut er.

Später wird er diesen Schritt vielleicht bitter bereuen. Aber weil er niemanden hatte, der ihn beruhigte und zum Nachdenken brachte, folgte er seinem ersten Impuls.

Ein Bekannter von mir, Letztgeborener, hat in den letzten drei Jahren mindestens sechsmal den Arbeitsplatz gewechselt. Er hält es nirgendwo längere Zeit aus, weil er immer die Lust verliert und sich sagt: „Ich werde es mit dieser popeligen Arbeit zu gar nichts bringen." Allerdings wird man, wenn man nur ein halbes Jahr oder gar weniger an einem Arbeitsplatz bleibt, es wohl kaum schon bis zum Vizepräsidenten gebracht haben.

Mein Freund Rodney hofft immer noch, eines Tages den großen Coup zu landen. Er ist ein Träumer und Plänemacher, und das ist besonders traurig, weil er schon bald fünfzig wird und es allmählich besser wissen sollte. Was seine Frau anbelangt, so träumt und plant sie mit ihm dahin. Ich befürchte, daß sie eines Tages beide fünfundsechzig sind und keine Investitionen, keine Pension und keine Ersparnisse fürs Alter haben.

Das meine ich, wenn ich sage, daß Letztgeborene zick machen, wenn sie zack machen sollten. Sie können kapriziös und eigenwillig sein und ihr Leben völlig umkrempeln, ohne vorauszuschauen und die Konsequenzen ihrer Handlungen zu bedenken.

Bevor wir weitergehen, möchte ich sicherstellen, daß ich nicht den Eindruck hinterlasse, daß der Letztgeborene womöglich einen Zickzackkurs verfolgt, weil er gierig ist. Das kann der Fall sein, aber mit der gleichen Wahrscheinlichkeit kann er irgendeinem anderen flüchtigen Ziel nachstreben. Vielleicht meint er, daß seine Arbeit ihn nicht ausfüllt. Seine Motive könnten sogar altruistischer Natur sein – vielleicht sucht er immerzu nach einer Möglichkeit, wo er von größerem Nutzen für die Menschheit sein kann. (Schließlich sind Letztgeborene extrem menschenorientiert.) Aber egal, welche Motive er auch hat, das Problem ist, daß er zu impulsiven Entscheidungen neigt, die sich letztlich als schädlich erweisen können.

Er braucht jemanden, der ihn bremst und nicht etwa dazu ermuntert, sich treiben zu lassen.

Beste Partnerkombinationen für Erstgeborene

Letztgeborener
mit älteren Brüdern

PLUS

Erstgeborene
mit jüngeren Brüdern

Letztgeborene
mit älteren Brüdern

PLUS

Erstgeborener
mit jüngeren Schwestern

Letztgeborener
mit älteren Schwestern

PLUS

Erstgeborene
mit jüngeren Schwestern

Letztgeborene
mit älteren Schwestern

PLUS

Erstgeborener
mit jüngeren Schwestern

Letztgeborene mit gemischten
älteren Geschwistern

PLUS

Erstgeborener mit gemischten
jüngeren Geschwistern

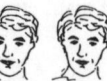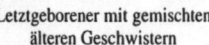

Letztgeborener mit gemischten
älteren Geschwistern

PLUS

Erstgeborene mit gemischten
jüngeren Geschwistern

4. Sie sehnen sich beide danach, im Rampenlicht zu stehen

Seit Klein Jake geboren wurde, hieß es nur noch: „Oh, ist er nicht süß?" Vielleicht mußte der große Bruder ihn immer wieder mitnehmen, wenn er ausging, und konnte sich dann wutschnaubend ansehen, wie seine Freundin sich gar nicht mehr fassen konnte über den süßen kleinen Bruder.

Wenn Jake etwas tat, das bei seinem großen Bruder als frech und ungezogen eingestuft worden wäre, lächelten und lachten die Leute nur und sagten, was für ein süßer Fratz er doch sei.

Die Letztgeborenen stehen im allgemeinen als Kinder immer im Mittelpunkt, und sie genießen das in vollen Zügen. Aber stecken Sie zwei solcher Mittelpunktsfiguren zusammen, und Sie werden Probleme bekommen. Wahrscheinlich wird so eine Verbindung mehr einer Suche nach Nachwuchsstars gleichen als einer Ehe. Und es liegt auf der Hand, daß eine Ehe, in der jeder eifersüchtig ist auf die Aufmerksamkeit, die der andere bekommt, nicht funktionieren kann.

Der Mann in so einer Ehe muß lernen, daß es gut ist, wenn seine Frau im Rampenlicht steht. Er muß sie gelegentlich glänzen und im Mittelpunkt stehen lassen. Und die Frau muß lernen, daß sie ab und zu in den Hintergrund treten und ihren Mann den Mittelpunkt der Party sein lassen kann.

5. Sie sind oft eifersüchtig auf ihre älteren Geschwister

Wie sollten wir Nesthäkchen auch nicht auf unsere älteren Geschwister eifersüchtig sein? Ich meine, als wir klein waren, mußten wir zu Hause bleiben, während unsere großen Geschwister in die Schule gehen durften. Sie hatten alle möglichen Privilegien, die wir nicht hatten, weil wir noch „zu klein" waren, zum Beispiel durften sie abends länger aufbleiben.

Wir wissen noch, wie es war, als wir als Kinder im Bett lagen und eifersüchtig waren, weil wir den Fernseher durch die Wand hören konnten und wir wußten, daß unsere älteren Geschwister die tollste Fernsehsendung der Welt sehen durften. Vielleicht wußten wir nicht einmal, was es war, aber wir wußten, daß es großartig sein mußte, einfach, weil wir es verpaßten und sie nicht.

Das waren einige der Nachteile, die man als Baby der Familie hatte. Und es sei dahingestellt, ob das ein glücklicher Umstand ist oder nicht, aber es stimmt: Wenn Sie einmal das Baby sind, bleiben Sie immer das Baby. Sie können inzwischen eins neunzig groß geworden sein und hundertdreißig Kilo wiegen, Sie sind und bleiben das Baby. Jemand, der eifersüchtig auf seine älteren Geschwister ist, wird alles daran setzen, sie auszustechen und zu beweisen, daß er besser ist als sie. Und wenn das zur entscheidenden Antriebskraft eines Menschen wird, wird er es im Leben nicht leicht haben.

Eifersüchtige Menschen sind meist mißtrauisch, was die Beweggründe und Handlungen anderer anbelangt, und ärgern sich über das – wie sie finden – unverdiente Glück der anderen. Stecken Sie zwei solche Leute zusammen, und sie werden wahrscheinlich ihre Paranoia gegenseitig nur verstärken, und sicherlich wird dabei keine gute Ehe herauskommen. Im zweiten Kapitel habe ich davon gesprochen, wie zwei kompromißlose Erstgeborene ein Wettrennen aus ihrer Ehe machen können. Zwei Letztgeborene, die eifersüchtig auf ihre älteren Geschwister sind, können das auch. Der einzige Unterschied ist, daß die Letztgeborenen wahrscheinlich nicht versuchen werden, ihre älteren Geschwister durch harte Arbeit und Ausdauer zu überrunden. Sie werden hingegen versuchen, ihren Wert durch den „einen großen Moment" im Rampenlicht zu beweisen, und darauf warten sie ihr ganzes Leben lang.

Die Letztgeborenen sollten nicht vergessen, daß es nichts dagegen zu sagen gibt, das Nesthäkchen oder Baby der Familie zu sein. Wer das einmal akzeptiert hat, sollte sich weniger eifersüchtig fühlen, aber ich weiß wohl, daß vielen Letztgeborenen die Haare zu Berge stehen, wenn sie nur daran denken, „Baby" genannt zu werden.

Einmal bekam ich von einem jungen Mann namens Larry, der an der Universität von Purdue studierte, einen empörten Brief, in dem er schrieb:

Ich bin der Jüngste in unserer Familie, und es stört mich sehr, daß Sie die Letztgeborenen als „Babys der Familie" bezeichnen.

Damit setzen Sie die negativen Vorurteile nur fort, die gegenüber Letztgeborenen bestehen, z. B. daß sie unfähig sind, weniger klug als ihre älteren Geschwister, nicht Manns genug in bestimmten Situationen, schüchtern, unprofessionell im Verhalten, für Führungspositionen ungeeignet usw.

Herr Dr. Leman, Sie als bundesweit anerkannter Psychologe sollten eigentlich über solche Angriffe auf die Würde und Selbstachtung anderer Leute erhaben sein.

Und Larry schließt seinen Brief mit: „Ich habe schon oft bemerkt, daß die Leute, sobald ich sage, daß ich Letztgeborener bin, automatisch ihr Verhalten ändern und mich von oben herab und ohne Respekt behandeln."

Klingt das nicht ein wenig so, als ob Larry neidisch wäre auf seine älteren Geschwister? Es scheint mir doch ganz so.

Alles, was ich Larry und den anderen Letztgeborenen, die so empfinden wie er, sagen kann, ist, daß es nie meine Absicht war zu behaupten, daß ein Konstellationstyp besser oder schlechter sei als ein anderer. Doch hat jeder Typ seine besonderen Stärken und Schwächen, und die Schwächen des Letztgeborenen rühren hauptsächlich aus seiner Position als verwöhntes und verzogenes „Baby" der Familie.

Wie Sie Ihre Letztgeborenen-Tendenzen überwinden können

Was können Sie tun, wenn Sie als Letztgeborenes mit einem anderen Letztgeborenen verheiratet sind und sich in einigen der Ehen wiedererkennen, die wir in diesem Kapitel diskutiert haben?

Sie können verschiedene Schritte unternehmen, um Ihre Ehe zu verbessern.

- Zunächst einmal können Sie, wenn Sie feststellen, daß Sie zum Egoismus neigen, etwas für Ihren Partner tun, ohne eine Gegenleistung zu erwarten. Es muß nichts furchtbar Schwieriges oder Teures sein. Überraschen Sie Ihre Frau mit einem kleinen Blumenstrauß, den Sie ihr ins Haus bringen lassen. Schicken Sie Ihrem Mann eine liebe Grußkarte ins Büro. Sagen Sie ihr, daß Sie einen Abend auf die Kinder aufpassen, damit sie mit ihren Freundinnen ausgehen kann. Verfrachten Sie die Kinder zum Babysitter und kochen Sie sein Lieblingsessen zu Abend. So lernen Sie, Dinge füreinander zu tun. Je mehr Sie üben, sich auf die Bedürfnisse des anderen zu konzentrieren, desto leichter wird es sein.

- Des weiteren können Sie einen Verwandten oder Freund nach dessen Gedanken und Plänen befragen. Zu lernen, sich für andere zu interessieren, ist eine gute Methode, die eigenen egoistischen Tendenzen zu überwinden und so auch besser mit diesen Tendenzen Ihres Partners umgehen zu können.

- Sie können lernen zu akzeptieren, daß Sie manchmal in den Hintergrund geschoben werden. Sie müssen nicht immer im Rampenlicht stehen. Sie können nicht immer im Mittelpunkt des Interesses stehen, und Sie müssen lernen, sich auch wohlzufühlen, wenn Sie ab und zu auch einmal im Schatten stehen.

- Sie können auch lernen, besser zu haushalten. Sie müssen nicht alles haben, was Ihnen gefällt. Abgesehen davon bedeutet einem eine Sache mehr, wenn man erst dafür gespart hat und sie dann schließlich kaufen und nach Hause bringen kann. Wenn Sie lernen, sich in finanziellen Dingen diszipliniert zu verhalten, wird Ihnen diese Disziplin auch in anderen Lebensbereichen zugute kommen.

- Sie können lernen, nicht immer Ihrem Gefühl zu folgen. Bleiben Sie bei dem einmal eingeschlagenen Kurs, und es wird sich am Ende auszahlen.
- Sie und Ihr Partner können einmal all das Positive aufschreiben, das Sie als Baby der Familie erfahren haben.
- Schließlich können Sie darauf achten, daß Ihr Partner für das, was er tut, die Verantwortung übernimmt. Wenn Sie alles in Ihrer Macht Stehende getan haben, um Ihre „verschwenderischen, Aufmerksamkeit heischenden" Tendenzen in Schach zu halten, können Sie von Ihrem Partner dasselbe verlangen und erwarten.

Sind Sie ein Letztgeborenes, das ernsthaft daran denkt, ein Letztgeborenes zu heiraten? Ich will Sie nicht davon abbringen, aber bevor Sie es tun, möchte ich Ihnen noch einen Rat geben: Werfen Sie einmal einen langen, gründlichen Blick auf Ihr Bankkonto und auf das Bankkonto der Person, die Sie heiraten wollen.

Ist einer von Ihnen reich? Dann ist ja alles gut. Denn wenn Sie die Konsumfreudigkeit von zwei Letztgeborenen finanzieren wollen, werden Sie wahrscheinlich alles Geld brauchen, das Sie bekommen können!

Das Letztgeborene und sein Traumpartner

Stellen Sie sich folgende Situation vor:
Sie wollen sich eigentlich den Spätfilm ansehen, aber es ist frustrierend, denn jedesmal, wenn die Handlung auch nur ein bißchen spannend wird, kommt eine Werbeunterbrechung, und da ist er wieder.

„Leute", sagt er, „kommt alle zu Crazie Charlies Gebrauchtwagenhandlung, gleich an der Autobahnüberführung. Wir haben rote Autos, blaue Autos, grüne Autos, wir haben Fords, Chevrolets und Plymouths, was immer ihr wollt, wir haben es..." Und er redet und redet, und Sie wundern sich, wie er so schnell reden und soviel sagen kann, ohne Luft zu holen.

In einem Spot reitet er auf einem Kamel oder einem Vogel Strauß, im nächsten geht er im Handstand oder steckt seinen Kopf in das Maul eines Löwen. Meist aber schlägt er mit der flachen Hand auf die Motorhaube irgendeines alten Wracks von Auto und erzählt einem, daß man nirgendwo in der freien Welt ein besseres Angebot finden wird. Und das Ganze macht er nur, weil er Ihnen einen Gebrauchtwagen verkaufen will.

Ich werde Ihnen etwas über diesen Kerl verraten: Er ist ein Letztgeborener, wie er im Buche steht. Aber haben Sie sich schon einmal gefragt, mit was für einer Frau er wohl verheiratet ist?

Sie muß eine tolle Frau sein, das ist klar. Ich meine, können Sie sich vorstellen, Tag für Tag für Tag mit diesem verrückten hyperaktiven Energiebündel von einem Mann auszukommen? Wenn Sie diesen Kerl im Fernsehen sehen, können Sie sich seine Frau vielleicht vorstellen:

Platinblond – aber sehen Sie nicht näher hin, sonst entdecken Sie die dunklen Haaransätze, schrille Stimme, genug Make-up, um eine ganze Flotte von *Mary-Kay*-Beraterinnen (Mary Kay ist eine Kauffrau. Sie präsidiert einen Kosmetik-Konzern gleichen Namens und macht Frauen Mut, ein eigenes Geschäft mit Kosmetikartikeln zu gründen. Ihr Anerkennungspreis für bewundernswert hohe Umsätze sind pinkfarbene Cadillacs) in rosa Cadillacs beschäftigt zu halten, wahrscheinlich hat sie kein Buch mehr gelesen, seit sie aus der Highschool gekommen ist (wenn man davon ausgeht, daß sie damals eines gelesen hat), siebenundfünfzig Pfund protzigen Schmuck an ihren Händen und um ihren Hals, und wahrscheinlich kommt sie nicht durch die Gänge des Supermarkts, ohne mit ihren schwingenden Hüften die Regale abzuräumen.

Entspricht das ungefähr Ihrer Vorstellung? Dann wette ich, daß Sie weit gefehlt haben.

Ich will Ihnen sagen, wie seine Frau wahrscheinlich wirklich ist.

1. Sie geht mit Ruhe und Ernsthaftigkeit an das Leben heran. Sie ist nicht leicht zu erschüttern und kann sich nicht erinnern, wann sie das letzte Mal aus der Fassung geriet. Sie wird spielend mit dem ausgefallenen Benehmen ihres Mannes fertig.

2. Sie ist wahrscheinlich eine sehr gebildete Person, der es niemals in den Sinn käme, den Fernseher einzuschalten, es sei denn, um die Nachrichten zu sehen. (Was für ein Glück! Da bleibt ihr die ganze Autowerbung mit ihrem kreischenden Mann erspart.) Wirklich, wahrscheinlich geht sie viel lieber ins Theater, insbesondere in Dramen von Shakespeare.

3. Wahrscheinlich ist sie ziemlich introvertiert. Sie hat ein paar gute Freunde, aber in der Menge fühlt sie sich unwohl, und sie haßt es aufzufallen.

Was ich damit sagen will, ist natürlich, daß unser Pfau von einem Letztgeborenen, der Gebrauchtwagenverkäufer, wahrscheinlich mit einer strengen und seriösen Erstgeborenen verheiratet ist. Und wenn dies tatsächlich der Fall sein sollte, dann sind sie wahrscheinlich sehr glücklich miteinander!

Es ist hier natürlich überhaupt nicht meine Absicht, mich über den Gebrauchtwagenverkäufer lustig zu machen. Der Mann setzt seine natürliche Veranlagung höchst wirkungsvoll ein und ist zweifellos sehr erfolgreich bei seiner Arbeit. Um das zu tun, was er tut, braucht es einen besonderen Mann, und er weiß genau, was er tut. Er verdankt seinen Erfolg zu einem großen Teil seinen wilden, verrückten Werbespots, und zu einem nicht zu unterschätzenden Teil seiner Frau, die wie ein Fels in der Brandung ist.

Ich habe schon gesagt, daß ich nicht der Ansicht bin, daß man verheiratet sein muß, um ein erfülltes Leben zu haben. Ich glaube nicht, daß die Ehe der Dreh- und Angelpunkt des menschlichen Daseins ist. Da ich selbst eine so großartige Ehe habe, bedauere ich natürlich ein wenig die Leute, die sich fürs Alleinsein entschieden haben. Aber mein größtes Mitgefühl gilt den Junggesellen und Junggesellinnen, die zufällig Letztgeborene sind.

In einem Song von Dean Martin heißt es: „Everybody loves somebody sometime" („Jeder liebt mal jemanden"), und ich weiß, daß das stimmt, und ganz besonders trifft es auf die Letztgeborenen zu. Oh, wir mögen versuchen, uns selbst zu genügen, aber wir sind wirklich nicht dafür geschaffen, alleine zurechtzukommen. Ein altes Sprichwort lautet, daß hinter jedem erfolgreichen Mann eine gute Frau steht. Das mag nicht immer zutreffen, aber ich würde eine Wette wagen, daß es zumindest in neunundneunzig Prozent der Fälle, wo der erfolgreiche Mann ein Letztgeborener ist, so ist. Und was für den Ganter gilt, gilt auch für die Gans, also würde ich sagen, daß hinter jeder erfolgreichen Letztgeborenen ein Mann steht.

Ich bin sicher, daß Sie dies inzwischen wissen – es sei denn, Sie haben den Anfang des Buchs übersprungen und erst bei diesem Kapitel zu lesen begonnen, daß der gute Geist, der hinter einem Letztgeborenen steht, zwangsläufig ein Erstgeborener oder ein mittleres Kind mit starken Erstgeborenentendenzen ist.

Ja, ich kenne ein paar glücklich verheiratete Letztgeborene, aber ich kenne auch Letztgeborenen-Ehen, die den Drehbuchautoren von Dallas genug Stoff für die nächsten fünf Jahre geben könnten!

Nach was für einem Erstgeborenen sollte ich Ausschau halten?

Es ist ja schön und gut zu sagen, daß Letztgeborene und Erstgeborene gut zusammenpassen, aber natürlich ist die Sache etwas komplizierter. Es gibt viele verschiedene Arten von Letztgeborenen, und das gleiche gilt für die Erstgeborenen. Zwar haben die meisten Letztgeborenen gewisse typische Gemeinsamkeiten, aber es gibt auch große Unterschiede. Sollten Sie vergessen haben, welche typischen Eigenschaften die Letztgeborenen im allgemeinen haben, dann lesen Sie noch einmal im ersten Kapitel nach. Aber zu diesen allgemeinen Merkmalen kommen noch verschiedene zusätzliche Faktoren hinzu, die die Persönlichkeit des Letztgeborenen ausmachen. Denken Sie nur an die verschiedenen Arten von Letztgeborenen:

1. jüngster Bruder von Brüdern
2. jüngste Schwester von Brüdern
3. jüngster Bruder von Schwestern
4. jüngste Schwester von Schwestern
5. jüngster Bruder von gemischten Geschwistern
6. jüngste Schwester von gemischten Geschwistern.

Lassen Sie uns ein kleines Spielchen machen, um festzustellen, ob Sie aufgepaßt haben bei dem, was ich über Ehen zwischen Vertretern unterschiedlicher Geschwisterpositionen gesagt habe. Unten sehen Sie eine Liste der jeweiligen Traumpartner für die oben aufgelisteten Letztgeborenen. Versuchen Sie jetzt, die Erstgeborenen aus untenstehender Liste mit dem richtigen Partner aus der Liste der Letztgeborenen oben zu kombinieren.

1. ältester Bruder von Brüdern
2. ältester Bruder von Schwestern
3. älteste Schwester von Schwestern
4. älteste Schwester von gemischten Geschwistern
5. älteste Schwester von Brüdern
6. ältester Bruder von gemischten Geschwistern

Sie haben alles richtig, oder? Falls Sie sich nicht sicher sein sollten – hier ist die richtige Paarung:

1. der jüngste Bruder von Brüdern mit der ältesten Schwester von Brüdern

2. die jüngste Schwester von Brüdern mit dem ältesten Bruder von Schwestern
3. der jüngste Bruder von Schwestern mit der ältesten Schwester von Schwestern
4. die jüngste Schwester von Schwestern mit dem ältesten Bruder von Schwestern
5. die jüngste Schwester von gemischten Geschwistern mit dem ältesten Bruder von gemischten Geschwistern
6. der jüngste Bruder von gemischten Geschwistern mit der ältesten Schwester von gemischten Geschwistern.

Wird das allmählich ein wenig kompliziert? Kommen Sie etwa schon ganz durcheinander? Eigentlich ist es sehr einfach. Sehen wir uns diese Paarungen einmal etwas genauer an.

Jüngster Bruder von Brüdern und älteste Schwester von Brüdern

Der Hauptgrund, warum diese Verbindung so gut funktioniert, ist, daß die Frau ihren Mann so vollkommen kennt.

Da sie mit jüngeren Brüdern aufwuchs, weiß sie, was es mit Jungen auf sich hat – und besonders mit jüngeren Brüdern, die gelegentliche Ratschläge und mehr als gelegentliche liebevolle Fürsorge brauchen.

Vielleicht hatte sie mit diesen kleinen Brüdern alle Hände voll zu tun, aber sicherlich hat sie sehr früh gelernt, wie sie mit ihnen umgehen muß, und das heißt, daß sie mit dem flatterhaften und unbeständigen Wesen ihres Mannes umzugehen weiß.

Wie ist der jüngste Bruder von Brüdern? Höchstwahrscheinlich

- ist er dickköpfig und unnachgiebig, wenn er etwas wirklich will, aber er ändert seine Meinung bezüglich dessen, was er wirklich will, sehr schnell;
- kann er ein ausgezeichneter Arbeiter sein, wenn er sich zu etwas entschlossen hat, aber er kann auch tage- und wochenlang zaudern und sich dann abhetzen müssen wie verrückt, um die Arbeit rechtzeitig zu erledigen;
- bringt er seine Probleme von der Arbeit mit nach Hause, aber er findet das nur fair, denn schließlich nimmt er auch seine Probleme von zu Hause mit in die Arbeit!

- nimmt und gibt er, ohne nachzudenken, denn Geld ist ihm nicht so wichtig. Deshalb wird er großzügige Geschenke anderer nicht immer zu schätzen wissen, aber er wird auch in der Lage sein, großzügig zu geben, ohne lange darüber nachzudenken.

- ist er nicht sehr gut zur Menschenführung geeignet, aber er wird recht beliebt sein. Aus seiner Sicht ist das wunderbar, denn für ihn gibt es nichts Wichtigeres, als beliebt zu sein.

- ist er für seine Kinder eher ein Spielkamerad als ein Vater. Er wird gerne mit ihnen lachen und lustig sein, und wahrscheinlich eher ihre Partei ergreifen, wenn Mutti sie bestrafen will. Genauso wird er sich wohl verhalten, wenn die Zeit für Elternsprechtage gekommen ist, und wird jede Klage des Lehrers über das Betragen seines Kindes als „Herumhacken" auf dem Kind auffassen.

Darüber hinaus könnte der jüngste Bruder von Brüdern so tun, als ob er ein Rebell sei, aber in Wirklichkeit ist das überhaupt nicht sein wahres Wesen.

Er wird andauernd irgendwelche Bemerkungen machen über Zwänge, von denen er sich befreien will, aber das meiste davon können Sie als viel Lärm um nichts abhaken.

Er könnte seiner Frau zum Beispiel sagen, daß er seine Arbeit haßt, und daß er kündigen und etwas Gescheiteres mit seinem Leben anfangen will. Er fühlt sich eingeengt, blockiert und so weiter. Seine Frau wird schon nervös und fragt sich, ob er wirklich ins Büro seines Chefs marschieren und kündigen wird. Aber das ist recht unwahrscheinlich. Vielleicht macht er ein, zwei Schritte in Richtung Freiheit, aber schließlich wird er immer wieder in die Sicherheit des Geheges zurückkehren.

Im schlimmsten Fall könnte er sogar seiner Frau sagen:

„Junge, Junge, ich würde alles dafür geben, wieder allein zu sein. Ich hatte eine großartige Zeit. Ich muß Tomaten vor den Augen gehabt haben, um das alles aufzugeben."

Die Frau, die mit einem Letztgeborenen verheiratet ist, der so daherredet, tut gut daran zu verstehen, daß das nur auf seine Position in der Geschwisterreihe zurückzuführen ist und er es in Wirklichkeit nicht so meint. Dann kann sie ihm eine kräftige

Abreibung verpassen und hoffen, daß er bald mit dem „Ich brauche meine Freiheit"-Blödsinn fertig ist! Übrigens mache ich nur Spaß, was den letzten Satz anbelangt – aber wenn seine „Ich bin ein Rebell"-Tendenzen stark genug sind, wird seine Frau vielleicht doch zur eben erwähnten Prozedur schreiten wollen.

Einer der Hauptgründe, weshalb der jüngste Bruder von Brüdern so gut mit einer Frau zusammenpaßt, die mehrere jüngere Brüder hat, ist, daß er jemanden will und braucht, der ihn versorgt, und sie jemanden will und braucht, den sie versorgen kann. Ich spreche hier von nichts, das in Richtung Psychose geht. Ich meine nicht, daß dieser Mann seine Frau „Mami" nennen wird und sie ihm sagen muß, daß er gerade sitzen und nicht schmatzen soll. Aber wenn ihm die Welt übel mitspielt, wird er der erste sein, der den Schutz der liebevollen Arme seiner Frau aufsucht – und ich wüßte nicht, was daran verkehrt sein sollte. Er wird Termine beim Arzt oder Zahnarzt einfach nicht behalten können und braucht jemanden, der ihn daran erinnert. Vielleicht ist er überhaupt allergisch gegen Arztbesuche, und seine Frau muß ihm des öfteren einen energischen Schubs geben, damit er sich regelmäßig untersuchen läßt.

In jedem Mann steckt ein großes Stück von einem kleinen Jungen, aber ganz besonders in dem Mann, der immer der „kleine" Bruder war.

Vergessen Sie nicht, daß der Schlüssel zum Verständnis jedes männlichen Letztgeborenen in der Mutter-Sohn-Beziehung zu finden ist. Ist es eine gute Beziehung? Wenn nicht, raten Sie einmal, wer wohl schließlich den saftigen Preis dafür bezahlen muß! Ganz genau: die Frau, die ihn zum Manne nimmt. Und wenn der Jüngste Anzeichen eines Muttersöhnchens aufweist, dann seien Sie vorsichtig, denn die Frau, die ihn heiratet, wird sich die Zähne daran ausbeißen, ihn dazu zu bringen, ein Mann zu sein.

Jüngste Schwester von Brüdern und ältester Bruder von Schwestern
Dies ist eine andere ideale Kombination, und beide Partner werden sich in ihrer Ehe wahrscheinlich sehr wohl fühlen.

Welche Eigenschaften zeichnen unter anderem eine Letztgeborene aus, die gleichzeitig das einzige Mädchen in der Familie ist?

- Zunächst einmal wird sie wahrscheinlich ein „guter Kumpel" sein. Das Leben ist nicht immer ein Zuckerschlecken für den Jüngsten in einer Familie mit ausschließlich Söhnen, aber wenn das jüngste Kind in so einer Konstellation ein Mädchen ist, kann es sogar noch schlimmer sein. Zum einen wissen die Jungen nicht, wie sie ein Mädchen behandeln sollen, also behandeln sie ihre Schwester wahrscheinlich wie einen Jungen. Sie wird bei ihren wildesten Spielen dabei sein, sie wird das Opfer ihrer Streiche sein und so weiter. Sie werden sie, solange sie noch Kinder sind, wahrscheinlich hänseln, weil sie ein Mädchen ist, und obwohl ihre Einstellung sich im Lauf der Jahre radikal verändern wird, wird sie wahrscheinlich ein dickeres Fell als andere Mädchen entwickelt haben, das ihr erlauben wird, alle möglichen Enttäuschungen einfach wegzustecken.

- Außerdem wird sie wahrscheinlich sehr feminin sein, zum Teil als Reaktion auf die Haltung ihrer Brüder und der Leute, die sie immer als „eine von den Jungs" ansahen. Ihre Einstellung wird sein wie in dem alten Schlager von *Flower Drum Song*: „I Enjoy Being a Girl" („Ich genieße es, ein Mädchen zu sein.") Ihre Weiblichkeit hat ihr schon immer besondere Beachtung eingebracht, und so wird es zweifellos auch bleiben. Sie genießt es, hübsch und sexy auszusehen, und hat überhaupt nichts dagegen, im Rampenlicht zu stehen.

- Sie wird die Tendenz haben, sich ihrem Mann gegenüber loyal zu verhalten, selbst wenn er sich dieser Loyalität nicht gerade würdig erweist. Sie wird sich wahrscheinlich mit viel mehr abfinden, als sie sollte. So wird eine Letztgeborene, die nur ältere Brüder hatte, sich möglicherweise mit einem Mann abfinden, der Alkoholiker ist oder sie schlecht behandelt. Wie ich bereits sagte, wird sie wahrscheinlich die Aufmerksamkeit genießen, die andere Männer ihr wegen ihrer Weiblichkeit und Schönheit schenken, das aber will überhaupt nicht heißen, daß sie ihrem Mann untreu würde.

- Sie kommt im allgemeinen mit Männern besser zurecht als mit Frauen. Das erscheint logisch, denn während sie aufwuchs, standen ihr Jungen am nächsten. In der Arbeit werden ihre männlichen Kollegen sie schätzen und mögen, Frauen hingegen werden sie in der Regel auf Distanz halten wollen. Das liegt zum Teil daran, daß diese „kleine Schwester" für Männer eine natürliche Anziehungskraft besitzt, und daß sie die Aufmerksamkeit, die sie bekommt, genießt. Es gefällt ihr, der „Star" zu sein, obwohl sie unter Umständen überhaupt nicht weiß, was sie tut, um all diese Aufmerksamkeit zu bekommen. Doch auf die Frauen in ihrer Umgebung mag sie berechnend und manipulativ wirken, was die Männer anbelangt, und das nehmen sie ihr übel.

- Politisch und religiös wird sie wahrscheinlich der Linie ihrer Eltern folgen. Höchstwahrscheinlich glaubt sie an Gott, sieht ihn als liebenden Vater und will im Einklang mit seiner Lehre leben. Sie wird ihrer Religion gegenüber loyal sein, genauso wie sie ihrem Mann gegenüber loyal ist und wie sie ihren Brüdern gegenüber immer loyal war.

Mit dem ältesten Bruder von Schwestern paßt sie deshalb so gut zusammen, weil die beiden in so vieler Hinsicht das glatte Gegenteil sind. Zum Beispiel wird er sich in der Gegenwart von Männern eher unwohl fühlen, während er Frauen schätzt und versteht. Er ist der Typ, der noch an die Tugenden eines Gentlemans glaubt, der Frauen bewundert und der, wenn er sich verliebt, sich bis über beide Ohren verliebt. Er wird kaum etwas dagegen haben, wenn seine Frau im Rampenlicht steht, sondern wird im Gegenteil glücklich sein, wenn seine Freunde denken, daß er einen guten Fang gemacht hat!

Er wird auch einen guten Einfluß auf sie ausüben können, was einige ihrer zu sorglosen Letztgeboreneneigenschaften anbelangt. Zum Beispiel könnte sie dazu neigen, spontan und manchmal völlig unüberlegt Geld auszugeben, während ihr erstgeborener Mann in Geldangelegenheiten viel mehr Verantwortungsgefühl haben wird. Und da sie ihm gegenüber loyal ist und ihn glücklich machen will, wird sie wahrscheinlich sogar lernen, sich zu beherrschen und sich verantwortungsbewußter zu verhalten.

Einer Sache kann sich die jüngste Schwester von Brüdern bei dem ältesten Bruder von Schwestern sicher sein: Er ist nicht der Typ von Mann, der sich nur aufgrund ihres Aussehens in eine Frau verliebt. Er gehört nicht zu denen, die den Unterschied von Liebe und Lust nicht kennen. Wenn er eine gesunde Beziehung zu seinen Schwestern hat, weiß er, daß weibliche Schönheit nicht an der Oberfläche endet, und er wird sich entsprechend verhalten. Er kann sich von einer Frau angezogen fühlen wegen ihrer Intelligenz, ihrer Güte, ihrer Sensibilität. Anders ausgedrückt, sind es das Herz und der Charakter einer Frau, die ihn mehr anziehen als alles andere. Sie kann sich sicher sein, daß er keine unüberlegte Entscheidung getroffen hat, etwa: „Naja, die hier ist okay, also werde ich sie heiraten."

Da er sich nicht leichtsinnig in eine Beziehung stürzt, wird er sich ihr gegenüber wahrscheinlich genauso loyal verhalten wie umgekehrt. Wenn er sich eine Frau aussucht, dann ist das nicht wie beim Kauf eines Anzugs oder eines Wagens: „Wenn er nicht so sein sollte, wie ich mir das vorgestellt habe, kann ich ihn jederzeit wieder umtauschen."

Viele Frauen, die in meine Sprechstunde kommen, beklagen diese Haltung bei ihren Männern: „Er liebt mich, wenn er meinen Körper haben will, aber außerhalb des Schlafzimmers scheine ich ihm ziemlich egal zu sein."

Das zeichnet nicht gerade ein schmeichelhaftes Bild von den Männern im allgemeinen, und ich bin der festen Überzeugung, daß die Männer lernen müssen, ihren Frauen besser zu zeigen, daß sie sie lieben und schätzen. Aber wenn es jemanden gibt, der das besonders gut kann, dann ist es der Erstgeborene, der gleichzeitig der einzige Junge in der Familie ist. Doch obwohl die hier zur Diskussion stehende Kombination sehr gut ist, kann sie auch besondere Probleme mit sich bringen.

Zum Beispiel: Phillip war das erste Kind in einer Familie mit noch drei jüngeren Mädchen. Leah war die Jüngste in ihrer Familie, das Mädchen, das sich ihre Eltern nach einer Serie von vier Jungen sehnlichst gewünscht hatten.

Phillipp wurde von seinen kleinen Schwestern wie der King behandelt. Kaum war er durstig, da eilte schon eine seiner Schwestern in die Küche, um ihm ein Glas Wasser zu holen. Wenn er ein Fußballspiel anschauen wollte, verzichteten sie bereitwillig auf den Film, den sie eigentlich hatten sehen wollen, und so weiter. Sie vergötterten ihren Bruder, und er behandelte sie zwar nicht schlecht, aber er hatte ganz bestimmt auch nichts dagegen, sich von ihnen bedienen zu lassen. Als er und Leah geheiratet hatten, dachte er logischerweise, daß sie ihn genauso verwöhnen und alles in ihrer Macht Stehende tun würde, um ihn glücklich und zufrieden zu machen.

Junge, Junge, er machte sich ganz schöne Illusionen!

Leah wiederum war in ihrer Familie die kleine Prinzessin gewesen. Kein Wunder, denn ihre Eltern hatten sich schon so lange eine Tochter gewünscht, und als sie endlich eine bekamen, verwöhnten und verzogen sie sie ganz fürchterlich. Nun hätten ihre Brüder sich über die Sonderbehandlung der „kleinen Prinzessin" ärgern und etwas unternehmen können, um sie auf den Boden der Tatsachen herunterzuholen, aber das war nicht der Fall. Statt dessen behandelten sie sie auch wie eine königliche Hoheit, um die Anerkennung der Eltern zu bekommen. Als Leah heiratete, dachte sie, daß nun ihr Mann sie weiterhin so verwöhnen würde.

Wie Sie sich vorstellen können, überstand ihre Ehe fast nicht das erste Jahr. Es kam immer wieder zu Streit, und das fast in jedem Bereich des Ehelebens. Die beiden konnten sich nicht einigen, was es zum Abendessen geben sollte, welche Fernsehshow sie ansehen sollten, zu wessen Eltern sie am nächsten Feiertag fahren sollten. Zum Glück liebten sich Phillipp und Leah wirklich. Und ein anderer Pluspunkt war, daß die beiden intelligente Menschen waren, die wußten, daß nicht nur der andere für die Schwierigkeiten verantwortlich zu machen sei. Schließlich gelang es ihnen, einen Kompromiß zu finden.

Zuerst versuchten sie es damit, dem anderen immerzu nachzugeben, doch das funktionierte nicht, weil jeder wußte, daß der andere sich Zwang antat.

Wenn sie ins Kino gingen und Philipp sagte: „Entscheide du, welchen Film wir ansehen, denn mir ist es eigentlich egal", dann wußte Leah, daß er ihr etwas vormachte, und das ärgerte sie um so mehr.

„Schau mal, ich weiß doch, daß du einen bestimmten Film im Auge hast, warum sagst du mir es dann nicht?" Nun war es aber möglich, daß der Film, den er sehen wollte, nicht der war, den sie sehen wollte, und wenn er es ihr gesagt hätte, wäre sie nicht unbedingt mitgegangen. Umgekehrt war es natürlich genauso. Philipp kannte Leah zu gut, um sich von ihr etwas vormachen zu lassen. Übrigens ist es sehr schwer, seiner Frau zu sagen, daß man den neuen Dustin-Hoffman-Film wirklich gerne sehen möchte, wenn man die Zähne so fest zusammenbeißt, daß die Worte nicht mehr hindurch können.

Schließlich kamen die beiden überein, bei den „wichtigen" Dingen abwechselnd zu entscheiden, oder zumindest bei den Dingen, die normalerweise zu Streit geführt hätten. Wenn letzte Woche Leah den Film ausgesucht hatte, so war es diese Woche Philipp, und so weiter. Das sieht vielleicht kleinkariert aus, aber es war eine Möglichkeit, sicherzustellen, daß jeder wenigstens zu fünfzig Prozent seinen Willen bekam und keiner übergangen wurde.

Nach einiger Zeit hörten sie auf, darüber Buch zu führen, und es wurde immer selbstverständlicher für sie, dem anderen nachzugeben. Der Schlüssel zum Erfolg war hier wie bei allen anderen Problemen, die zwischen Ehepartnern auftreten können, Liebe, Kommunikation und Kompromißfähigkeit. Aber die Probleme, die es zwischen Phillip und Leah gab, zeigen, welche Schwierigkeiten es selbst in einer unter dem Aspekt der Geschwisterkonstellation „idealen" Verbindung geben kann.

Ein anderes Problem, das in einer anderen Ehe einer Schwester von älteren Brüdern mit einem Bruder von jüngeren Schwestern auftrat, hatte mit dem Verreisen zu tun.

Sherry war eine Reisetante, während Greg ein Stubenhocker war, dem schon der Gedanke an eine Autofahrt nahezu unerträglich war. Greg mußte hin und wieder auf Geschäftsreise gehen, wenn auch nicht zu häufig, und das war sein Glück, denn sobald eine Geschäftsreise ins Haus stand, bekam er schon fast ein Magengeschwür, wenn er nur daran dachte. Er wußte nicht, ob ihm die Vorstellung, unterwegs zu sein, so unangenehm war, oder die

Vorstellung, von seiner Frau und seinen Kindern getrennt zu sein. Ein Teil des Problems war allerdings, daß das Wegfahren seinen behaglichen Alltag störte, und Greg war ein Gewohnheitstier. Ich habe oben gesagt, daß ein Erstgeborenes oft eine stabilisierende Wirkung auf ein Letztgeborenes ausübt, aber in diesem Fall hatte Sherry das Gefühl, daß er eher eine Fessel war. Er band sie fest, und sie wollte losziehen und etwas von der Welt sehen. Und seine Geschäftsreisen waren leider meist so arrangiert, daß er mit mehreren männlichen Kollegen unterwegs war und die Ehefrauen dabei keinen Platz hatten.

Sherry hatte die Gelegenheit, ein oder zweimal für ihre Firma zu verreisen, und sie bat Greg, sie zu begleiten, aber er wollte nicht. Gelegentlich fuhren die beiden in eine etwa 150 Kilometer entfernte Stadt und verbrachten ein, zwei Nächte in einem Motel. Für Greg war das ein großes Abenteuer, aber Sherry fand nicht, daß das ihr Bedürfnis, die Welt zu sehen, befriedigte. Sherry zog Greg wegen seiner mangelnden Unternehmungslust auf und nannte ihn einen alten Tattergreis und so etwas, aber das half auch nicht. In der Tat war sich Greg überhaupt nicht im klaren darüber, wie sehr Sherry sich über ihn ärgerte und wie gelangweilt sie war.

Auch hier zeigt sich wieder, daß in einer Beziehung die Kommunikation der Schlüssel zum Erfolg ist.

Greg hatte keine Reisephobie. Es gab keinen Grund, weshalb er nicht von Zeit zu Zeit mit seiner Frau hätte verreisen sollen. Sherry hätte ihren Mann nicht nur aufziehen, sondern ihm sagen sollen, wie es ihr wirklich ging. Sie hätte ihrem Mann so ruhig und so aufrichtig wie möglich klar machen müssen, wie sehr sie sich ärgerte, und ihn bitten sollen, seinen Lebensstil in manchen Punkten zu ändern.

Ich konnte nichts Ungebührliches an Sherrys Einstellung in dieser Angelegenheit erkennen. Wenn sie jedes Wochenende anderswohin hätte fahren wollen, hätte Greg sich wohl zu Recht widersetzt. Man hätte von ihr verlangen können, mehr Rücksicht auf die Gewohnheitsliebe ihres erstgeborenen Mannes zu nehmen. Aber solange die beiden es sich leisten konnten, ein oder zwei Reisen im Jahr zu machen, war dies sicher nicht zuviel verlangt – besonders wenn Greg zur Kenntnis genommen hätte, daß seine

Frau als Letztgeborene recht abenteuerlustig ist. Sie liebte es einfach, neue Gegenden zu sehen und neue Leute kennenzulernen.

Für dieses Paar gab es drei Möglichkeiten:

1. Sherry hätte ihre Einstellung ändern und Woche für Woche mit ihrem Mann zu Hause sitzen können. Das hätte allerdings nicht sehr viel gebracht, denn sie wäre sicher immer mißmutiger, gelangweilter und ruheloser geworden.

2. Sherry hätte ohne Greg verreisen können, vielleicht mit einer anderen Frau oder mit einer Gruppe von Freundinnen. Obwohl diese Möglichkeit viel besser gewesen wäre als die erste, hätte ich nicht dazu geraten, denn dadurch hätten sich die beiden wahrscheinlich auseinandergelebt. Zugegebenermaßen brauchen Mann und Frau auch Zeit ohne den anderen. Es hat keinen Sinn, einander zu ersticken, und ich denke, daß es nichts dagegen einzuwenden gibt, wenn Mann und Frau gelegentlich ohne den anderen verreisen. Wenn man allerdings eine Dauereinrichtung daraus macht, wird das zu Problemen führen. Nach einer Trennung lernt man manchmal den anderen erst wieder richtig zu schätzen, aber es gibt auch das Sprichwort „Aus den Augen, aus dem Sinn", und wer seinen Partner durch die ganze Welt wandern läßt, während er zu Hause bleibt, spielt mit dem Feuer.

3. Die dritte und beste Möglichkeit war, einen Kompromiß zu schließen. Greg erklärte sich einverstanden, außer ihren ein oder zwei Wochenendausflügen pro Jahr eine oder zwei längere Reisen – von insgesamt zwei Wochen – zu unternehmen, und die übrige Zeit würden sie zu Hause bleiben. Greg machte zwar den größeren Schritt, aber er gab nicht annähernd soviel auf, wie Sherry das getan hätte, wenn sie ihre Reiselust völlig unterdrückt hätte. Und es war nicht zuviel verlangt, daß Greg zwei Wochen im Jahr seine Gewohnheiten aufgab.

Ich weiß, daß diese Problemlösung etwas schematisch wirkt. Aber es war viel besser, Greg auf diese zwei Reisen pro Jahr zu verpflichten, als wenn er irgendeine verschwommene Aussage gemacht hätte wie: „Ich werde versuchen, mehr zu verreisen." Diese Übereinkunft gab dem Paar auch etwas Konkretes in die Hand, so daß Sherry nicht vier, fünf oder sechs Reisen pro Jahr verlangen konnte.

In den folgenden Jahren wurden die beiden etwas gemäßigter. Greg stellte fest, daß das Reisen gar nicht so schlimm für ihn war, wie er immer gedacht hatte, besonders wenn Sherry – und manchmal auch die Kinder – bei ihm waren. Sherry verreiste immer noch sehr gerne, aber sie konnte jetzt auch leichter während des übrigen Jahres zu Hause bleiben.

So entwickeln sich die Dinge meistens, wenn zwei Leute lernen, Kompromisse zu schließen. Sie stellen fest, daß ihnen die Veränderung wirklich gefällt, und bedauern, nicht schon vor Jahren zu diesem Kompromiß gefunden zu haben.

Haben Sie schon einmal versucht, einem Kind etwas zu essen zu geben, das es einfach nicht essen will?

„Na komm schon, Sarah, es wird dir bestimmt schmecken."

„Nein!"

„Bitte, mir zuliebe."

„Nein!"

„Wenn du es probierst, gebe ich dir eine Mark."

„Na gut."

Also stopfen Sie einen kleinen Löffel Ichweißnichtwas in Sarahs Mund. Sie fängt zu kauen an, mit ekelverzerrtem Gesicht – doch je länger sie kaut, desto mehr verändert sich ihr Gesichtsausdruck. Es ist so, wie Sie sich das dachten – Sie dachten, es würde ihr schmecken, und das tut es auch. Aber wird Sie das zugeben? Natürlich nicht.

„Na, hat es dir geschmeckt, Schätzchen?"

„Es war gräßlich. ... Äh ... kann ich noch einen Löffel davon haben?"

Zu oft wollen wir Erwachsenen niemandem eingestehen – nicht einmal unserem Partner –, daß er oder sie uns zu einer Meinungsänderung bewegt hat und wir überraschenderweise etwas mögen, das wir bisher immer weit von uns gewiesen haben. Ehepartner, die sich wirklich lieben, müssen bereit sein, Kompromisse zu schließen, sich zu ändern und zu sagen: „Ich hatte unrecht." Dies trifft auf alle Ehepaare zu, egal, ob sie eine von ihrer Geschwisterkonstellation her problematische Verbindung darstellen oder ein ideales Paar sind. Es ist egal, wer Sie sind und welchen Platz in der Familie Sie einnahmen, das „glücklich bis an ihr Lebensende" fällt niemandem in den Schoß.

Jüngster Bruder von Schwestern und älteste Schwester von Schwestern

Dieser Letztgeborene ist der Typ von Mensch, der den Mutterinstinkt in Frauen weckt, und die älteste Schwester von lauter Mädchen hat in der Regel sehr starke mütterliche Tendenzen. Dieser junge Mann ist unter Mädchen aufgewachsen, die ihn höchstwahrscheinlich verwöhnt und umhegt haben und ihn im allgemeinen wie eines ihrer Schmusetierchen behandelt haben. Genau danach sucht er bei einer Ehefrau, und mit größter Wahrscheinlichkeit wird er es bei einer ältesten Schwester von Schwestern finden – oder bei einer ältesten Schwester von Brüdern.

Der Grund, weshalb er so gut mit einer ältesten Schwester von Schwestern auskommen wird, ist, daß er wahrscheinlich nicht so wettbewerbsorientiert – in einem männlichen Sinne – sein wird wie Männer, die unter Brüdern aufwuchsen. Deshalb und weil sie als Kind nicht Tag für Tag in engem Kontakt mit Jungen war, wird die älteste Schwester von Schwestern diesen bestimmten Konstellationstyp besser verstehen und schätzen als jeden anderen Typ von Mann.

Dieser Letztgeborene hat viele Eigenschaften, die für alle Letztgeborenen typisch sind. Beispielsweise wird er dazu neigen, seine Pläne häufig umzuwerfen und völlig unbeständig zu sein, aber bei anderer Gelegenheit wird er eine Sache unbedingt zu Ende führen wollen, obwohl es besser wäre, wenn er eine Zeitlang Abstand davon nähme.

Er neigt auch dazu, Dinge bis zur letzten Minute aufzuschieben und sie dann in größter Hektik zu erledigen. Im allgemeinen arbeitet er gut, wenn er Druck hat, zumindest haben seine Mitarbeiter diesen Eindruck, doch in Wirklichkeit ist der Druck fast immer künstlich und von ihm selbst erzeugt. Er bringt sich selbst in eine Lage, wo er mit dem Rücken zur Wand steht, und dann muß er all seine Kräfte aufbieten, oder er wird scheitern. Manchmal könnte man den Eindruck bekommen, daß er unfähig ist, etwas zu leisten, wenn er nicht schon von allen Seiten Druck verspürt. Welche Eigenschaften hat er noch?

- Er kann sich in seiner Arbeit verlieren und alle anderen Lebensbereiche vollkommen vernachlässigen. Deshalb braucht er unbedingt eine gut organisierte Frau, die ihm hilft, die Übersicht zu behalten, wenn sein „Einbahn-Denken" wieder einmal alle Facetten seines Daseins bis auf eine ausgeblendet hat.

- Normalerweise ist er kein besonders guter Vater. Ob er es zugeben will oder nicht, er neigt dazu, seine Kinder als Konkurrenten um die Gunst und Aufmerksamkeit seiner Frau zu betrachten. Das heißt nicht, daß er seine Kinder mißhandeln oder mißachten wird, aber er wird im großen und ganzen seiner Frau die Verantwortung für die Kindererziehung überlassen. Im allgemeinen wird er seinen Kindern ein sehr guter Kumpel sein. Aber wenn es um praktische Dinge geht wie Schulprobleme oder andere Krisen, die alle Kinder durchmachen, wird mit ihm wahrscheinlich nicht viel anzufangen sein. Das ist ein weiterer Grund, weshalb es für ihn sehr gut ist, mit einer ältesten Schwester von Schwestern verheiratet zu sein, die in der Regel einen stark ausgeprägten Mutterinstinkt besitzt.

- Mit Frauen kommt er bestens zurecht. Er findet die richtigen Worte, um ihre Zustimmung zu gewinnen, und normalerweise wird er nicht zögern, sie auszusprechen, ob er es so meint oder nicht. Das soll nicht heißen, daß er ein Frauenheld ist oder andere absichtlich täuscht. Aber es ist ihm wichtig, daß die anderen – und besonders Frauen – glücklich sind, und er weiß die rechten Worte zu finden, um sie glücklich zu machen. Schließlich hatte er mit seinen Schwestern ausreichend Gelegenheit zur Übung!

- Gehen Sie nicht zu hart mit ihm ins Gericht, wenn Ihnen die Komplimente, die er anderen macht, oberflächlich erscheinen. Die Wahrheit ist, daß er normalerweise im Umgang mit anderen nicht sehr weit unter die Oberfläche blicken kann. Es liegt ihm einfach nicht, die wahren Bedürfnisse, Wünsche und Motive der anderen zu erkennen. Das ist ein weiterer Punkt, in dem die älteste Schwester von Schwestern ihn so wunderbar ergänzt. Sie ist normalerweise in der Lage, andere ziemlich genau einzuschätzen. Sie ist nicht zynisch, aber sie ist auch nicht leichtgläubig, und ihre diesbezüglichen Fähigkeiten werden ihren Mann unter Umständen davor bewahren, in geschäftlichen Dingen oder anderen wichtigen Lebensbereichen größere Fehler zu begehen. Natürlich muß er die gute Wahrnehmungsfähigkeit seiner Frau erkennen und schätzen und bereit sein, auf das zu hören, was sie sagt.

- Genauso, wie er mit Frauen im allgemeinen besser zurechtkommt als mit Männern, trifft es auch zu, daß er sich mit Männern, die jünger sind als er, besser versteht. Das kommt daher, daß sie wahrscheinlich nicht in direkter Konkurrenz zu ihm stehen, und er fühlt sich unwohl, wenn er mit anderen Männern konkurrieren muß.

- Was die Religion anbelangt, so wird er wahrscheinlich unentschieden sein und mit einem Fuß im Reich Gottes und mit dem anderen in der Welt stehen wollen. Nicht, daß er die Religion oder die Suche nach dem Sinn des Lebens nicht ernst nähme, er ist nur in diesem Bereich genauso unbeständig wie in anderen Lebensbereichen und weiß nicht immer so genau, was er glaubt und warum er glaubt. Es kann sein, daß er zeitweilig ganz in der Religion aufgeht und dann wieder kalt und indifferent erscheint. Letztlich wird er wahrscheinlich zum Glauben oder der Weltanschauung seiner Eltern zurückkehren und kann es sogar zu einem ehrenamtlichen Posten in seiner Kirche bringen. Er wird wahrscheinlich das Musterbeispiel eines Menschen sein, der es in der Welt und in der Kirche recht weit gebracht hat – besonders, wenn er eine Erstgeborene zur Frau hat, an die er sich anlehnen kann und die ihm die richtige Richtung weist, wenn zu viele widerstrebende Tendenzen seine Zeit und Aufmerksamkeit fordern.

Es gibt sehr, sehr viele Pluspunkte in dieser Art von Ehe, obwohl es auch hier zu gelegentlichen Problemen kommen kann. So kamen beispielsweise Adam und Lindsey in Schwierigkeiten, weil Adam das Gefühl hatte, im Schatten seiner Frau zu stehen. Sie war der Prototyp einer erfolgreichen Erstgeborenen und schien in fast allem, was sie tat, perfekt zu sein – zumindest war das Adams Sicht der Dinge, dessen eigene Fehler ihm, verglichen mit ihren, übergroß erschienen.

Jeder schien Lindsey zu beachten, jeder machte ihr Komplimente wegen ihres Aussehens, sie hatte immer etwas Kluges zu sagen, und nichts schien sie aus der Fassung bringen zu können. Was immer auf sie zukam, sie wußte es zu nehmen. So souverän war sie.

Wie Sie sich wahrscheinlich schon denken können, bestand das Hauptproblem bei diesem Paar darin, daß Adam das Gefühl hatte, links liegen gelassen und ignoriert zu werden. Wie die meisten Letztgeborenen hatte er das Bedürfnis, im Rampenlicht zu stehen, aber es ist schwer, von irgend jemandem bemerkt zu werden, wenn man ein Bauer ist, der zufällig neben der Königin steht. Die Situation war nicht so, daß sie sein Leben oder seine Ehe ruiniert hätte, aber Lindsey wußte, daß Adam, obwohl er versuchte, die Sache mit Gelassenheit zu tragen, öfter im Rampenlicht stehen mußte.
Ganz bestimmt war es nicht Lindseys Schuld, daß ihre eigene Perfektion Minderwertigkeitsgefühle in ihrem Mann auslöste. Und ich sah mich nicht veranlaßt, ihr vorzuschlagen, doch ab und zu absichtlich etwas zu verpfuschen. Die Lösung lag nicht darin, Lindsey zu verändern, sondern Adams Einstellung zu verbessern.

Wie bei fast allen Problemen, die in einer Ehe auftreten können, war es auch hier nötig, daß beide Partner etwas taten. Adam mußte lernen, Spaß daran zu haben, wenn seine Frau im Rampenlicht stand, und zuzulassen, daß sie glänzte. Lindsey wiederum war entschlossen, alles in ihrer Macht Stehende zu tun, um Adam in den Mittelpunkt zu rücken. Und das tat sie auf einfache, aber wirkungsvolle Weise.

- Zu seinem Geburtstag organisierte sie eine Überraschungsparty für ihn, was ihm großen Spaß machte, und tat ihr Bestes, sich den ganzen Abend lang im Hintergrund zu halten.
- Adam schrieb gerne lustige Geschichten über das Leben der Familie, die Lindsey immer gut gefallen hatten. Sie ermutigte ihn, ein paar dieser Geschichten bei der Lokalzeitung einzureichen, und als einige wirklich gedruckt wurden, erhöhte das sein Ansehen im Freundeskreis des Paares.

- Wenn sie in Gesellschaft waren und sie das Gefühl hatte, daß ihr Mann sich ausgeschlossen fühlte, brachte sie das Gespräch absichtlich auf ein Thema, zu dem er besonders viel zu sagen hatte und in dem er sich auskannte.

Auf diese Weise verschaffte sie ihrem Mann seine Augenblicke im Rampenlicht – etwas, das jeder Mensch braucht, und der Letztgeborene ganz besonders. Sie erinnern sich, daß ich vorhin sagte, daß der Konstellationstyp, dem auch Adam angehörte, die natürliche Fähigkeit besitzt, bei einer ältesten Schwester von Schwestern den angeborenen Mutterinstinkt zum Vorschein zu bringen. Offensichtlich brachte er all diese mütterlichen und beschützenden Instinkte bei Lindsey zum Vorschein. Wäre Adam mit einer Letztgeborenen verheiratet gewesen, die wie er immer im Mittelpunkt der Aufmerksamkeit stehen wollte, dann hätte diese unbedeutende Krise zum offenen Gefecht eskalieren können, statt so friedlich und so schnell beigelegt zu werden.

Hat da jemand „So ein Quatsch" gesagt? Finden Sie, daß Adam ein großer Junge ist, der für sein Glück selber verantwortlich sein sollte? Darauf will ich Ihnen nur eines sagen: Wenn zwei Menschen sich wirklich lieben, sind sie dazu bereit, sich zu unterstützen und Opfer füreinander zu bringen. Jeder Mensch hat charakterliche Schwächen. Ich könnte mir vorstellen, daß selbst George Bush, der frühere Führer der freien Welt, sich manchmal wie ein Kind benimmt.

Wenn Sie nicht bereit sind, Ihren Partner zu unterstützen, wenn er schwach ist, und Ihr Bestes zu tun, Verständnis für seine Schwächen aufzubringen, dann sollten Sie vielleicht besser überhaupt nicht heiraten!

Adam zum Beispiel wollte sich nicht darüber ärgern, daß Lindsey immer im Mittelpunkt stand, aber so sehr er sich auch bemühte, sich damit abzufinden, war er doch neidisch und wünschte, daß die anderen ihm mehr Aufmerksamkeit schenken würden. Also gab er sein Bestes, um seine Einstellung zu verändern, und sie gab ihr Bestes, um ihn mehr ins Rampenlicht zu rücken – und die beiden überstanden diese Minikrise ungefährdet.

Jüngste Schwester von Schwestern und ältester Bruder von Schwestern

Es sollte mittlerweile ziemlich klar geworden sein, warum eine Ehe dieses Typs so gut funktioniert. Wenn Sie also die Jüngste einer Reihe von Schwestern sind, ziehen Sie los und schnappen Sie sich einen Erstgeborenen, der lauter jüngere Schwestern hat. Warum?

Weil der älteste Bruder unter anderem wahrscheinlich zuvorkommend und rücksichtsvoll gegenüber Frauen sein wird. Wenn er eine gute Beziehung zu seinen Schwestern und seiner Mutter hat, wird er höchstwahrscheinlich auch mit Ihnen eine gute Beziehung haben. Dieser Mann wird die Liebe und Hochachtung Frauen gegenüber höher schätzen als alles in der Welt. Das kommt daher, daß er seine Bedeutung und sein Selbstwertgefühl als Kind hauptsächlich daraus ableitete, daß seine Schwestern zu ihm aufblickten – und als erwachsener Mann erwartet er immer noch diese Art Unterstützung von Frauen. Er wird die Frau seines Lebens beschützen und behüten wollen und braucht eine Partnerin, die sich dadurch nicht eingeengt oder unterdrückt fühlt, sondern es im Gegenteil zu schätzen weiß.

Wenn er eine Frau kennenlernt, die die jüngste Schwester von lauter Mädchen ist, wird er wahrscheinlich das Gefühl haben, auf dem rechten Weg zu sein. Es stimmt auch, daß diese Letztgeborene, wenn sie einen Mann findet, der der Älteste und der einzige Junge in seiner Familie ist, jemanden gefunden hat, der ihr die liebevolle Fürsorge geben wird, die sie braucht.

Wie andere Letztgeborene wird diese Frau kapriziös und launisch sein. Es kann passieren, daß sie ihre ganze Lebenseinstellung von einer Minute auf die andere umstößt. Sie ist spontan, schnell von Regelmäßigkeit gelangweilt und äußerst abenteuerlustig.

Es sollte wiederum leicht zu erkennen sein, warum ein solider Erstgeborener sie so gut ergänzen wird.

Sie ist ein sehr guter Fang für den Erstgeborenen – wenn er sie überhaupt fangen kann. Diese Dame wirkt normalerweise sehr anziehend auf Männer, aber weil sie so wechselhaft ist und nicht so recht weiß, was sie will, kann sie als wankelmütig oder unzuverlässig angesehen werden. Vor ihrer Ehe wird sie einen Mann wollen, bis sie ihn hat, und dann beginnt die große Langeweile, und sie braucht eine neue Eroberung. Das heißt nicht, daß sie dem Mann, den sie heiratet, untreu sein wird, sondern vielmehr, daß sie nicht so schnell heiraten wird. Wenn sie schließlich beschließt, ihr Leben einem Mann zu widmen, wird das sein, weil sie ihn mit Leib und Seele liebt – obwohl es auch passieren kann, daß sie ihre Meinung in dieser Hinsicht später wieder ändert.

Was sie für Männer so anziehend macht, ist übrigens zum Teil ihre Unterwürfigkeit – oder ich sollte besser sagen, ihre scheinbare Unterwürfigkeit, denn oft hat es nur den Anschein. Sie schafft es, das, was sie will, von anderen – insbesondere Männern – zu bekommen, indem sie sich unterwürfig gibt. Sie ist nicht durchtrieben – es ist nur so, daß ein jüngstes Kind nur selten bekommt, was es will, indem es sich aufspielt, also nutzt sie ihre „Schwachheit" aus, um zu bekommen, was sie will.

So könnte sie ihrem Mann sagen, daß sie im nächsten Urlaub dorthin fahren möchte, wohin er will, und nicht im Traum daran denkt, ihm ihre Vorstellungen aufzuzwingen. Gleichzeitig gibt sie ihm auf unterschiedliche Weise zu verstehen, wie sehr sie ihre Eltern vermißt, und wieviel es ihr bedeuten würde, sie wieder einmal zu sehen. Was schließlich passieren wird, ist, daß ihr „stärkerer" Mann beschließt, daß sie die Ferien bei den Schwiegereltern verbringen.

Da es seine Entscheidung war, ist er zufrieden. Er ist auch damit zufrieden, daß er seiner Frau eine Freude machen konnte und so sein Ansehen in ihren Augen erhöhen konnte. Und seine Frau bekommt auf die Weise, was sie sowieso von Anfang an wollte.

Bitte mißverstehen Sie mich nicht. Ich will damit nicht sagen, daß Sie manipulativ und hinterlistig sein sollten, wenn Sie so eine jüngste Schwester sind, oder daß Sie immer auf ihre „weiblichen Tricks" zurückgreifen sollten. Aber Sie werden Ihre „Letztgeborenen-Tricks" ausspielen, und die sind ein so fester Bestandteil Ihres Wesens, daß Sie es tun werden, ohne es wirklich zu bemerken.

Lassen Sie uns jetzt einen kurzen Blick auf einige andere typische Eigenschaften dieses Geschwistertyps werfen:

- Im Beruf wird sie sich nicht sehr gut zur Führungspersönlichkeit oder Chefin eignen. Sie kann sehr gute Arbeit leisten, aber der Chef, der das meiste aus ihr herausholt, wird wahrscheinlich ein Mann sein, der versucht, ihre Fehler zu übersehen, und zu alt ist, um sie reizen zu können.

- Wenn sie Kinder hat, wird sie wahrscheinlich glücklich darüber sein und eine gute, freundschaftliche Beziehung zu ihnen haben, doch das Strafen und Eingreifen bei Problemen wird sie lieber ihrem Mann überlassen. Der Erstgeborene wird das gerne übernehmen, denn es entspricht seinem natürlichen Bedürfnis, die Fäden in der Hand zu halten.

- Sie kann recht kreativ sein, hat aber nicht genügend Geduld, um diese Fähigkeiten voll auszubauen. Schließlich ist sie viel zu sehr in Eile, um so viel Zeit über einer Sache zu verbringen. Wenn sie aber einen Mann hat, der ihr helfen kann, langsamer zu machen und sich ein bißchen mehr anzustrengen, kann sie recht künstlerisch sein.

- Wahrscheinlich reizen sie die schöneren Dinge im Leben, aber sobald sie sie einmal hat, wird sie sie nicht lange zu schätzen wissen.

- Was Religion und Philosophie anbelangt, hat sie wahrscheinlich von allem etwas.

All diese Persönlichkeitsmerkmale zeigen sehr deutlich, warum sie so gut zu einem Erstgeborenen paßt.

Wenn sie nicht mit einem Erstgeborenen mit jüngeren Schwestern verheiratet ist, dann ist die zweitbeste Wahl für sie ein Erstgeborener mit jüngeren Brüdern, „aber er findet nach einer Weile oft, daß sie ihm zuviele Rätsel aufgibt", wie Walter Toman bemerkt.[1] Die Wahrheit ist, daß es in dieser Beziehung etwas an Leidenschaft fehlt. Ich spreche hier nicht vom Sex, denn die beiden können sich im Schlafzimmer großartig verstehen. Doch weil er keine Schwestern hatte, kann er Frauen nicht wirklich verstehen, was nötig wäre, um die weiblichsten ihrer Instinkte zu wecken und wachzuhalten.

Wenn Sie die Jüngste von lauter Mädchen sind, dann könnte auch ein mittlerer Sohn zu Ihnen passen, aber er sollte dann wenigstens eine Schwester haben und einige starke Erstgeborenentendenzen aufweisen.

Am schlechtesten beraten wären Sie ganz eindeutig mit dem jüngsten Bruder von Brüdern. In dieser Konstellation würden sich zum einen Ihre Letztgeborenenzüge gegenseitig verstärken, und zum anderen weiß keiner von Ihnen beiden recht viel über das andere Geschlecht – zumindest in einem psychologischen Sinne –, weshalb es nicht sehr wahrscheinlich wäre, daß Sie sich gegenseitig Verständnis und Unterstützung entgegenbringen.

Andere mögliche Verbindungen

Als wir über die potentiellen Ehepartner für das Letztgeborene sprachen, erwähnten wir, daß das Letztgeborene mit älteren Brüdern und Schwestern gut zu einem Erstgeborenen paßt, das auch Brüder und Schwestern hat. Diese Kombination scheint tatsächlich die beste von allen zu sein.
Wenn Sie die Jüngste in der Familie sind und mit Brüdern und Schwestern aufgewachsen sind, werden Sie wahrscheinlich die psychische Struktur von Männern und Frauen gleichermaßen verstehen und mit beiden Geschlechtern gut zurechtkommen.
Darüber hinaus treffen all die Gründe, weshalb Erst- und Letztgeborene so gut zusammenpassen, auch auf Sie zu.

Wir wollen noch einmal ein paar der Gründe, weshalb Sie als Letztgeborenes wahrscheinlich so eine gute Ergänzung in einem Erstgeborenen finden werden, im Überblick darstellen:

Das Letztgeborene ist:
kapriziös und wechselhaft
spontan und impulsiv
abenteuerlustig
desorganisiert bis schlampig
extrovertiert
unkompliziert
finanziell impulsiv
schnell dabei, seine Meinung zu ändern
der Mittelpunkt jeder Party
nicht übermäßig leistungsorientiert

auf Beliebtheit bedacht
ein ausgezeichneter Teamspieler
Das Erstgeborene ist:
ein Fels in der Brandung
kontrolliert und überlegt
ein Gewohnheitstier
organisiert bis pedantisch
introvertiert
perfektionistisch und kritisch
finanziell verantwortungsbewußt
dickköpfig und unflexibel
der Organisator der Party
extrem leistungsorientiert
auf Respekt bedacht
der Teamleiter

Ich könnte noch seitenweise so weitermachen, um zu zeigen, in welchen Punkten sich Letztgeborene und Erstgeborene im allgemeinen ergänzen, aber ich glaube, daß Sie mittlerweile eine sehr gute Vorstellung davon haben, wie die Dinge liegen.

Wenn Sie ein Letztgeborenes sind, sollten Sie einmal eine ehrliche Bestandsaufnahme mit sich selbst machen. Obwohl Sie wahrscheinlich nicht zu den Leuten gehören, die gerne Listen aufstellen, sollten Sie Papier und Bleistift zur Hand nehmen und eine kurze Aufstellung Ihrer Persönlichkeitsmerkmale machen. Schreiben Sie alles auf, was Sie an sich und Ihrem Konstellationstyp mögen, aber seien Sie auch ehrlich und notieren Sie einige der Dinge, die Sie eigentlich an sich ändern möchten, die aber ein eingefleischter Bestandteil Ihrer Persönlichkeit zu sein scheinen.

Sobald Sie das getan haben, erstellen Sie noch eine Liste, diesmal mit den Eigenschaften, die Ihr Lebenspartner haben sollte. Wie wird er Sie am besten ergänzen können? Und wie gut werden Sie in der Lage sein, ihn zu ergänzen?

Es liegt mir fern, die Partnerwahl zu einer eiskalt kalkulierten, nüchternen Angelegenheit zu machen. Ich glaube an Liebe und Romantik, aber ich finde, daß man trotzdem abwägen sollte.

Denken Sie daran, daß die erste Verliebtheit nicht ewig währt. Es stimmt zwar, daß Verliebtheit und sexuelle Leidenschaft eine Inkompatibilität der Geschwisterrollen eine Zeitlang verdecken können, aber irgendwann hat das einmal ein Ende. Wie wir gesehen haben, neigen Letztgeborene dazu, in vielen Lebensbereichen impulsiv zu handeln, aber wenn es um die Liebe geht und ganz besonders, wenn der Gedanke an Heirat ins Spiel kommt, wären sie gut beraten, einmal ihren spontanen Neigungen zu widerstehen, oder sie werden es später bereuen.

Als nächstes stehen ein paar weitere Tips für Letztgeborene auf dem Programm, die sich als Detektiv in Sachen Liebe betätigen wollen.

Tips für das Letzgeborene als Detektiv in Sachen Liebe

Haben Sie Ihr Gerät für die Fingerabdrücke, Ihren Columbo-Trenchcoat und Ihr Fernglas bei der Hand?

Es ist Zeit, daß ich dem letztgeborenen Detektiv in Sachen Liebe ein paar Ratschläge gebe, wie er seinen Lebenspartner finden kann. Wenn Sie kein Letztgeborenes sind, können Sie ruhig auch dabeibleiben, denn Sie könnten das eine oder andere dabei lernen. Wir werden dem Letztgeborenen verraten,

- wie es jemanden finden kann, der nicht zu ihm paßt, und warum das einer der besten Schachzüge ist, die es machen kann
- wie es lernen kann, wie ein Erstgeborenes zu denken, wenn es um die Liebe geht, und warum das so wichtig ist
- warum es auf der Hut sein sollte vor einer Beziehung mit jemandem, der es in seinen Lastern bestärkt
- wie es der Liebe eine Chance geben kann
- warum die *Supremes* recht hatten, als sie sangen: „You can't hurry love" („Laß der Liebe Zeit")
- warum Percy Sledge recht hatte, als er sang: „Take time to know her" („Nimm dir die Zeit, sie kennenzulernen").

Lassen Sie uns die Ratschläge der Reihe nach betrachten:

1. Versuchen Sie, jemanden zu finden, der nicht zu Ihnen paßt

Glauben Sie, daß hier ein Druckfehler vorliegt, und ich Ihnen eigentlich sagen will, wie Sie jemanden finden, der zu Ihnen paßt? Nein, ich meine es genau so, wie es da steht. Wenn Sie als Letztgeborenes wirklich glücklich sein wollen, sollten Sie am besten nach jemandem suchen, der überhaupt nicht so ist wie Sie. Schauen Sie sich die Person, für die Sie sich interessieren, einmal genau an.

Ist sie wie aus dem Ei gepellt, während Sie lieber Jeans und Strickhemden tragen als Anzüge, es gar nicht erwarten können, Ihre Krawatte loszuwerden, sobald Sie von der Arbeit nach Hause kommen, und Wochenenden lieben, weil Sie sich dann nicht rasieren müssen? Wunderbar, das heißt, daß Sie nicht zusammenpassen. Aus dieser Beziehung könnte etwas werden.

Schaltet er das Licht aus, wenn er das Zimmer verläßt, und dreht er den Wasserhahn noch fester zu, nachdem Sie ihn gerade zugedreht haben, nur um sicherzustellen, daß kein Wasser verschwendet wird? Lassen Sie sämtliche Lichter brennen, und verschwenden Sie keinen Gedanken daran, ob Sie den Wasserhahn zugedreht haben oder nicht? Großartig! Das sieht mir nach einer wunderbaren Beziehung aus. Sie werden genauso glücklich sein wie Shannon Newman und Todd Andrews.

Bevor ich Ihnen sage, was Shannon Newman tat, lassen Sie mich Ihnen erklären, daß sie eine Letztgeborene im Extrem war und ist – eine lebenslustige Frau, die sich durch nichts davon abhalten ließ, das Leben zu genießen. Gelegentlich, wenn die Situation es erforderlich machte, soll sie schon einmal die eine oder andere Lüge gebraucht haben, obwohl sie mir versichert, daß sie sich gebessert hat und jetzt ihr Bestes gibt, um dem Vorbild von George Washington nachzueifern, der niemals jemanden anlog (es sei denn, ein oder zwei der britischen Rotröcke).

Natürlich hätten Sie gleich erraten, daß sie eine Letztgeborene sein muß, wenn ich Ihnen gesagt hätte, daß sie sich an einem Abend mit zwei verschiedenen Männern verabredete. Wer sonst außer einer Letztgeborenen könnte so etwas tun?

Also, ehrlich gesagt hatte sie sich sogar mit drei Männern verabredet, aber sie war so vernünftig gewesen, die eine Verabredung abzusagen.

„Ich wußte, daß ich Aaron nicht so furchtbar interessant fand, aber ich konnte mich einfach nicht zwischen Todd und David entscheiden."

Sie dachte die ganze Zeit, daß sie eine der beiden Verabredungen noch absagen müßte, aber wie es für Letztgeborene recht typisch sein kann, kam sie einfach nicht dazu. Wie die Dinge nun standen, wollte Todd sie um sieben zum Essen abholen, und David hatte sich das gleiche für halb neun vorgenommen. Sie könnte David anrufen und ihn bitten, sie erst um halb zehn abzuholen. Auf diese Weise könnte sie mit Todd wenigstens ein paar Stunden zusammen sein, bevor sie ihn bat, sie wieder nach Hause zu bringen.

Bevor ich mit der Geschichte fortfahre, lassen Sie mich raten, wie die Leute reagieren, die das hier lesen. Die Erstgeborenen denken: *Er erfindet das alles doch nur. Niemand würde wirklich so handeln.* Die Letztgeborenen schmunzeln und denken, daß sie selbst so etwas Ähnliches schon einmal gemacht haben oder zumindest nichts dagegen hätten. Und die Mittleren wissen nicht so recht, was sie davon halten sollen. Sie denken immer noch darüber nach, warum so wenige Bilder von ihnen im Familienalbum zu finden sind. (Die Geschichte ist absolut wahr, nur die Namen wurden geändert, um die schuldige Partei zu schützen.)

Was Todd anbelangt, so war er ein sittenstrenger, ernsthafter, ehrgeiziger Erstgeborener mit dem Diplom einer renommierten Universität in Betriebswirtschaft und einer eigenen Firma. Er war aber noch keine Dreißig. Er hatte Shannon in einem Nachtclub kennengelernt, und sie hatten ein, zwei Mal miteinander getanzt, aber dies war ihre erste richtige Verabredung.

Als es Abend wurde, holte er sie um Punkt sieben Uhr ab und geleitete sie in sein Lieblingsrestaurant, und sie lernten sich bei einem gemütlichen Essen näher kennen. Naja, ganz so gemütlich war es auch wieder nicht, denn Shannon wirkte irgendwie zerstreut und ungeduldig. Außerdem schaute sie ständig auf ihre Uhr, und das machte Todd doch etwas unsicher in seiner Einschätzung, wie gelungen der Abend denn nun sei. Um viertel vor neun waren sie mit dem Nachtisch fertig, und Todd fragte sie, ob sie noch Lust hätte, tanzen zu gehen oder vielleicht ins Kino.

Überlege es dir schnell, Shannon!

„Oh, nein. Es tut mir leid, aber ich muß heute wirklich beizeiten ins Bett, denn ich muß morgen sehr früh aufstehen." Sie fügte noch eine faule Ausrede hinzu, die sie selbst nicht glauben konnte. So etwas wie, daß sie noch einen Topflappen häkeln oder zur Versammlung des *Franklin-Pierce-Fanclubs* (Franklin Pierce war von 1853-1875 Prädident der USA. Sein Fanclub beachtet einige ganz obskure Lebensweisheiten) gehen müsse. Naja, ganz so lächerlich war es nicht, aber für Todd machte es keinen Unterschied, denn er wußte, daß sie log. Er fühlte sich erniedrigt und war sehr wütend.

Er war sehr wortkarg, als er sie nach Hause fuhr, und fragte nicht, ob sie sich wiedersehen könnten, obwohl sie ihm versicherte, daß der Abend wunderbar gewesen sei, und sagte, daß sie hoffe, daß er sie wieder anrufen würde. Sie sagte ihm auch, daß sie, nachdem sie sich verabredet hatten, festgestellt hatte, daß dieser Abend wahrscheinlich nicht so gut geeignet sei, aber sie habe die Verabredung nicht absagen wollen, aus Angst, er würde sie nicht mehr anrufen.

Dann ging sie ins Haus, um sich frischzumachen und sich für die Verabredung mit David fertigzumachen – in der Hoffnung, daß er nicht schon einen Tisch in einem exklusiven Restaurant reserviert hätte.

Todd machte sich auf den Heimweg, war aber erst eine halbe Meile oder so gefahren, als er darüber nachzudenken begann, ob sie nicht vielleicht doch die Wahrheit gesagt hätte. Und wie heißt es doch so schön: Im Zweifel für den Angeklagten. Er überlegte eine Weile hin und her und entschloß sich dann, in Sallys Straße zurückzufahren, ein paar Häuser weiter unten zu parken und eine Zeitlang zu warten. Natürlich sah er, wie David sie abholte, und jetzt bestand kein Zweifel mehr über ihre wahren Absichten.

Sie war ganz bestimmt nicht die Art von Frau, mit der ein karriereorientierter Erstgeborener wie er ausgehen oder zu tun haben sollte. Er würde sie ganz einfach vergessen und weitermachen mit seinem Leben. Doch das war leichter gesagt als getan, und obwohl er verärgert und verletzt war, faszinierte ihn das, was sie getan hatte, auch irgendwie. Es machte sie geheimnisvoller und schwerer zu erobern, und es schien ihm eine um so größere Herausforderung, ihr die Flügel zu stutzen. Er holte ein paar Erkundigungen ein und entdeckte noch mehr Verwirrendes.

Shannon war nicht sechsundzwanzig, wie sie ihm gesagt hatte, sondern dreißig. Weil er achtundzwanzig war, hatte sie ihm wohl gesagt, daß sie sechsundzwanzig sei, weil sie befürchtete, daß er kein Interesse an einer „älteren" Frau haben würde. Das schmeichelte ihm, aber dann störte es ihn auch wieder, denn es war ein weiterer Beweis für ihre Durchtriebenheit. Er dachte an ihr wunderschönes blondes Haar und fragte sich, was ihr Friseur wohl Genaueres darüber wüßte.

Denn Todd würde niemals irgendwelche Lügen erzählen. Er war grundehrlich in allen Dingen, selbst bei der Einkommensteuererklärung, und würde nie versuchen, mehr abzuschreiben, als ihm auch wirklich zustand. Er würde nie sein wahres Alter verschweigen, er würde nie irgendwelche Tinkturen auftragen, um seine grauen Haare zu tönen – wenn er überhaupt schon welche hatte – und er würde sich natürlich niemals mit zwei Frauen an einem Abend verabreden und dann irgendwelche Lügengeschichten erfinden!

Er war so wütend, daß er das einzige tat, was ihm einfiel. Er rief Shannon an und bat sie um eine neue Verabredung. Als sie schnell zusagte, fügte er hinzu: „Aber diesmal will ich die einzige Verabredung an dem Abend sein. Wird Ihnen das möglich sein?"

Sie mußte herzlich lachen. „Natürlich. Tut mir leid wegen letztem Mal."

„Und übrigens, was sagten Sie noch, wie alt Sie sind?"

„Äh... können Sie sich nicht erinnern?"

„Sechsundzwanzig, war's nicht so?"

„Ja... sechsundzwanzig."

„Nicht eher dreißig?"

Sie lachte wieder. „Okay, dreißig. Wie Sie wollen!"

Du lieber Himmel! Das mindeste, was man erwarten konnte, war, daß ihr das, was sie gesagt und getan hatte, peinlich war. Ihre unbekümmerte Einstellung zu allem machte Todd absolut wahnsinnig. Aber als sie zusammen waren, war alles wunderbar, und Todd mußte feststellen, daß er seit Jahren nicht mehr soviel gelacht hatte.

Und dann versprach sie ihm natürlich, daß sie keine Spielchen mehr mit ihm spielen und keine Lügengeschichten mehr erzählen würde. Er konnte leider nicht sehen, ob sie ihre Finger dabei überkreuzte.

Ein knappes Jahr später waren Shannon und Todd verheiratet.
Das liegt nun sieben Jahre und zwei Kinder zurück.
Sie haben sich in ihrer Persönlichkeit immer noch nicht sehr
geändert. Todd ist immer noch ernsthaft und zielorientiert und
plant, sich mit fünfzig zur Ruhe zu setzen. Shannon ist lebenslustig und gemütlich und nimmt das Leben, wie es kommt.
Man hätte vor acht Jahren nicht geglaubt, daß sie zusammenpassen würden. Selbst heute würde man das noch nicht glauben, so
unterschiedlich sind sie von ihrer Persönlichkeit her.
Warum sind sie also so überglücklich?
Die Wahrheit ist, daß sie fast ein Musterbeispiel eines glücklich
verheirateten Paares darstellen, bei dem die beiden Partner sich
von der Persönlichkeit her ergänzen. Für den oberflächlichen
Betrachter scheinen die beiden nicht zusammenzupassen, aber
wenn man sich mit den verschiedenen Geschwisterpositionen
auskennt und weiß, wer zu wem paßt, versteht man, warum Todd
und Shannon wahrscheinlich noch viele glückliche Jahre vor sich
haben.

Wonach sollten Sie als Letztgeborenes bei einem potentiellen
Partner suchen?
Das hängt natürlich sehr stark von Ihrer eigenen Persönlichkeit
ab.

- Wenn Sie der Typ sind, der auch noch seinen Kopf verlieren
  würde, wenn er nicht fest angewachsen wäre, sollten Sie nach
  jemandem Ausschau halten, der glaubt, daß eine der Grundre-
  geln des Daseins lautet: Ordnung ist das halbe Leben.

- Wenn Sie in den letzten drei Jahren sechsmal den Arbeitsplatz
  gewechselt haben und jemanden kennenlernen, der von
  Anfang an bei derselben Firma war und allmählich auf der
  Karriereleiter nach oben klettert, dann könnte es sich lohnen,
  ein zweites Mal hinzusehen.

- Wenn Sie ein unkompliziertes, etwas schlampiges Letztgeborenes sind und mit jemandem in einem schicken Restaurant
  sitzen, der genau weiß, wie man mit jedem Besteck und
  jedem Gericht am Tisch hantiert und dadurch Ruhe und
  Sicherheit ausstrahlt, sollten Sie vielleicht versuchen, diesem
  Erstgeborenen ein bißchen näher zu kommen.

- Wenn Sie ein verschwenderisches Letztgeborenes sind und ihr Verabredungspartner lang und breit über seine Geldanlagen spricht, dann versuchen Sie, nicht gelangweilt abzuschalten. Das Zuhören könnte sich lohnen.
- Wenn Ihr Auto immer wie eine Müllkippe aussieht, voller Bücher, Zettel und alter McDonald's-Tüten, und seines ist absolut makellos, dann sollten Sie ihn nicht als „Sauberkeitsfanatiker" abschreiben. Er könnte genau das sein, was Sie brauchen.

Das ist es, was ich meine, wenn ich sage, Sie sollten jemanden suchen, der nicht zu Ihnen paßt. Suchen Sie jemanden, der stark ist, wo Sie schwach sind – selbst wenn er ein wenig zu stark sein mag. Denn wenn er ein wirklich netter Kerl ist, der lediglich das Leben zu ernst nimmt, wäre es dann nicht großartig, ihm ein wenig Spaß im Leben zu verschaffen?

2. Versuchen Sie, wie ein Erstgeborenes zu denken

Also, was hat Dr. Leman unter Punkt eins gesagt? Wenn ich schlampig bin und der andere... was war es gleich wieder? Brünett ist? Ja, das war's. Wenn ich schlampig bin und der andere brünett ist, dann sollte ich ein zweites Mal hinsehen.

Ich mache mich hier auf Kosten der Letztgeborenen ein wenig lustig, mich selbst eingeschlossen. Sie erinnern sich, daß Letztgeborene nicht der Typ sind, Gebrauchsanweisungen zu lesen. Sie sind nicht der Typ, Listen aufzustellen. Sie lassen sich vielmehr von ihren Gefühlen leiten, ohne groß über die möglichen Konsequenzen nachzudenken.

Am Weihnachtsabend sind in ganz Amerika letztgeborene Väter damit beschäftigt, Dreiräder, Fahrräder, Hängeschaukeln und alles mögliche andere komplizierte Gerät zusammenzubauen, ohne auch nur einen Blick auf die Anleitung zu werfen. Bei manchen klappt es, weil sie über eine ausreichende handwerkliche Begabung verfügen. Bei anderen – so bei mir – sieht das, was eigentlich ein Dreirad sein sollte, am Ende wahrscheinlich eher wie eine Erfindung von Rube Goldberg aus (Rube Goldberg ist keine reale Person, lediglich eine fiktive Figur, die nichts richtig machen kann. Was immer er sagen möchte, sagt er falsch, wenn er etwas erfindet, funktioniert es nicht).

Und das ist schlecht – aber noch längst nicht so schlecht, wie wenn man Liebe und Beziehungen vollkommen dem Zufall überläßt. Legen Sie dieses Buch nicht weg, wenn Sie damit fertig sind, um alles zu vergessen, was Sie gelesen haben. Es mag Ihnen gegen den Strich gehen, aber Sie sollten diese Dinge wirklich in die Praxis umsetzen. Das meine ich, wenn ich Ihnen rate, mehr wie ein Erstgeborener zu sein. Erstgeborene machen Bestandsaufnahmen von sich selbst, stellen Listen auf, arbeiten daran, die Dinge, die sie in Büchern lernen, in die Tat umzusetzen usw. Und das erwarte ich von Ihnen als Letztgeborene:

- Halten Sie die Augen offen und achten Sie auf die Signale, die Ihnen die mit der Geschwisterposition des anderen in Zusammenhang stehenden Eigenschaften verraten.

- Machen Sie eine komplette Bestandsaufnahme Ihrer persönlichen Stärken und Schwächen, damit Sie eine genauere Vorstellung davon bekommen, wonach Sie bei einem Partner suchen sollten.

- Denken Sie daran, daß es nicht immer zum Besten ist, wenn Sie sich von Ihren Gefühlen leiten lassen. Manchmal müssen Sie Ihrem Verstand folgen statt Ihrem Herzen, um auch wirklich dorthin zu gelangen, wo Sie hinwollen.

- Schauen Sie sich die Probleme in der Familie des potentiellen Ehepartners an, insbesondere die Probleme, die seine oder ihre Eltern haben könnten. Was immer Sie dort sehen, wird Ihre Ehe beeinträchtigen.

- Wenn Sie einen Partner fürs Leben suchen, sollten Sie sich Ihre Bekannten einmal genau ansehen. Hat überhaupt jemand unter den Leuten, mit denen Sie ausgehen, das Zeug zum Ehepartner, oder verschwenden Sie nur Ihre Zeit? Damit will ich nicht sagen, daß Sie alte Freunde fallenlassen sollten, aber es mag an der Zeit sein, Ihren Horizont zu erweitern.

- Wenn Sie schon verheiratet sind und möchten, daß Ihre Ehe glücklicher wird, dann machen Sie eine Bestandsaufnahme von Ihren Eigenschaften und denen Ihres Partners in bezug auf die Geschwisterrolle. Überlegen Sie, woran Sie arbeiten könnten, um Veränderungen herbeizuführen, die die Lage verbessern können.

3. Seien Sie auf der Hut vor jemandem, der Sie in Ihren Lastern zu bestärken scheint

Als ich noch ein Junge war, sponserte der Kiwanis Club von Williamsville, New York einen Angelwettbewerb in Island Park, einem hinter einem Damm gelegenen Ort. Wer den größten Barsch fing, sollte einen Preis bekommen. Natürlich war der Wettbewerb nach Altersgruppen getrennt organisiert.

Ich weiß nicht mehr, was der erste Preis war, und wahrscheinlich war das auch nicht so wichtig. Die Hauptsache für mich war, Anerkennung zu bekommen, und den ersten Preis zu gewinnen – oder auch den zweiten oder dritten, war ein sicherer Weg dorthin. Ich stopfte also, um mir mein Schulterklopfen einzuheimsen, etliche Senkgewichte in den Schlund meines Fisches. Unglücklicherweise – oder vielleicht glücklicherweise – funktionierte mein Trick nicht, und mein Fisch gewann trotz seines vergrößerten Gewichts keinen Preis.

Als ich später darüber nachdachte, erkannte ich, daß es nicht richtig gewesen war und war wirklich froh, daß ich nicht mit unlauteren Mitteln einen Preis gewonnen hatte.

Was aber, wenn meine Eltern herausgefunden hätten, was ich getan hatte, und mich für meinen guten Einfall gelobt hätten?

Sie können darauf wetten, daß mich das darin bestärkt hätte, es bei der nächsten Gelegenheit wieder mit diesem Trick zu versuchen.

Es stimmt, daß jede Geschwisterposition ihre ganz besonderen Laster und Tugenden hat. Es ist leicht – besonders, wenn man ein Letztgeborenes ist, das es sich einfach nur gut gehen lassen will, eine Beziehung mit jemandem einzugehen, der für jeden Unfug zu haben ist. Aber auf lange Sicht wird so eine Verbindung nicht funktionieren, denn beide ziehen sich nur gegenseitig hinunter und vervielfältigen ihre schlechten Eigenschaften.

- Wenn es Ihnen schwer fällt, ein Ziel, das Sie sich gesteckt haben, zu verfolgen, und Ihr Partner genauso ist, wie wollen Sie dann jemals irgendwohin gelangen?
- Wenn Sie Ihr Geld unbekümmert und impulsiv ausgeben und Ihr Partner ebenfalls, werden Sie eines Tages in finanzielle Schwierigkeiten geraten.

- Wenn Sie desorganisiert und ein wenig schlampig sind und Ihr Partner auch, werden Sie bald im Chaos ersticken.

Beachten Sie, daß ich das Wörtchen „wenn" gebraucht habe. Vielleicht trifft keine der Aussagen auf Sie zu. Doch egal, was Ihre schlimmsten Laster sind, Sie wollen doch sicher niemanden heiraten, der dieselben Fehler hat.

4. Geben Sie der Liebe eine Chance

Ein besonderes Problem für viele Letztgeborene ist ihr mangelndes Durchhaltevermögen. Wir suchen immer nach einer schnellen Lösung oder schummeln uns aus der Affäre, aber wenn man eine ernsthafte Liebesbeziehung zu jemandem aufbauen möchte, ist das einfach nicht angebracht.

Damit sich Liebe entwickeln kann, braucht es Zeit und Geduld.

Hat sie Sie genervt, so daß Sie denken, daß es vielleicht Zeit ist, sich nach jemand Neuem umzuschauen? Also, es ist unmöglich, eine wirkliche Beziehung mit einem menschlichen Wesen zu haben, ohne daß man sich gelegentlich auf die Nerven geht.

Hat er Sie enttäuscht und im Stich gelassen, so daß Sie beschlossen haben, daß das das Ende der Beziehung ist? „Nobody is perfect" – das sollten Sie nicht vergessen. Wahrscheinlich wird jeder, der Ihnen wirklich nahe steht, Sie irgendwann einmal enttäuschen und Sie ihn.

Langweilt sie Sie? Wenn dies der Fall ist, sollten Sie sich einmal fragen, warum. Könnte die Schuld dafür vielleicht bei Ihnen liegen? Suchen Sie nach einer Partnerin oder nach einer Unterhalterin?

Ist Ihnen jemand über den Weg gelaufen, der noch besser aussieht als der Mann, mit dem Sie gehen? Wissen Sie nicht, daß man eine dauerhafte Beziehung nicht auf der Farbe der Augen oder der Regelmäßigkeit des Gebisses von jemandem aufbauen kann? Wenn Sie nach Liebe suchen, dann müssen Sie der Liebe Zeit lassen, sich zu entwickeln. Das mag wie eine Binsenweisheit klingen, aber es ist deswegen nicht weniger wahr.

Ich weiß natürlich, daß nicht jede Beziehung zwischen Mann und Frau zum großen Glück führen kann. Einige Beziehungen gehen wieder auseinander, und die beiden Beteiligten gehen wieder ihre eigenen Wege. Doch das Problem mit dem Letztgeborenen ist, daß es keine Geduld hat und eine Beziehung, aus der wirklich etwas ganz Besonderes werden könnte, zum Scheitern verurteilt.

Letztgeborene dürfen nicht vergessen, daß es keine perfekten Menschen und keine perfekten Beziehungen gibt, und wenn Sie Ihr Leben lang nach jemandem suchen, der vollkommen ist – und für ein Letztgeborenes heißt das wahrscheinlich nie endender Spaß und Sonnenschein, dann werden Sie wahrscheinlich enttäuscht und einsam enden.

5. Die *Supremes* hatten recht, als sie sangen: „Laß der Liebe Zeit"

„Jetzt machen Sie aber halblang, Leman! Was wollen Sie denn eigentlich? Erst sagen Sie, daß Letztgeborene es nicht lange genug in einer Beziehung aushalten, daß sie sich entwickeln kann. Und jetzt sagen Sie, daß sie gar nicht schnell genug eine Beziehung eingehen können. Was ist es denn nun?"

In der Tat ist es nur eine andere Variante desselben Problems.

Das impulsive, nur für den Augenblick lebende Letztgeborene kann von einer Beziehung in die andere flattern, weil es zu ungeduldig ist, oder aber es bindet sich überstürzt, wenn die Zeit dafür noch gar nicht reif ist.

Wenn das Letztgeborene sich nicht die Zeit läßt, die es braucht, um ganz genau zu wissen, was es tut, dann wird es wahrscheinlich eines Tages tief in der Tinte sitzen. So war es bei Trudi.

Sie war eine Zweierschülerin in der Highschool und hätte auf ein gutes College gehen können. Sie war vom Theaterspielen begeistert und wollte im College damit weitermachen. Wenn sie es als Schauspielerin nicht schaffen würde, wollte sie in ihre Heimatstadt zurückkehren und in der örtlichen Highschool die Theatergruppe leiten.

Doch dann verliebte sie sich mit Haut und Haaren in Jack. Er war groß, gutaussehend, athletisch und, was das wichtigste war, äußerst humorvoll. Einen Tag mit ihm zu verbringen war wie ein Tag in einem Vergnügungspark – ein aufregender Augenblick jagte den anderen.

Sie beschloß, ihn zu heiraten. Er arbeitete als Bote für eine ortsansässige Firma und verdiente nicht sehr viel Geld, aber sie dachte, daß sie es schon schaffen würden. Ihre Eltern waren dagegen, aber sie sagte ihnen, daß sie sie nicht daran hindern könnten, weil sie schon achtzehn sei. Ihre Eltern ermahnten sie, an die Zukunft zu denken, aber sie war verliebt und konnte nicht warten. Sie sah nur noch ihn und wollte nur noch ihn.

Vier Tage nach ihrer Entlassung aus der Highschool waren sie schon verheiratet, und Trudi fand Arbeit als Kassiererin in einem Supermarkt.

Das Ende der Geschichte ist sehr traurig – die Art von Stoff, aus der Tracy Chapman ein Lied machen könnte.

Jack nahm eine Arbeit nach der anderen an und verdiente nie viel mehr als den Mindestlohn. Sein Humor fing an, Trudi auf die Nerven zu gehen. Er lachte über Dinge, die nicht mehr lustig waren. Sechs Jahre später arbeitete Trudi immer noch als Kassiererin. Sie war verbittert darüber, ihre Träume von einem Theaterleben aufgegeben zu haben. Und was noch schlimmer ist, sie erkannte, daß sie Jack nicht liebte und wahrscheinlich nie geliebt hatte. Sie hatte den Unterschied zwischen Liebe und Verliebtheit nicht gekannt und der Beziehung nicht die Zeit gelassen, den Unterschied deutlich zu machen. Verliebtheit schwindet mit der Zeit, während die Liebe wächst. Jetzt saß die arme Trudi in der Falle. Sie war streng religiös, weshalb Scheidung für sie nicht in Frage kam, außerdem war auch ein Kind da. Alles, was sie tun konnte, war die Trümmer ihres Lebens und ihrer Ehe aufzusammeln und zu retten, was zu retten war.

6. Percy Sledge hatte recht, als er sang: „Nimm dir die Zeit, sie kennenzulernen" (Oder: Stürze dich nicht ins Unglück, um es Mami und Papi zu zeigen)

Zugegebenermaßen klingt das sehr nach „Laß der Liebe Zeit", aber es gibt doch einen Unterschied – und außerdem gibt es mir die Gelegenheit, über zwei meiner liebsten Rock-'n-Roll-Oldies zu sprechen!

Kennen Sie den Song von Percy Sledge? Er war einer der großen Soul-Klassiker der sechziger Jahre, doch ich finde, daß jeder – zumindest jeder Letztgeborene – ihn in seiner privaten Hitparade haben sollte.

In dem Song sagt Percy Sledges Mutter ihm immer wieder, daß er einen großen Fehler macht, wenn er seine Auserwählte heiratet. Aber Percy hört einfach nicht auf sie.

Es geht nicht aus dem Lied hervor, aber ich habe den Eindruck, daß Percy ein Letztgeborener war, der immer wieder kurz abgefertigt wurde mit dem Hinweis, das zu tun, was man ihm sagte, und jetzt hatte er genug davon. Als seine Mutter sagte: „Bitte heirate sie nicht, bevor du sie nicht besser kennst", beschloß er, sie noch in der folgenden Woche zu heiraten. Er dachte bei sich: Ich habe es satt, daß andere mir sagen, wie ich leben soll. Ich werde sie heiraten, und wir werden sehr glücklich miteinander sein. Naja, dieses impulsive Verhalten sollte er später noch bereuen!

Doch kommen wir auf unsere liebe Trudi zurück. Als sie Jack heiratete, kannte sie ihn wirklich noch nicht besonders gut, aber sie stürzte sich trotzdem in die Ehe, weil sie es allen zeigen wollte.

Ihre Eltern sagten: „Tu's nicht!"

Ihre Freunde sagten: „Tu's nicht!"

Ihre Berufsberater sagten: „Tu's nicht!"

Also sagte Trudi: „Ich werde es tun!"

Das Letztgeborene hat oft das Gefühl, daß die anderen es kurz abfertigen und ihm sagen, was es zu tun und zu lassen hat. Seine Kompetenz wird angezweifelt, ja sogar verlacht. Die anderen vermitteln ihm, daß es nie und nimmer seinen älteren Geschwistern das Wasser reichen kann.

Also denkt es bei sich: Wartet nur! Ich werd's euch schon zeigen! An dieser Haltung gibt es ganz und gar nichts auszusetzen. Sie kann gut sein, insbesondere, wenn sie dem Baby der Familie dazu verhilft, alles in seiner Macht Stehende zu tun, um sich zu größeren Höhen aufzuschwingen. Aber sie kann auch schlecht sein, wenn sie es veranlaßt, nicht auf das zu hören, was andere ihm sagen, nur um zu beweisen, daß es recht hat und sie unrecht.

Im Rückblick muß Trudi zugeben, daß diese Einstellung zum Teil für ihre Heiratspläne mit Jack verantwortlich war, und sie brachte ihr alle möglichen Schwierigkeiten ein.

Was ich hier sagen will, ist, daß Sie nicht für irgendwen sonst heiraten außer für sich selbst. Wenn Sie heiraten, um es jemandem zu zeigen, oder um zu beweisen, daß Sie eine schöne Frau kriegen können, oder aus irgendeinem anderen Grund als dem, daß Sie die Person, die Sie heiraten wollen, kennen und lieben, dann heiraten Sie aus dem falschen Grund, und es wird Ihnen wahrscheinlich genauso ergehen wie Trudi.

Bitte nehmen Sie sich die Zeit, sie oder ihn kennenzulernen.

Es mag sein, daß die Menschen Ihnen nicht sehr viel Respekt entgegenbringen, weil Sie das Baby der Familie sind. Die Haltung „Ich werd's ihnen zeigen" ist großartig. Aber lassen Sie sich Zeit damit, um nicht in etwas hineinzugeraten, das Ihnen mehr schaden als nützen wird.

Als nächstes werden wir einen kurzen Blick darauf werfen, was von einem Letztgeborenen in den verschiedenen „Abteilungen" der Ehe zu erwarten ist.

Das Letztgeborene in der Ehe

Lassen Sie uns, wie wir es auch bei den Erstgeborenen und mittleren Kindern getan haben, einen Blick darauf werfen, welche „Leistung" von einem Letztgeborenen in den verschiedenen Abteilungen einer ehelichen Beziehung zu erwarten ist:

1. In der Arbeit
Wir haben schon gesagt, daß das Letztgeborene ein sehr guter Verkäufer sein wird. Es wird wahrscheinlich ein gutes Mundwerk haben, und das wird ihm nicht nur im Umgang mit den Kunden, sondern auch mit seinen Vorgesetzten zustatten kommen. Sie werden das Letztgeborene sicherlich mögen – und dabei vielleicht so weit gehen, ein paar kleinere Mängel in seinem Lebenslauf oder seiner Leistung zu übersehen.

Letztgeborene werden kaum der „big boss" sein. Wenn sie in eine solche Position gelangen, dann deswegen, weil sie wissen, daß sie dort genug Geld verdienen können, um sich das Leben zu ermöglichen, das sie sich wünschen, und nicht, weil sie die Macht genießen oder eine Führungsposition haben wollen.

Wenn der Letztgeborene für jemanden arbeitet, der ein starker Führer ist und die Fähigkeit besitzt, andere zu motivieren, kann er einer der besten und produktivsten Mitarbeiter in der ganzen Firma sein. Er mag es nicht, wenn ihm dauernd über die Schulter gesehen wird, aber er sollte auch nicht vollkommen alleingelassen werden. In ersterem Fall wird er wahrscheinlich aufbegehren und soviel Zeit wie möglich vergeuden. Wenn letzteres zutrifft, könnte er zu der Ansicht kommen, daß es wichtiger ist, sich eine schöne Zeit zu machen, als die Arbeit termingerecht zu erledigen.

Wenn Sie mit einem Letztgeborenen verheiratet sind, sollten Sie insbesondere auf zwei Tendenzen achten, was die Arbeitshaltung Ihres Partners anbelangt. Die erste ist die Tendenz zu warten, bis der Termin vor der Tür steht, und dann erst ernsthaft mit dem Projekt zu beginnen. Das Letztgeborene scheint zu größerer Leistung fähig zu sein, wenn es brennt, aber deswegen muß es sich nicht immer in schwierige Situationen hineinmanövrieren. Ab und zu würde ihm eine sanfter Schubs ganz gut tun.

Das zweite Problem ist die Tendenz, die Dinge verändern zu wollen, ob dies nun erforderlich ist oder nicht. Sie könnte nach Hause kommen und sagen, daß sie ihren Beruf haßt und kündigen will. Sie als Ihr Partner müssen ihr helfen herauszufinden, ob dieses Gefühl wirklich begründet ist und nach einer Entscheidung verlangt, oder ob nur ihre Letztgeborenennatur an die Oberfläche kommt.

Etwas anderes, das ich noch über die Letztgeborenen und ihre Arbeitshaltung sagen muß, ist, daß man sie niemals abschreiben sollte. Viele Letztgeborene sind Spätzünder. Sie haben die meiste Zeit ihres Lebens im Schatten anderer gestanden und wissen nicht genau, wozu sie selbst fähig sind. Aus diesem Grund sind sie anfangs manchmal etwas zögerlich und unsicher, aber sobald sie einmal Zutrauen in ihre eigenen Fähigkeiten gefaßt haben, können sie zu großen Höhen aufsteigen.

2. In der Freizeit

Spaß, Spaß und nochmal Spaß! Im allgemeinen sind Letztgeborene abenteuerlustig. Sie wollen reisen, unbekannte Gegenden erforschen und neue Leute kennenlernen. Sie schließen sich gerne gesellschaftlichen Organisationen an, aber wahrscheinlich deshalb, um mit fröhlichen Leuten viel Spaß zu haben, und nicht, um sich mehr Prestige zu verschaffen oder durch ehrenamtliche Tätigkeiten ihren Lebenslauf aufzupolieren.

Das Letztgeborene ist ruhelos, es sucht immer nach etwas Neuem. Unter Umständen werden ihm die gewohnten Aktivitäten schon langweilig, wenn sein Partner gerade erst anfängt, wirklich Spaß daran zu haben. Es kann schon einmal vorkommen, daß es mit einem aufgespießten Marshmallow zu Hause am offenen Kamin sitzt. Doch das ist eher die Ausnahme, denn es will so viel wie möglich aus seiner Freizeit herausholen, und das heißt, daß es sie vollpackt mit aufregenden Aktivitäten.

Wenn Sie ein Letztgeborenes heiraten, dann sollten Sie Ihre Wanderschuhe und Ihre Abenteuerlust parat haben. Wahrscheinlich werden Sie beides brauchen.

3. Im Umgang mit Geld

Wenn man eine Aufstellung der Anlageberater und Börsenmakler machen würde, fände man wahrscheinlich nicht viele Letztgeborene unter ihnen. Einige natürlich, aber nicht sehr viele.

Letztgeborene können umsichtig mit Geld umgehen. Sie neigen aber eher dazu, es impulsiv auszugeben, zu denken, daß das „Kaufe jetzt, zahle später" eine der besten Erfindungen der Menschheit ist und mit der Verwaltung ihrer Finanzen etwas sorglos umzugehen. Das ist besonders dann der Fall, wenn das Letztgeborene das (Un)Glück hatte, von Eltern und Geschwistern immer als das Baby der Familie angesehen zu werden, die ihm immer sofort aus der Patsche halfen, wenn es in Finanznöte geriet.

Ein weiterer Grund, weshalb es vielleicht Schwierigkeiten im Umgang mit Geld hat, ist, daß ihm materielle Besitztümer nicht so wichtig sind. Geld ist ein Mittel, um im Leben zu bekommen, was man will, mehr nicht.

Wenn Sie mit einem Letztgeborenen befreundet sind, der keine finanzielle Verantwortung kennt, mag das zunächst als gute Eigenschaft erscheinen. Er könnte zum Beispiel sehr freigebig sein und gerne Geld für Sie ausgeben. Doch sollten Sie sich fragen, ob er es sich wirklich leisten kann. Seine Großzügigkeit, die Ihnen jetzt als etwas Gutes erscheint, mag sich in ihr Gegenteil verkehren, wenn Sie eines Tages mit ihm verheiratet sind und versuchen, mit dem Familienbudget zu haushalten.

Doch wenn Sie an eine Heirat mit einem Letztgeborenen denken und er finanziell Herr der Lage zu sein scheint, dann denken Sie bitte nicht: *Ich weiß, daß er ein Letztgeborener ist, also wird er sein Geld früher oder später verpulvern.* Wenn er im Umgang mit Geld die typische Veranlagung eines Letztgeborenen hat, dann wird diese bestimmt von Anfang an zutage treten.

4. In seinen sozialen Kontakten

Wir Letztgeborenen haben mit unserer Ichbezogenheit zu kämpfen. Gleichzeitig sind wir sehr stark menschen-orientiert. Wir sind sehr gern mit anderen zusammen, und normalerweise sind sie sehr gerne mit uns zusammen, also wird unser egoistisches Naturell dadurch gemäßigt, daß wir beliebt sein wollen.

Letztgeborene haben in der Regel nicht so viele Freunde wie die extrovertierten mittleren Kinder, aber wir haben eine große Zahl von Bekannten. Der Letztgeborene ist vielleicht nicht Ihr bester Freund, aber er gehört bestimmt zu den Leuten, die Sie zu einer Party einladen.

Wie ich oben schon gesagt habe, ist das Letztgeborene nicht immer gerade sensibel, wenn es darum geht, herauszufinden, was andere denken und wünschen oder was für Motive sie haben. Im allgemeinen dringt es nicht sehr tief in das Seelenleben anderer ein. Das kommt nicht unbedingt daher, daß es oberflächlich ist – es ist einfach nur so, daß es dazu neigt, alles für bare Münze zu nehmen.

Flip Wilsons bessere Hälfte Geraldine sagte immer: „Man kriegt, was man sieht", und das trifft auf Letztgeborene ziemlich genau zu.

Zum Teil deshalb, weil der Letztgeborene unabhängig sein will, selbst wenn er es nicht ist. Vati und Mutti waren wahrscheinlich

jederzeit bereit, ihm zu Hilfe zu eilen, und haben es wahrscheinlich auch etliche Male getan, aber er will es eigentlich nicht, und
seine Ich-werd's-ihnen-zeigen-Einstellung manifestiert sich in
dem Wunsch, ganz und gar unabhängig zu sein. Er braucht andere, aber er will ihnen nicht zu nahe sein, denn das könnte bedeuten, daß er sie zu sehr braucht.

Wenn Sie mit einem Letztgeborenen verheiratet sind oder an
Heirat denken, dann werden Sie wahrscheinlich mit ihm arbeiten
müssen, damit er lernt zu „teilen".

5. Im Schlafzimmer

Als erstes sei gesagt, daß Letztgeborene von Natur aus zärtlich
sind. Sie berühren, umarmen und küssen gerne. Und diese Zärtlichkeit wird auch ins Schlafzimmer mitgenommen.

Wahrscheinlich wurden sie als Babys der Familie mehr im Arm
gehalten und geknuddelt als andere Kinder. Nicht nur Mutti und
Vati hielten sie im Arm und schmusten mit ihnen, sondern auch
ihre Geschwister – und es könnte leicht sein, daß die Babys sich
das gerne gefallen ließen.

Wenn jemand Sie am Arm berührt, wenn er mit Ihnen spricht,
dann ist es wahrscheinlich ein Baby. Damit will ich nicht sagen,
daß es ein sexueller Akt ist, jemanden zu berühren, überhaupt
nicht. Was ich sagen will, ist, daß die Babys nicht zögern, Kör-
perkontakt mit anderen herzustellen.

Eine andere Eigenschaft der Babys, die wir schon mehrfach
angesprochen haben, ist, daß sie Spaß lieben und abenteuerlustig
sind. Wenn Sie diese beiden Eigenschaften mit ihrem zärtlichen
Naturell zusammenbringen, dann kommen Sie zu der richtigen
Schlußfolgerung, daß der sexuelle Aspekt der Ehe höchst attraktiv für Letztgeborene ist.

Letztgeborene, die andersgeschlechtliche Geschwister haben,
können wahrscheinlich mit ihrer Identität als sexuelle Wesen besser umgehen, aber es würde mich nicht wundern, wenn viele
Letztgeborene sich im Schlafzimmer vollkommen verausgaben.

Ein besonderes Problem ist jedoch, daß der Letztgeborene das,
was im Schlafzimmer vor sich geht, vom Rest seines Lebens
trennt. Möglicherweise muß er erst lernen, daß er im allgemeinen
aufmerksamer zu seiner Frau sein sollte, wenn er will, daß sie

Lust auf ihn hat – zum Beispiel, indem er ihr im Haushalt hilft, seine Sachen nicht überall herumliegen läßt, ihr zuhört, wenn sie mit jemandem reden will, und so weiter.

6. Als Elternteil

Wenn Sie einen Partner suchen, der Disziplin großschreibt und die Kinder Zucht und Ordnung lehrt, dann sind Sie beim Letztgeborenen an der falschen Adresse.

Wenn Sie aber jemanden suchen, der den Kindern ein richtiger Kumpel ist, der sich auf dem Boden herumrollt und mit ihnen rauft, dann ist ein Letztgeborener wahrscheinlich genau richtig.

Erinnern Sie sich daran, daß Eltern immer den meisten Bezug zu dem Kind haben, das dieselbe Geschwisterposition einnimmt wie sie selbst. Demnach ist zu erwarten, daß Ihr Partner oder Ihre Partnerin, wenn er oder sie ein Letztgeborenes ist, und Ihr jüngstes Kind ein ganz nettes Gespann bilden werden, besonders, wenn sie gleichgeschlechtlich sind. Wahrscheinlich würden Sie die beiden um Ihres eigenen Seelenfriedens willen am liebsten getrennt halten! Zwei Letztgeborene auf einmal können einem ganz schön zu schaffen machen!

Tatsächlich zieht ein letztgeborener Elternteil oft den Kopf ein vor der Verantwortung des Kindererziehens und sucht nach Möglichkeiten, vom „elterlichen Thron" abzudanken. Lassen Sie es auf keinen Fall so weit kommen! Wenn Sie mit einem Letztgeborenen verheiratet sind oder eine solche Ehe ins Auge gefaßt haben, dann sollten Sie sich miteinander hinsetzen und ein paar präzise Regeln aufstellen, was das Aufziehen und Erziehen von Kindern anbelangt. Und dann müssen Sie sich gegenseitig versprechen, diese Regeln auch einzuhalten. Das wird Ihnen viel Ärger in der Ehe und mit den Kindern ersparen.

7. Bei Streß

Was ist das denn? Letztgeborene sollen Streß haben? Ich wußte gar nicht, daß Spaß und Vergnügen einem Menschen so zusetzen können.

Also, die Wahrheit ist, daß Letztgeborene nicht so leicht in Streß geraten wie die perfektionistischen, ehrgeizigen Erstgeborenen, aber es kann vorkommen. Und wenn es einmal so weit ist, werden Erstgeborene nach Abhilfe suchen, indem sie die Sache angehen. Letztgeborene hingegen werden wahrscheinlich leugnen, daß überhaupt ein Problem vorliegt, und darüber lachen, obwohl sie innerlich weinen. Wenn Sie feststellen, daß Ihr letztgeborener Freund oder Geliebter gestreßt ist, müssen Sie besonders verständnisvoll und geduldig sein, und noch geduldiger, wenn Sie wollen, daß er sich mit dem Problem auseinandersetzt.

Der häufigste Grund, weshalb Letztgeborene in Streß geraten, ist, daß ihr sorgloser Lebenswandel sie einholt. Sie manövrieren sich in ein finanzielles Loch hinein, und wenn die Geldeintreiber nicht mehr locker lassen, fühlen sie das ganze Gewicht der Welt auf sich lasten. Sie treffen überstürzte Entscheidungen, die sich nicht zu ihrem Besten auswirken, und dann müssen sie sich mit den stressigen Konsequenzen herumschlagen.

Letztgeborene, die einen Partner haben, der darauf achtet, daß sie verantwortungsvoll handeln, werden kaum in nennenswerten Streß geraten. Und da sind Sie gefragt.

8. Mit Religion und Philosophie

Obwohl sie sich nach außen hin abenteuerlustig und rebellisch geben mögen, werden Letztgeborene wahrscheinlich den religiösen Überzeugungen ihrer Eltern treu bleiben.

Naja, treu „bleiben" ist vielleicht nicht der passende Ausdruck. In jüngeren Jahren experimentieren sie vielleicht mit allen möglichen Glaubenssystemen, aber früher oder später kehren sie zum Glauben der Väter zurück.

Wahrscheinlich ohne zu wissen, warum. Es ist nicht so, daß sie alles andere geprüft hätten und schließlich zu dem Schluß gekommen wären, daß die Eltern doch recht hatten. Es ist eher so, daß sie zum Alten zurückkehren, schlicht und einfach, weil sie zu der Ansicht gekommen sind, daß es genauso gut ist wie alles andere, das sie gefunden haben, und auch, weil es ihnen Sicherheit verleiht, da es sie zu ihren Wurzeln zurückbringt.

Was Religion und Philosophie anbelangt, ist der Letztgeborene wahrscheinlich kein großer Nachdenker. Nicht, daß er dazu nicht in der Lage wäre. Es ist einfach so, daß es ihm nicht sehr attraktiv erscheint, einen Abend damit zu verbringen, in die tiefsten Geheimnisse des Universums einzudringen. Unter Umständen wird er Prediger oder Geistlicher, aber selbst dann besteht sein Talent eher darin, mit den Gläubigen seiner Gemeinde zu kommunizieren und ihnen Trost und Freude zu spenden, als darin, große Wahrheiten für sie aufzuspüren.

Das Entwickeln tiefer philosophischer Gedanken überläßt er gerne anderen. Er selbst schaut sich da lieber den Montagsfußball an! Es entspricht seinen spontanen Neigungen, wenn er sich nicht übermäßig den Kopf darüber zerbricht, ob er im Einklang mit der religiösen Lehre lebt. Er wird sich denken, daß er auch hier ungeschoren davonkommt, so wie in anderen Lebensbereichen.

Teil V

Und das Größte ist die Liebe

Ein paar abschließende Gedanken über die Liebe

In Alberta, Kanada, sprach ich vor zweitausend Highschool-Jungen zum Thema Sexualität und Liebe.

Schon vorher war ich verschiedentlich gebeten worden, vor einem schwierigen Publikum zu sprechen, aber diesmal schien es knochenhart zu werden. Ich wußte, daß der Sex-Teil des Themas das Interesse der Jungen wecken würde, aber daß sie mir sofort die kalte Schulter zeigen würden, wenn es mir nicht gelänge, sie mit dem, was ich zu sagen hatte, zu fesseln.

Erwachsene sind im allgemeinen ein einfaches Publikum. Sie hören einem zu, selbst wenn sie das, was man sagt, nicht allzusehr interessiert. Aber Teenager? Bei ihnen liegt die durchschnittliche Aufmerksamkeitsspanne bei so etwas wie 9,1 Sekunden, und man kann sie im Handumdrehen verlieren. Und wenn das geschieht, haben sie keine Scheu, einem zu verstehen zu geben, daß sie es gar nicht erwarten können, daß man von der Bühne abtritt.

Auf dem Podium hinter mir saßen einige der wichtigsten Köpfe der Schulleitung – würdige, aus dem Ei gepellte, offensichtlich hochkultivierte Leute. Der junge Mann, der mich vorstellte, ein gepflegter Siebzehnjähriger, war Vorsitzender der Schülervertretung.

Ich ließ meinen Blick über das Publikum schweifen, und die ersten Worte aus meinem Mund waren: „Welche Wörter gebraucht man heutzutage in unserer Gesellschaft für den Penis?"

Das Gesichtermeer unter mir war absolut still. Hatten sie richtig verstanden?

Gleichzeitig war ich mir ziemlich sicher, daß es hinter mir am Podium ziemlich heiß wurde. Ich erwartete, jeden Moment einen dumpfen Schlag zu hören, mit dem der Direktor in Ohnmacht fiel.

Aber ich ließ mich nicht aus dem Konzept bringen.

„Habt ihr nicht gehört?" fragte ich. „Was sagen wir für 'Penis'? Okay..., wie hat Mami dazu gesagt?"

Ein mutiger junger Mann meldete sich. Ich zeigte auf ihn, und er rief einen der üblicheren Namen.

„Sehr gut!" Ich drehte mich zu der Schultafel hinter mir und schrieb das Wort in großen Lettern an. „Was noch?"

Jemand rief einen anderen Namen, und auch den schrieb ich an die Tafel hinter mir. Jetzt war die Hölle los. Die Jungen kamen in Schwung und klatschten sich gegenseitig in die erhobenen Hände und klopften sich auf die Schultern, während sie die üblichen Bezeichnungen für den Penis brüllten.

Sobald wir eine schöne Liste an der Tafel hatten, stellte ich die nächste Frage.

„Nun, wie steht es mit den Geschlechtsteilen der Frau?"

Einen Augenblick lang fühlte ich mich wie E.F. Hutton (E.F. Hutton ist der Name einer der größten Börsenmaklerfirmen in den USA. Sie ist berühmt für die Wirtschaftskommentare und -hinweise. Wenn im Radio oder Fernsehen E.F. Hutton spricht, hört jeder zu. Die Kommentare betreffen alle Bereiche von Wirtschaft über Kultur bis zum Sport), denn als ich sprach, hörte das Gerede und Gelächter sofort auf, und jeder spitzte die Ohren.

„Was ist los?" fragte ich.

Keine Antwort.

„Seid ihr wie der Typ in Denver, der mir sagte: 'Ich werde es Ihnen sagen, aber nicht hier'? Was glaubt ihr, hat er damit gemeint? Könnte es sein, daß diese Bezeichnungen schmutzig und ordinär sind? Könnte es sein, daß sie die Schönheit der geschlechtlichen Liebe billig machen und in den Schmutz ziehen?"

Ich wußte, daß ich sie jetzt am Haken hatte und mit ihnen machen konnte, was ich wollte.

Ich ließ meinem Blick über das Publikum schweifen und sagte: „Ich nehme an, daß die meisten von euch so um die fünfzehn oder sechzehn sind. Aber wir wollen uns einmal vorstellen, daß wir schon zehn Jahre weiter sind. Ihr seid verheiratet..., es ist mitten in der Nacht, und ihr liegt mit eurer Frau im Bett."

Diese Nachricht wurde mit Pfiffen und Getrampel aus der Galerie aufgenommen.

„Na, na, na! Natürlich schlaft ihr schon."

„Buuuuh!"

„Und plötzlich knufft euch eure Frau in die Rippen und weckt euch auf. Ihr werft einen Blick auf den Wecker und stellt fest, daß es drei Uhr früh ist. Alles, was ihr wollt, ist weiterschlafen.

Aber dann knufft sie euch wieder, diesmal ein wenig fester. Und sie sagt: 'Liebling, irgend etwas stimmt mit mir nicht. Mir ist schlecht!"

Stille im Publikum. Alle Augen sind auf mich gerichtet, und ich weiß, daß die Jungen zuhören, also mache ich weiter.

„Also, in wenigen Stunden müßt ihr aufstehen und zur Arbeit gehen, aber ihr schüttelt euch wach, weil ihr wißt, daß die Frau, die ihr liebt, euch braucht.

Ihr sagt: 'Was ist los, Schatz? Was hast du?' Sie sagt, daß sich in ihrem Kopf alles dreht, und daß sie das Gefühl hat, sich übergeben zu müssen. Sie muß ins Badezimmer gehen, aber sie glaubt, daß sie es ohne eure Hilfe nicht schaffen kann."

Es war mir klar, daß meine jungen Zuhörer das Ganze recht ernst nahmen, denn die Betroffenheit stand manchen von ihnen ins Gesicht geschrieben.

Ich fuhr fort: „Also hüpft ihr aus dem Bett und rennt auf die andere Seite, um ihr zu helfen. Unterwegs stoßt ihr euch in der Dunkelheit die Zehe an. Es tut verdammt weh, aber ihr habt nicht viel Zeit, darüber nachzudenken, weil eure Frau stöhnt und jammert, und ihr wißt, daß es zu spät sein wird, wenn ihr euch nicht beeilt. Ihr nehmt sie bei der Hand und helft ihr, sich hinzusetzen, dann zieht ihr sie auf die Füße."

Ich begann, über die Bühne zu laufen, wobei ich so tat, als wenn ich jemanden stützte.

„Na komm, Schatz", sagte ich so fürsorglich, wie ich nur konnte, zu der imaginären Person. „Gleich wird alles besser."

„Aber wißt ihr, was dann passiert?" Keine Antwort auf meine Frage, aber ich wußte, daß sie sich das Schlimmste ausmalten. Und sie hatten recht.

„Ihr schafft es nicht. Ihr seid ungefähr noch sechs Schritte von der Badezimmertür entfernt, da passiert es. Eure Frau hat euch gesagt, daß sie das Gefühl hätte, sich übergeben zu müssen, und da hat sie keinen Spaß gemacht. Schon habt ihr die Bescherung auf dem Teppichboden."

„Iiiigitt!"

„Und, meine Herren, wer wird es wohl aufputzen müssen?"

„O nein!" heulte da einer auf. „Ich bestimmt nicht!" Aber die anderen schlossen sich ihm nicht an.

„O doch, das wirst du wohl! Und weißt du auch, warum? Weil du sie liebst. Und weißt du noch etwas? Während du da auf den Knien liegst und den Teppich scheuerst, zeigst du, was Liebe ist. In dem Augenblick kommst du der Realität der Liebe näher als all die Sexfilme, die du gesehen hast, all die anzüglichen Witze, die ihr euch erzählt, und all die romantischen Karten, die du deiner Freundin zum Valentinstag schickst."

Von da an fraßen sie mir aus der Hand, als ich fortfuhr und ihnen genauer erläuterte, was zwischengeschlechtliche Liebe ist – und was nicht.

Ich habe in diesem Buch schon so einiges darüber gesagt, wie wichtig es ist, den Partner zu finden, der am besten zu Ihnen paßt. Doch so wichtig das auch sein mag, es ist genauso wichtig, nicht zu vergessen, daß eine glückliche Ehe erarbeitet werden will, und das nicht zu knapp.

Lemans Rezept für eine glückliche Ehe

Man nehme eine gehäufte Portion Liebe.

Man füge die gleiche Menge Der-Partner-kommt-zuerst hinzu.

Man überstreue das Ganze großzügig mit Geduld, Güte, Verständnis und Freundlichkeit.

Man rühre viel gemeinsam verbrachte Zeit unter, achte aber darauf, dem Partner genügend Zeit und Raum für sich selbst zu lassen, damit er aufgehen kann und nicht erstickt wird.

Schließlich überprüfe man, ob die Kommunikationswege offen geblieben sind.

Über die Backtemperatur braucht man sich keine Gedanken zu machen: In jeder Ehe gibt es ausreichend Hitze.

Liebe ist besser als Verliebtheit

Manche machen den Fehler zu glauben, daß Verliebtheit gleichbedeutend ist mit Liebe. Das ist nicht der Fall. Diese Annahme steht in enger Verwandtschaft mit dem Irrglauben, daß eine glückliche Ehe in jeder Hinsicht perfekt sein muß, und sie ist sogar noch gefährlicher.

Bilden Sie sich bitte nicht ein, daß Liebe aus Essen im Kerzenschein, Grußkarten mit sentimentalen Versen oder gar romantischen Telefonaten mitten am Tag besteht. All diese Dinge sind gut und schön, und ich rate Ehemännern und Ehefrauen, soviel wie möglich zu tun, um der Romantik in ihrer Beziehung einen Platz zu lassen, doch sollten wir nie diese äußeren Zeichen der Zuneigung mit wahrer Liebe verwechseln.

Leute, die Liebe und Verliebtsein verwechseln, enden oft vor dem Scheidungsrichter, weil sie eine recht verklärte Sichtweise haben. Sie wissen nicht viel über die Liebe, aber sie genießen das Gefühl des Verliebtseins. Sie laufen herum mit Mondstrahlen im Blick und Sternenstaub im Haar und sind eine leichte Beute für jemanden, der die romantische Sprache zu sprechen versteht.

Ich gebe zu, daß es ein tolles Gefühl ist, verliebt zu sein. Man fühlt sich wie high, ist ausgelassener Stimmung und glaubt, daß es einfach großartig ist, auf dieser Welt zu sein. Doch es liegen Welten zwischen diesem Gefühlszustand und der Liebe. Ja, all diese Gefühle gehen der Liebe voraus, aber sie können auch aufkommen, wenn Sie einfach nur in jemanden vernarrt sind oder aufgeregt über den Beginn einer neuen Beziehung.

Ich glaube, daß die Liebe ihre Zeit braucht. Ich glaube, daß es so etwas wie Vernarrtheit auf den ersten Blick gibt, aber nicht Liebe auf den ersten Blick.

Ein anderer Irrglauben, dem manche Leute aufsitzen, ist, daß man völlig die Kontrolle verliert, wenn man sich in jemanden verliebt. Man wird hinweggefegt wie ein armer Tropf, der in einem Faß auf die Niagarafälle zutreibt. Man weiß, daß jetzt eine Höllenfahrt auf einen zukommt, aber man kann nichts dagegen unternehmen.

Wer entscheidet, ob Sie sich verlieben oder nicht? Sie tun es. Wer entscheidet, in wen Sie sich verlieben? Wieder sind Sie es. Sie fühlen sich vielleicht zu jemandem hingezogen. Sie können zu dem Schluß kommen, daß Sie jemanden mögen und mit ihm oder ihr zusammensein wollen. Es mag Ihnen schwerfallen zu entscheiden, daß diese Person nicht die richtige für Sie ist, und daß Sie sich nicht verlieben dürfen, dennoch können Sie es tun.

In meiner Praxis habe ich sehr viele Menschen beraten, die in außereheliche Affären verwickelt waren. Und auch wenn einige „Experten" einen glauben machen, daß eine Affäre tatsächlich zur Stärkung einer Ehe beitragen kann, ist mir kein einziger Fall untergekommen, in dem ein Seitensprung die Ehe gestärkt oder den oder die Betroffene glücklicher gemacht hätte. Eine Affäre verursacht Schmerz, Schuldgefühle und Mißtrauen, und obwohl eine Ehe daran nicht zugrunde gehen muß, braucht es einige Zeit, bis sie wieder so ist wie vor der Zeit, als einer der Partner das Ehegelübde brach.

Warum machen Leute dann Seitensprünge? Ich habe schon eine Reihe unterschiedlicher Entschuldigungen dafür gehört. Von Männern höre ich, daß ihre Frauen kalt und abweisend sind, während Frauen mir sagen, daß ihre Männer nicht mit ihnen sprechen und nicht zärtlich genug zu ihnen sind. Aber genauso oft wie diese „traditionellen" Begründungen für einen Seitensprung höre ich: „Ich konnte einfach nicht anders."

Oder: „Wissen Sie, Dr. Leman, ich weiß gar nicht so recht, wie es dazu kam. Wir waren einfach nur gute Freunde, und plötzlich lagen wir miteinander im Bett."

Na, das ist schon komisch, oder? Es ist, als wenn zwei gute Kumpel – die zufällig ein Mann und eine Frau sind – bei einem ganz und gar platonischen Mittagessen im Restaurant sitzen. Und plötzlich träufelt irgendein Bösewicht ihnen etwas in den Eistee oder zieht ihnen eins über, und das nächste, das sie wissen, ist, daß sie in irgendeinem billigen Motel im Bett wieder zu sich kommen.

Auf solches Gerede kann ich nur erwidern: „Na, jetzt machen Sie aber mal halblang. Sie wollen mir doch nicht sagen, daß Sie nicht sehen konnten, daß es im nächsten Akt zu dieser Schlafzimmerszene kommen würde?"

Ich glaube, daß beide Akteure in so einer Situation wußten, wohin sie steuerten, aber keiner von ihnen wollte es sich eingestehen, denn das hätte der Sache ihren Reiz genommen. Das eigene Gewissen gibt sich viel leichter damit zufrieden, wenn man sich selbst davon überzeugen kann, daß es passierte, bevor man auch nur wußte, wie einem geschah.

Was ich aber sagen will, ist, daß zwei Menschen, die sich zueinander hingezogen fühlen, dieser Anziehungskraft nicht unbedingt nachgeben müssen. Man kann nachgeben oder dagegen ankämpfen. Und wenn es Ihnen schwerfällt, dagegen anzukämpfen, es aber nicht unbedingt zu Ihrem Vorteil gereichen würde, wenn Sie nachgeben, dann sollten Sie der anderen Person am besten aus dem Wege gehen und verfängliche Situationen erst gar nicht aufkommen lassen.

Dieser Rat gilt für Verheiratete, die in Versuchung sind, einen Seitensprung zu machen, und für alle, die nach einem Ehepartner Ausschau halten. Sie sollten sich mit niemandem einlassen, der nicht gut für Sie ist.

Es gibt da ein paar Fragen, die sich jeder, der eine Liebesbeziehung eingehen möchte, stellen sollte.

Sie lauten:

1. Ist dieser Mensch gut für mich?

Dieser allgemeinen Frage sind mehrere andere unterzuordnen wie: Hilft er mir wirklich, all das zu sein, was ich sein kann? Ist er wirklich an mir interessiert und will das Beste für mich? Wie behandelt er mich?

2. Warum fühle ich mich zu diesem Menschen hingezogen?

Sie können sich aus den verschiedensten Gründen zu einem Vertreter des anderen Geschlechts hingezogen fühlen. Es könnte an seiner Persönlichkeit oder an seinem Sinn für Humor liegen. Vielleicht ist er der intelligenteste Mensch, der Ihnen je über den Weg gelaufen ist. Vielleicht macht seine Freundlichkeit großen

Eindruck auf Sie. Es könnte aber auch sein, daß Ihnen sein Lächeln gefällt, seine makelloses Gebiß oder sein muskulöser Körper. Und wenn ein Mann ehrlich ist, muß er zugeben, daß er sich zu einer Frau hingezogen fühlt, weil sie ein so schönes Gesicht hat, weiches, seidiges Haar oder wunderbare Beine. Wenn Sie einmal darüber nachdenken, warum Sie sich zu jemandem hingezogen fühlen, und zu dem Ergebnis kommen, daß Ihnen einfach gefällt, wie er oder sie aussieht, dann sollten Sie lieber die Hände von der Beziehung lassen. Gegenseitige körperliche Anziehung kann nur eine Basis für eine sehr seichte Beziehung sein. Darauf läßt sich unmöglich eine dauerhafte Ehe aufbauen.

3. Warum fühlt er sich zu mir hingezogen?

Dieser Mann liebt Sie also. Hat er Ihnen je gesagt, warum er Sie liebt? Wenn nicht, fragen Sie ihn. Es ist wichtig herauszufinden, was der andere in einem sicht, wofür er einen liebt. Und dann stellen Sie sich die Frage, ob Sie diesen Menschen wirklich lieben, oder ob Sie das nur glauben, weil er Sie liebt. Anders ausgedrückt, es ist schmeichelhaft, wenn einem jemand sagt, daß er oder sie einen liebt. Das allein genügt bei einigen Leuten schon, um ihr Herz höher schlagen zu lassen. Es klingt vielleicht grausam, aber Sie sind nicht verpflichtet, einen anderen zu lieben, nur weil er sagt, daß er Sie liebt.

4. Was erhoffe ich mir von dieser Beziehung?

Manche Leute gehen eine Beziehung ein, weil sie sich von dem anderen Menschen so einiges erwarten. Ein Mann will vielleicht eine schöne Frau an seiner Seite haben, weil er von anderen Männern beneidet werden möchte. Unter Umständen findet er diese Frau sogar seicht oder langweilig. Aber seine Freunde werden ihn in die Rippen puffen und sagen: „Wie um alles auf der Welt hast du es geschafft, so eine Schönheit an Land zu ziehen?", und er wird sich in ihrem Neid baden. (Natürlich kann auch eine Frau aus demselben Grund mit einem Mann zusammen sein.) Eine Frau geht vielleicht mit einem Mann aus, weil er Unmengen von Geld für sie ausgibt und sie die Dinge, die er ihr geben kann, mag. Es gibt alle möglichen Gründe, weshalb jemand eine Beziehung eingeht, und manche erscheinen so überzeugend, als wenn einer in meiner Heimatstadt Tucson seinen Lebensunterhalt mit dem Verkauf von Schneeschuhen verdienen wollte. Wenn eine Beziehung glücken soll, dann müssen beide Beteiligten einmal eine ehrliche und vollständige Bestandsaufnahme dessen machen, was sie sich von der Beziehung wirklich erwarten.

Ich will hier nicht den Versuch machen, Ihnen zu sagen, woran Sie erkennen können, daß Sie jemanden lieben. Diese uralte Frage haben Dichter und Sänger schon seit Jahrhunderten gestellt. Genausowenig will ich den Versuch machen, das Gefühl der Liebe zu sezieren und in sachlichen Begriffen zu erläutern. Ich bin vielleicht nicht der Oberromantiker, aber ich gehöre auch nicht zu den Leuten, die die Liebe ins Labor schleppen, um sie in ihre einzelnen Bestandteile zu zerlegen.

Unter Umständen betrachten Sie Ihre Beziehung von allen Seiten und wissen immer noch nicht, ob es Liebe ist. Sie wissen vielleicht, daß es etwas Gutes ist und Sie sich darin wohlfühlen, aber Sie sind nicht sicher, was es ist. Das ist in Ordnung. Und wenn Sie möglicherweise auch nicht wissen, ob es Liebe ist, dann wissen Sie doch zu anderen Zeiten ganz genau, daß es keine Liebe ist. Und wenn Sie Ihre Beziehung betrachten und ganz sicher sind, daß Sie nicht aus Liebe, sondern aus irgendeinem anderen Grund daran festhalten, dann sollten Sie lieber Schluß machen, egal, wie dieser andere Grund heißen mag.

5. Baut diese Beziehung mein Selbstwertgefühl auf, bringt sie mir Freude und fördert sie meine Persönlichkeitsentwicklung?

Vor einigen Jahren hatte die Gruppe *Nazareth* einen Hit mit dem Titel „Love Hurts" („Liebe tut weh").

Dieser Song lief eine Zeitlang fast pausenlos im Radio, und ich weiß noch, daß der Leadsänger sich darüber ausweinte, wie schrecklich doch die Liebe sei. Der einzige Text, an den ich mich erinnern kann, ist „Love hurts, love hurts", immer und immer wieder.

Ein paar Jahre später brachte eine andere Gruppe, die *J. Geils Band*, einen Song mit dem Titel „Love Stinks" („Liebe stinkt") heraus. Ein so richtig schön sentimentaler Song.

Nun will ich Sie fragen: Sind Sie auch dieser Meinung? Tut Liebe weh? Stinkt sie? Wenn ja, dann ist die Situation, in der Sie sich befinden, nicht gut für Sie, und es ist Zeit, sie schleunigst zu beenden.

Damit will ich nicht sagen, daß es nicht Zeiten geben kann, in denen die Liebe weh tut. Es gibt Mißverständnisse zwischen Liebenden, sie enttäuschen den anderen und verletzen einander. Aber wenn Sie in einer Beziehung stecken, die zu fünfundsiebzig Prozent aus Schmerz und zu fünfundzwanzig Prozent aus guten Zeiten besteht, dann ist die Beziehung nicht gut für Sie, so einfach ist das. Ich würde Ihnen nie raten, eine Beziehung einzugehen für das, was Sie daraus herausholen können, aber wenn jemand Sie wirklich liebt, dann wird er Sie unterstützen und ermutigen und darauf bedacht sein, daß es Ihnen gut geht.

Wenn der Mensch, den Sie lieben, Sie physisch oder verbal schlecht behandelt, wenn ihm Ihre Gefühle egal zu sein scheinen, oder wenn er solche Dinge tut, wie Sie im Vergleich mit früheren Partnern herunterzumachen, dann gibt es keinen Grund, die Beziehung fortzusetzen. Jeder, der sich vor der Ehe so verhält, wird Ihnen die Ehe zur Hölle machen.

Ein Wort über die Männer

Bevor ich Schluß mache, möchte ich noch ein kurzes Wort an die Frauen richten. Also, Jungs, Ihr entschuldigt uns für einen Augenblick, okay?

Danke.

Also, meine Damen, ich möchte Ihnen einen kleinen Tip für den Umgang mit Männern geben.

Ich kann Ihnen gar nicht sagen, wie oft ich schon Frauen beraten habe, die mir sagten, daß ihr Partner sich um hundertachtzig Grad gedreht hat, als er vom Freund zum Ehemann wurde.

Was meinen sie damit?

Zum Beispiel:

„Er hockt das ganze Wochenende vor dem Fernseher und schaut Fußball. Ich habe das Gefühl, daß der Fußball für ihn an erster Stelle kommt und ich erst an zweiter."

Oder: „Der Mann ist unersättlich, was den Sex anbelangt. Er läßt mir überhaupt keine Ruhe mehr."

Nun, die Wahrheit ist, daß Männer und Frauen auf unterschiedliche Weise kommunizieren. Eine Frau, die sich dieser Unterschiede bewußt ist, wird gleich zu Beginn der Beziehung gewisse Signale aufnehmen, was ihr viel Ärger und Konfusion zu späterer Zeit ersparen wird. Ein Mann wird Ihnen in der Tat sehr früh in der Beziehung verraten, was er für ein Kerl ist.

Nehmen wir zum Beispiel einmal an, daß Sie mit einem Mann ausgehen, der geschieden ist, und Sie fragen ihn, warum seine Ehe nicht geklappt hat.

„Ach, ich weiß nicht. Vor der Ehe hatten wir im Bett viel Spaß miteinander, aber sobald wir einmal verheiratet waren, war es einfach nicht mehr dasselbe."

Damit hat er Ihnen gesagt, daß der Sex für ihn an erster Stelle steht. Oder vielleicht sagt er Ihnen, daß er Dauerkarten für den örtlichen Fußballverein hat.

Das heißt im Klartext: „Sport spielt in meinem Leben eine sehr große Rolle." Und wenn er von Dauerkarten im Plural spricht, dann will er damit sagen: „Und ich erwarte, daß er in deinem Leben die gleiche Rolle spielt."

Alles, was ich Ihnen hiermit sagen will, meine Damen, ist, daß Sie lernen müssen zu verstehen, welche Bedeutung sich hinter den Worten Ihres Geliebten verbirgt.

Wenn Sie das tun, werden Sie sich unangenehme Überraschungen bezüglich seiner Persönlichkeit und seines Charakters ersparen, sobald Sie einmal vor dem Traualtar standen.

Liebe ist...

Wie können Sie wissen, daß Sie jemanden wirklich lieben? Es gibt ein altes Buch, das eine Beschreibung der Liebe enthält. Das Buch ist fast zweitausend Jahre alt, aber es gibt immer noch die beste Beschreibung der Liebe, die ich je gelesen habe. Es könnte keine schöneren Worte geben, um unsere Diskussion von Liebe und Ehe abzuschließen. Das Buch ist die Bibel, und in *Kapitel dreizehn des ersten Korintherbriefes* steht zu lesen:

„Die Liebe ist langmütig, die Liebe ist gütig, die Liebe ist nicht eifersüchtig. Sie prahlt nicht, überhebt sich nicht, sie handelt nicht unschicklich, sucht nicht das ihre, kennt keine Erbitterung, trägt das Böse nicht nach. Am Unrecht hat sie kein Gefallen, mit der Wahrheit freut sie sich. Alles erträgt sie, alles glaubt sie, alles hofft sie, alles duldet sie.
Die Liebe hört niemals auf."

Ist es Liebe – oder nur ein schwerer Fall von Herzflimmern?

(Ein Test zum Kennenlernen des Unterschieds)

Sind die folgenden Aussagen richtig oder falsch?

1. Wenn ich nicht mit der geliebten Person zusammen bin, kann ich an nichts anderes mehr denken, als wie sehr ich sie vermisse.
2. Immer wenn ich sehe, wie mein Liebster mit einer Frau/meine Liebste mit einem Mann spricht, werde ich so eifersüchtig, daß ich es kaum aushalten kann.
3. Ich kann mir einfach nicht vorstellen, ohne die geliebte Person leben zu können. Wenn sie mich verlassen würde, würde ich sterben.
4. Ich kann mir einfach nicht vorstellen, daß die geliebte Person ohne mich leben könnte. Wenn ich sie je verließe, würde sie sicher sterben.
5. Manchmal mag ich meine(n) Liebste(n) nicht besonders, aber er/sie hat eine solche Macht über mich, daß ich ihm/ihr einfach ausgeliefert bin.
6. Mein Liebster/meine Liebste und ich sprechen praktisch über nichts anderes, als wie sehr wir uns lieben.
7. Mein Liebster ist einfach vollkommen, ich möchte überhaupt nichts an ihm verändern.
8. Mein Liebster ist alles andere als vollkommen, aber ich weiß, daß ich ihn ändern kann, sobald wir erst einmal verheiratet sind.
9. Mein Liebster macht Witze auf meine Kosten, aber das macht nichts, weil ich weiß, daß er nur Spaß macht.

10. Mein eigenes Glück ist mir egal, aber ich werde alles tun, um meinen Liebsten glücklich zu machen.

In allen Fällen war „falsch" die richtige Antwort, und ich will Ihnen auch gleich sagen, warum:

1. Wenn Sie an nichts anderes als Ihren Liebsten mehr denken können, wenn Sie nicht mit ihm zusammen sind, dann handelt es sich um Verliebtheit und nicht um Liebe. Liebe kann sich aus Verliebtheit entwickeln, aber sie ist nicht so ängstlich besorgt und vereinnahmend.

2. Hier gilt das gleiche. Wenn Sie oder Ihr Liebster krankhaft eifersüchtig sind, stimmt etwas mit Ihrer Beziehung nicht. In der Liebe steckt eine ganz große Portion Vertrauen.

3. und 4. Liebe heißt nicht emotionale Abhängigkeit, weder Ihre Abhängigkeit von jemand anderem noch seine Abhängigkeit von Ihnen.

5. Wenn Sie nicht in der Lage sind, Ihr Geschick in die eigene Hand zu nehmen, sollten Sie einen Schritt zurücktreten und sich fragen: „Wenn ich die Dinge in der Hand hätte, würde ich mich dann in diesen Menschen verlieben wollen?" Wenn dies nicht der Fall ist, haben Sie die falsche Richtung eingeschlagen.

6. Das Leben besteht nicht nur aus Liebesgeflüster und Romantik. Fühlen Sie sich auch wohl, wenn Sie mit Ihrem Partner Small talk machen oder die Weltpolitik bereden? Wenn nicht, wie wollen Sie dann wissen, daß Sie wirklich etwas gemeinsam haben?

7. Wenn Sie wirklich glauben, daß Ihr Liebster vollkommen ist, dann sollten Sie ihn sich noch einmal gründlich ansehen, denn niemand ist wirklich vollkommen.

8. Wenn Ihr Liebster jetzt schon Dinge tut, die Ihnen nicht gefallen, solange Sie erst miteinander ausgehen, wie kommen Sie dann darauf, daß er sich ändern wird, sobald Sie einmal verheiratet sind? Aller Wahrscheinlichkeit nach wird er eher noch schlimmer werden. Schließlich braucht er keine falsche Scham mehr zu haben, sobald er Sie erst einmal sicher hat!

9. Wenn Ihr Liebster Witze (selbst harmlose, eher unverfängliche) auf Ihre Kosten macht, ist das entweder ein Zeichen von Gemeinheit, oder er respektiert Ihre Gefühle nicht so, wie er es tun sollte. In beiden Fällen ist es ein schlechtes Zeichen.

10. Das eigene Glück sollte einem nicht egal sein. Sie können Ihren Liebsten an die erste Stelle rücken, aber Sie sollten auch darauf achten, wie es Ihnen geht. Wenn Sie glauben, daß Sie zu unwichtig sind, als daß Sie sich Gedanken über Ihr eigenes Wohlbefinden machen sollten, sind Sie auf dem besten Weg zu einer extrem einseitigen Beziehung.

Glauben Sie jetzt bitte nicht, daß Ihre Beziehung zum Scheitern verurteilt ist, wenn Sie auf eine der Fragen mit „richtig" geantwortet haben. Wenn Sie allerdings in drei oder mehr Fällen mit „richtig" geantwortet haben, ist es Zeit, die Situation einmal zu überdenken.

Anmerkungen

1. Kapitel
1. Lucille K. Forer und Henry Still: *Großer Bruder, kleine Schwester. Die Geschwisterreihe und ihre Bedeutung* (Köln: Kiepenheuer & Witsch, 1979), S. 27.
2. Donald J. Trump und Tony Schwartz: *Trump. Die Kunst des Erfolges* (München: Heyne, 1990), S. 7.

3. Kapitel
1. Walter Toman: *Familienkonstellationen. Ihr Einfluß auf den Menschen und sein soziales Verhalten* (München: C. H. Beck, 1974).
2. Forer, op. cit., S. 265.
3. Pamela Withers: „What Birth Order Says About Some Famous Romances", *Cosmopolitan,* September 1986.

4. Kapitel
1. Alfred Adler: *Praxis und Theorie der Individualpsychologie* (München: Bergmann, 1920).
2. „A Special Kind of Love", *USA Today,* 23. Dezember 1986.

5. Kapitel
1. Gay Norton Edelman: „Why Can't We Talk to Each Other?", *Redbook,* April 1986.

6. Kapitel
1. Bradford Wilson und George Edington: *First Child, Second Child* (New York: McGraw-Hill Book Co., 1981), S. 92.

7. Kapitel
1. Jeanette Lauer und Robert Lauer: „Marriages Made to Last", *Psychology Today,* Juni 1985.

9. Kapitel
1. Walter Toman, op. cit., S. 146.